一个人的电商

A PERSONAL TOUCH TO E-COMMERCE

运营策略与实操手记

许晓辉 著

電子工業出版社
Publishing House of Electronics Industry
北京·BEIJING

内容简介

这个时代在经历前所未有的转型甚至颠覆，任何行业都将与互联网无缝融合，成为“互联网 +”。有很多写电商的书，大多都用浓墨重彩阐释互联网转型的必要性，而讲到如何落地实操则浅尝即止，令人心潮澎拜之后不知如何下手。于是有了这本既有方法论，更重视实操细节的书。

许晓辉，在知名电商公司凡客诚品做过高管，有海量投放与品牌营销的实战经验；也曾有创业慢生活品牌“初刻”的经历，三年跌宕起伏一路劈荆斩棘。本书以 B2C 电商作为观察视角，对品牌定位、资本运作、团队管理、产品规划、营销推广、新媒体传播等关键节点，都有详细论述，既有方法论的提炼，也有具体的执行建议。特别是对其创业项目“初刻”的全程解析，对创业者颇有借鉴意义。

本书适合传统企业、互联网企业从业人员参考阅读。

图书在版编目（CIP）数据

一个人的电商：运营策略与实操手记 / 许晓辉著 .-- 北京：电子工业出版社，2015.6
ISBN 978-7-121-25766-7

Ⅰ . ①一… Ⅱ . ①许… Ⅲ . ①电子商务－通俗读物 Ⅳ . ① F713.36-49

中国版本图书馆 CIP 数据核字 (2015) 第 061000 号

责任编辑：田　蕾
印　　刷：北京天宇星印刷厂
装　　订：北京天宇星印刷厂
出版发行：电子工业出版社
　　　　　北京市海淀区万寿路 173 信箱　　邮编：100036
开　　本：720×1000　1/16　　印张：19　　字数：425.6 千字
版　　次：2015 年 6 月第 1 版
印　　次：2023 年 4 月第 22 次印刷
定　　价：59.00 元

凡所购买电子工业出版社图书有缺损问题，请向购买书店调换。若书店售缺，请与本社发行部联系，联系及邮购电话：（010）88254888。

质量投诉请发邮件至 zlts@phei.com.cn，盗版侵权举报请发邮件至 dbqq@phei.com.cn。

服务热线：（010）88258888。

推荐序一：两个人的电商

徐小平

2010年秋冬，正是“电商”概念炒得如火如荼的时刻。作为投资领域的新人，我跃跃欲试，试图成为“电商投资第一人”，见过好多电商创业者。

在阿里巴巴和京东已经强势崛起的当年，还妄谈成为“电商投资第一人”，真让人笑掉大牙——但有道是“人生不能没有梦，万一实现了呢？”我是人，所以我在人生不同阶段也总是有一个不同的梦想。

在这样的情况下，我当然就会见到怀着梦想正在启动电商创业的许晓辉老弟。

晓辉跟我当时见过的所有创业者不同。第一是他是当时气势如虹的新兴电商“凡客”负责营销的副总裁，可算是新兴电商里创业背景最高的老兄；第二他的谈吐举止分明带着源自北大的书卷气息，跟一般的技术宅男或商业豪强很不一样，给我耳目一新的感觉，我非常喜欢他。他当时想做的是一个校园潮牌，因为种种原因我们没有合作，但我一直关注他的动向。

晓辉的电商项目“初刻”诞生了，几乎和他儿子问世的时间同步。这个男人开始了同时培育两个儿子的壮丽历程。在2011年的初春、盛夏和隆冬，窥视他的微博，看他如何每天忙到深夜，然后写几句微博抒发他作为第一次创业与第一次做父亲的人生感慨，成为我那时深夜睡前的必备节目。虽然我从来没有去过他的公司，但毫无疑问，晓辉的微博文字，记载了一个创业者最真实的情感，最坚实的足迹，同时，也记下了在21世纪第二个十年开始的时候，中国创业者们为了梦想日夜奋斗的感人足迹。

晓辉的电商项目最终没有达到他预想的结果，最终还是带着这个梦，回到了老东家凡客，之后又再度出发去做职业经理人。几年过去了，晓辉带着他的《一个人的电商》来找我，希望我能跟他一起追忆他创业的往昔，一起分享他人生的故事。

从2014年12月底，到2015年的3月底，我一直答应帮他写这篇序言。晓辉不知道催了我多少遍，我总是说“一定写”。过年前，晓辉来看我，我们简短聊了聊天，他并没有讲述他创业历程的艰辛，而很坦然地将之作为最宝贵的阅历和人生财富。

初刻这个品牌我很喜欢，我知道晓辉的梦想是做“中国的无印良品”。首次创业者总会有或多或少的理想主义，在经历了这血与火的历练之后，我能感受到他的成熟与强壮。晓辉在初刻这个品牌上所体现出来的努力、才情和不服输的精神，赢得了我的敬意。

依然是那个内心有梦想的年轻人，初刻只是一个开始，言语间我能感受到他一定会再次出发的坚定。三年，是读一个MBA的时间，晓辉用一次精彩的创业作为答卷毕业了。

原本我想和晓辉做次对话，以作为序言的素材，无奈因为我各种身不由己的忙碌而不断搁浅。后来晓辉见我真忙，实在不忍，就说别写序言了，就写一句读后感吧。我还是说要写；甚至，就在他把其他推荐者的文字发给我参考、甚至让编辑给我草拟了推荐语之后，我依然坐下来，心里想着要完成这篇序言。

为什么？

晓辉的“初刻”没有大成，如同我没有做成“电商投资第一人”。但几乎同时跟我一起启动创业步伐的许晓辉，他的故事，某种意义上也是我的故事，也是过去几年中国创业者们共同的心路实录。所以，无论多忙，我心里总是放不下这件事，总不甘对晓辉老弟说一声“sorry”而不了了之。因为，我为晓辉的创业回忆录写序，本质上也是在向我那尚未失去的人生梦想致敬。

我常说，创业者不会失败，他只会不断地转型。晓辉的初刻卖给了凡客，但他依然可以有二刻、三刻乃至无数刻。时代变迁，他未必一定要去做电商，他也未必一定要自己独树一帜，在创业大潮更加汹涌澎湃的今天，晓辉“初刻”积累的经验教训，足以让他成为更加有价值的合伙人。

我不知道晓辉下一步的计划是什么？但我知道当我在这里信守诺言为他写序言，里面包含了我对他的祝福和期许。

晓辉的书名叫《一个人的电商》，但我在他的书中，分明看到了我自己一路走来的影子，所以，我把我的序言称为“两个人的电商”。

天下的创业者，你们奋斗路上有我、有许晓辉这样的同行者，你们的征途，就不再是一个人……

推荐序二：百战归来 剑痕成书

梁宁

在互联网商战里，产品即口碑，运营即市场。

今天，讲产品的文章与课程如过江之鲫，讲运营的却少得不像话，幸好许晓辉写了一本。

许晓辉像是古龙笔下那个花满楼似的朋友，面如冠玉，说话温文尔雅，不疾不徐。初认识许晓辉时，他在金山软件做市场总监，正在写那本回顾金山20年创业史的《梦想金山》。

后来，这个北大中文的才子，以文科生的感受力与审美观，杀入理科生主导的互联网江湖。然后身经百战，有成有败，剑痕成书，笑容不改。

这些年许晓辉主导的战役：

凡客代言人策略，凡客体的策划与引爆流行；

打造初刻网，当时中国最文艺的品牌电商。

那天与一个网购达人聊，“这些年我们淘过的东东”，她说：这些年过来，那么多曾经营业额巨大的网店，都忘记长什么样了。但是初刻，那个像校园初恋般的页面感受，依然历历在目——这就是晓辉的运营感。

运营感不是写诗画画。

感受力、调性、文辞之外，更重要的是分析运营数据，以终为始，做营销的全节点追踪，各个环节协同调试，不断优化转化率。

2011 年的凡客崛起，是使用互联网快速催红新品牌的经典案例。

那一仗的操盘手许晓辉回忆当时的具体打法，“线上投放怎么做”、“投放预算怎么定”、“媒体价值如何评估”、“日常投放的全节点追踪”、“品牌营销的关键时刻”、“深度解密凡客体”、“代言人不是万能的”。这七节，非常干货，刀刀见肉。

2011 年之前的互联网，由理科生主导。那时的互联网产品，工具特性明显。那阶段的互联网商战，大半都是在抓痛点，拼效率，跑个分，比一比。

之后，电商来了，O2O 来了。互联网从工具化变为生活化了。只靠抓住一个痛点，去开发产品去运营，已经没那么有效了。

许晓辉善于搔用户的痒点。

推出一款爆品，是天时地利三年难遇的运气。

那些一心一意做爆品，所谓憋大招，的理想主义者，要么爆了，要么折了。All in 是豪气干云的痛快之举，却不是大多数企业可以冒的风险。

许晓辉开始做初刻的时候，并没有抓一把好牌。没有 ** 明星代言，没有 ** 大咖站台，没有 ** 大牌作秀……

棉布的纯色衣服、式样简单的帆布鞋、笑容青涩的模特，统一做了滤镜效果的图片。每一件单拿出来，都是寻常之物，但是一起出现在初刻这一个有着怦然心动感的品牌下，一切都呈现了一种“人生若只如初见”的文艺味道。

这一段初刻的故事，开始在一个 140 平方米的办公室。今天红得发紫的一堆概念：社群营销、魅力人格体、小而美电商、极致包装……在 2010 年初刻一一践行。晓辉给这一段起的名字叫《电商创业案例全程剖析》。

2014 年香港股市最后一次敲钟，蓝港上市。

许晓辉写了一篇《英雄总有出处》，回忆了从 06 年开始 8 年间他与王峰、雷军的交往。2006 年，3 个人都在金山。一个人出来做了蓝港。一个人做了著名天使与现象级创业者。晓辉这期间，离开金山，加入凡客、辞职创业，再入凡客……2000 字的短文，三人，人海沉浮八年，世上沧桑。

春节前，和晓辉吃饭，问他对当下创业潮的看法，他淡淡说，创业最容易的就是开始，以及拿到第一笔钱。他沉吟下，笑了下说，之后就越来越难，越往后越难。

许晓辉的初刻，虽然起手时并没有一把好牌，但在晓辉的精准运营下，有了漂亮的运营数据与曲线，一堆 VC 抢着递 Termsheet（投资意向书）。初刻选择了 S 机构，签署 Termsheet 后，开始尽职调查。

初刻认为投资意向已经签署，尽职调查过程也很顺利，钱到账只是时间问题。于是高歌猛进，人员规模从最初网站上线时的 22 人增加到 60 人，并增加了库存。

然后，寒风起，VC 缩。那位 S 机构，曾自称“我们给了 Termsheet 至今还没反悔过一次”，只是打了一个电话：“很抱歉，我们不投了。”

故事就这样。不，现实就这样。

创业的时候，你可以前所未有地遇到，这个世界所有的真实，坚硬的真实。

所以，比起那些极客创业，挥个爆品江山即定的互联网神话，晓辉的《一个人的电商》更贴近我们这些普通人，是最真实的互联网创业。

晓辉的经历是从文人转入互联网任产品经理，继而运营，继而操盘全局。这本书写得极细，这是一个成年后才去学游泳的人才会有的系统认知和记录能力。

没有奇迹，不赌运气。一招一式，走心到位。晓辉写的每句话，都是他以身验证的真实体会。

这本书，是晓辉离开凡客之后，在一个 mini 间隔年里，收集之前的斑斑剑痕整理成书。

之后呢？之后，晓辉，还有我们大伙儿，继续启程，道路漫长。

年少的时候，看电影总是很急切，不断追问，后来呢？后来呢？

后来，我们成年了，经历了一次又一次春发冬藏，见过了很多聚散。

大成与大败，是天命。历史每隔一段时间总会放开机会的闸口，每次都有几条鲤鱼跃出龙门，成为时代中的现象人物。

今天我们，还是大河里的游鱼，在岁月里继续成长。

有幸第一时间读到晓辉的这一阶段小结，也是他的创业心经。里面记载着晓辉的经历、体会，及我们共同见证过的江湖岁月。

岁月无情，友谊万岁。

自序：一个人的电商

昨日夜观天象，掐指一算：做电商已有六年。

这并不是一个漫长到可以谈阅历的时长，此刻个人电商史的回顾颇显好为人师。于是，特别想写一部小说，让主人公们放肆地纠缠、凶猛地冲突，而电商只是行业背景，间或杂糅从业感悟，或能掩盖自己对一个行业的夸夸其谈。

最终，还是放弃了这个想法：对于一个并不擅长虚构的作者来讲，这部小说一定会被看成自传体文本，而试图通过男女情事或爆料黑幕来增加可读性的误读必然存在，若有意无意伤害到剧情中人更加徒添烦恼。还是决定用散文的方式，讲讲一个人的电商史，在严肃与虚构之间找一种平衡——我们总是活得很中庸。

2009 年 5 月 18 日，我离开上市两年的金山软件，用三块钱的价格兑现了一点点期权，也算是经历了一家上市公司。之后到了凡客诚品，她的英文名是 VANCL，很洋气。彼时的凡客正在即将高速爆发的节点之上，而我并未意识到那段历史在后来回溯时的意义：任何睿智的计算，都不如事后诸葛亮的论断准确。帕慕克在《纯真博物馆》开篇的提问：“那是我一生中最幸福的时刻，而我却不知道。如果知道，我能够守护这份幸福吗？一切也会变得完全不同吗？”不必有答案，时间会给出正解。

选择电商，很多人都有这样的理由：互联网让信息空前透明，电商是一个高度口碑化的生意，必须做好产品、好服务才能做成一个好生意，这是最顺应自己内心的一个行业，可以做一辈子。因此，我非常感谢凡客让我找到了这个事业方向。

狂飙突进，可以用来描述一种节奏，2009 年的凡客正是如此。在凡客是我最忙碌的工作历程之一，老板陈年的信任与放权，使我得到空前锻炼。重压和失去依靠之下的成长是迅速的，我努力不辜负每一分期待，不虚度每一片时光。

每个历史阶段总要有一个作品来代表，方才显得不是虚度，这是我一贯的认为。于我，在凡客的第一段当是韩寒、王珞丹代言这件事。至于“凡客体”的风行，有必然和偶然，不能居功于任何一个人，暂且不表，后面细说。

热火朝天，是当时凡客的氛围，电商几乎成了互联网最热门的创业领域，无论是平台还是品牌，都如雨后春笋般野蛮生长。夺路狂奔，姿势并不重要。

2010 年 6 月 18 日，人生再次面临十字路口，我的选择是创业。

电商大潮的热钱汹涌，在 2010 年前后达到高潮。无论是 VC 还是传统企业，被凡客的高速成长奇迹所震惊，创业机会频频出现，挑动每个男人都会有的创业梦。于是，凭着渴望改变世界的热情跳入电商之海，不曾思量泳技如何——唯有无知才能无畏。

离开凡客之前与陈年聊天，他说的两句话至今记忆犹新：“我希望你在凡客内部锻炼几年，如果一定要去外面闯荡我也理解；我没办法投资你，若有什么困难需要帮忙，随时可以找我。”迄今我最感谢的平台有两个，一个是金山，一个是凡客。

在经历了与传统企业合作未果、VC 融资受挫等诸多挑战之后，2010 年底的结局是拿了几个朋友的 1000 万算是天使融资，初刻就开始了。此后那个文艺小清新的品牌故事，很多人都知道了。

初刻，很多人，很多事，很多次乔迁，很多兴奋和焦虑。“我像个傻子一样没日没夜地干活儿。”一个初刻老同事这样形容初刻那几年。

2013 年 3 月 18 日，初刻被凡客收购，时隔三年之后，我重返老东家。此时，凡客正在经历大跃进、大饥荒之后的触底反弹，小米模式对凡客的启示意义即将呈现，而我的电商生涯换了一个轨道在继续。时过境迁，整个行业的格局发生了巨变：有黑马杀出，有新奇迹展露，有细分行业的全军覆没，有上市公司的风光与痛苦，落寞者已退出江湖，有钱人还在买赛道……

以重置自己的勇气，凡客再次走在了正确的路上，低调却沉稳。而我终究按捺不住内心焚身的火，暂别服装业，重新上路，还是电商。

时光行进到这里，中国电商的格局也基本有了定论，也终于可以讲讲那些可以称为经验值的东西，所有折腾和折磨都会留下珍贵的痕迹。无论凡客、小米还是旁观同行，会是褒奖大于批评的视角：每一个项目都是知易行难，少说几句是最好的尊重。更多的反思是在初刻这个项目上，这是我的第一次创业，也是我有资格去点评的项目，没有之一。

所有过往时光在倒叙时都如弹指一挥，一个行业在经历了最初的懵懂与疯狂之后，最终回归理性。置身其中者或随波逐流或顺势而为，曾经起点的高低都成了往事，过程少有人记起，赢家有了暂时的结局。主角还在变幻更迭，手机成为人体器官，人人都在谈互联网思维，而电商早已蜕变为传统行业，成为工具和常识。

“我在这里欢笑，我在这里哭泣，我在这里活着，也在这死去。”窗外大北京的夜色四溢蔓延，有飞机轰鸣而过，片刻匿于苍穹。一波浪潮翻滚、鸡飞狗跳之后，就这样归于平静。历史剧情无论如何起伏跌宕，都会烟消云散，唯有，向前。

2015 年 3 月 28 日 22:18 于德胜门

目　录

第一章 电商有逻辑

就像今天没有人再讨论互联网的意义，短短几年过去，也没有人再质疑“电商是个骗局”。人们的生活也彻底被电商所改变，前所未有的美好。对网民而言，双 11 的狂欢似乎比春节还值得热闹。

当一切公司都在成为互联网公司，电商也在成为很多生意的标配，任何不将商业电子化的公司都是耍流氓。

1 消费环境起变化

2009 年 5 月 18 日，我离开金山软件加入凡客诚品。虽然彼时的电商行业正如日中天，依然有很多朋友问我：为何从软件游戏转到了电商行业？

在北四环的一个咖啡厅，雷军也为我剖析了这个问题，当时我正在为留在金山还是加入凡客这个选择而犹豫不决。雷军说：如果希望有稳定的收益，在金山做游戏是尤佳选择；如果更关注未来成长与大势，电商行业是最佳方向之一。没有答案，胜似有答案。大家后来都知道雷军强调顺势而为，做了一个基金也叫顺为。

在雷军之前，其实这个问题我已经有了答案：1. 电商也是互联网（当时的理解更多是电子，而非商务），基因相通；2. 做游戏（金山在 2003 年以后核心业务从通用软件变成了网游）并非我个人最爱，尤其是做游戏难免以情色、暴力、情色擦边内容来吸引眼球，而电商则是一个非常纯粹的口碑生意，在信息空前透明对等的互联网时代，唯有提供好产品、好服务才有长久的未来，这符合我的内心需求。

几年后，电商对生活带来怎样的颠覆与改变，每个人都有答案。倘若今天还在有人纠结这个话题，那么他们正在失去未来，不必挽留。就像今天不必再说移动互联网的重要，因为我们自己最清楚手机是如何一步步长成了器官、将我们的时间一点点打碎到无法复原、让我们在上厕所时也无法摆脱对信息爆炸的焦虑。

回到正题，消费环境发生了怎样的变化。

第一，消费者空前地成为中心。当网络传播前所未有的高效与扁平，当精英中心被草根传播瓦解，当微博改变世界，“以用户为中心”第一次不再只是一句口号，而是真正被商家所实践，无论自愿还是被迫。于是，用户中心成为所谓互联网思维的出发点与核心意义。

第二，“产品即品牌”趋势带来的产业链价值重构。如果我们把服务也看做产品，那么，互联网时代的品牌不再过分侧重广告、渠道（依然重要，不可或缺，不能成为短板）所覆盖的知名度，而是更注重产品本身带来的美誉度、忠诚度，由此带来产业链重构、成本结构重构以及商业模式的改变。小米手机就是最佳范例，当手机厂商们真正意识到这种颠覆时，小米已经摧枯拉朽地重构了一个行业。

第三，线上与线下、生活流与消费流的高度融合。从团购开始的O2O模式，借助手机将线上与线下高效无缝打通，服务与交易双向流动。“围观改变中国”的是微博，而微信正在试图用社会化方式改变购物，虽然一切刚刚开始尚未成型。人与人之间、人与品牌之间的关系混杂，不辨彼此独立面目。不久之后，我们将不再探讨社会化内容与消费如何发生关联，就像今天没人再探讨互联网是什么，天人已合一。

这是我认为最重要的三个层面的改变，也是电商对传统行业颠覆的起点：互联网是人群生意，好产品是根本，消费场景全天候移动化。此外诸如物流效率的提升、支付手段的快捷、跨界商业模式的创新，都是连带结果。

事实上，很多传统产业已在电商强力进攻之下开始崩溃或分化。图书、服装、家电等实物类销售已向线上转移，最典型的是书店，几无生存空间，大部分靠咖啡简餐维持生计，比如三联书店与雕刻时光咖啡的结合；或是以书店为基础做小生态，比如单向街书店衍生出“单系列”产品和“微在”新媒体平台。在与互联网融合的节奏上，餐饮、票务等服务业步伐不一，开始分化，形势比人强。

2 丛林法则与烧钱游戏

至今，很多人还会问电商的高速成长何时会成为历史，这个问题的回答要从互联网渗透率谈起。电商是基于互联网的生意，与欧美发达国家超过80%的互联网渗透率相比，中国只有不到50%。

互联网渗透的潜力，在广大的农村。

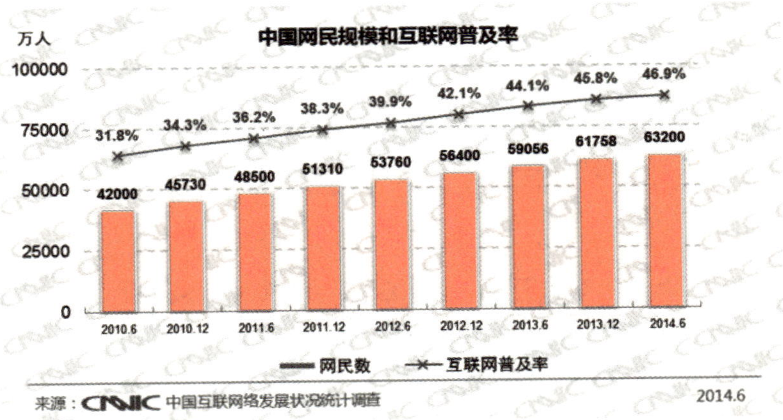

与发达国家相比，中国互联网用户规模还有一倍增长空间，电商必然是同比增长。2013年，中国电商交易规模10万亿，预计2014年突破12万亿。阿里在上市之后，拿出100亿进军农村市场，正是因为潜在网民的增长速度，农村超过城镇。占领农村，是未来两三年平台电商的必然战略。

面对庞大的未来电商市场，中国特色的“黑暗森林法则”开始启动。这是科幻小说《三体》中的概念，近年在互联网圈非常盛行：**“宇宙就是一座黑暗森林，每个文明都是带枪的猎人，像幽灵般潜行于林间，轻轻拨开挡路的树枝，竭力不让脚步发出一点儿声音，连呼吸都必须小心翼翼：他必须小心，因为林中到处都有与他一样潜行的猎人，如果他发现了别的生命，能做的只**

有一件事：开枪消灭之。在这片森林中，他人就是地狱，就是永恒的威胁，任何暴露自己存在的生命都将很快被消灭，这就是宇宙文明的图景。”

在中国的很多行业，企业基本都是 PK（Play to Kill）型，必须到一方垄断或三分天下格局方才进入稳定状态。一般来讲，一个行业达到稳定状态之后的普遍格局是：前三名垄断市场，第一名等于第二、第三名的总和。再加上中国消费者普遍有一站购物的习惯，电商模式本身亦有快递运费问题，于是平台型电商就不可避免地进入厮杀争霸战。

在此趋势之下，电商烧钱玩儿法的背后逻辑即清晰可见：一言以蔽之，花钱买时间、砸钱做规模、以高市场占有率赢得未来；特别是对于平台型项目来说，规模几乎成了唯一的竞争壁垒，所有精细化小创新都是浮云，烧钱游戏、军备竞赛的意义也就在于此。滴滴打车与快的打车在烧钱数十亿，各自拿下半壁江山之后，选择合体，自此无敌于江湖。这是诠释烧钱大战与垄断式生存的最佳例证。

是否具有足够高的市场占有率，同时也决定了对产业链上下游的控制力，也就决定了未来。无论是亚马逊、淘宝，还是京东、苏宁，无一不是如此路径。在互联网上，这种打法的正确性早已被验证（虽然这并非唯一打法）。

淘宝系在经历了 10 年搏杀之后，占据中国电商七八成份额，水到渠成地占有了居高不下的毛利率和净利率，成为全球市值最高的公司之一，超亚

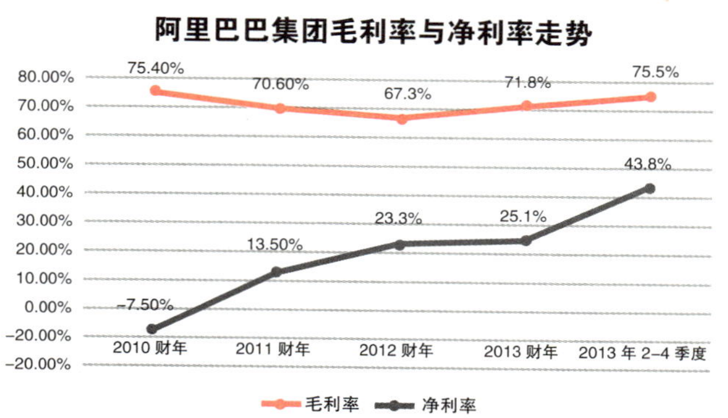

马逊、eBay 之和。净利率高达 43.8%，这是无数人想做平台的最大动力。

淘宝凭借烧钱若干年之后的垄断地位，在整个价值链上的议价能力非常强，并由此衍生出各种新的盈利模式，比如支付宝、余额宝等金融产品。凭借几近垄断的电商市场占有率，阿里巴巴就有能力去整合生产、品牌、物流、技术、金融、广告等整个产业链，以封闭生态封杀竞争对手（比如屏蔽百度和微信），以超强议价能力获得巨额利润。

从财务模型角度来讲，我将淘宝、京东、凡客等走的道路称为“亚马逊模型”，是规模经济，即用数年亏损快速跑马圈地，待市场格局落定之后，开始关门收钱。这种路径需要大资本支持，烧钱换时间，风险大；好处是一旦成就，就是大生意，且门槛极高，比如淘宝，比如京东。

不同的是，裂帛、茵曼、韩都衣舍等淘品牌则走的是另外一套路径，从财务模型角度称为“淘品牌模型”。诞生之初，他们就缺少资金基础，只能靠不断盈利来滚动规模，因此，必须依托大平台的流量红利，靠好产品赢得回头客，靠精细化投放提高效率，虽然成长慢但很稳健；缺点是成长慢，规模小，被超越的风险大。

亚马逊模型，起落陡峭；淘品牌模型，求稳不求快。具体参见下图。

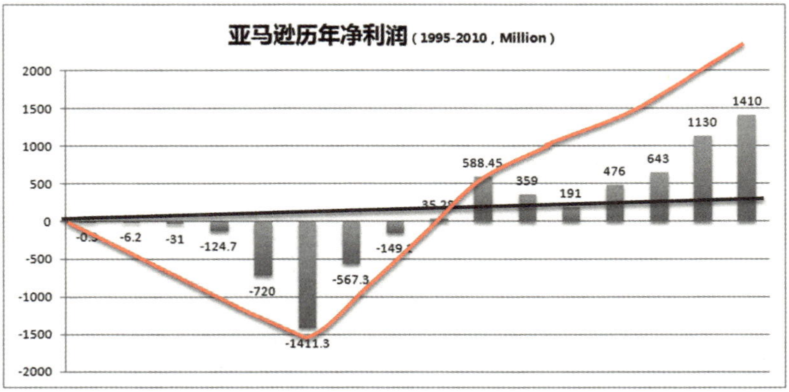

任何一种模式都无对错，只是资源和预期不同，每一种都可以承载伟大企业。

3 线上商业地产的流量生意

从商业模式上，电商可以被看作是线上商业地产模式：天猫、京东、苏宁等 B2C 平台是商场，搭建基础服务平台，负责营销和引流；各种商家入驻，向商场交付租金或佣金，为消费者提供商品或服务。而独立 B2C 则是专卖店，只卖自己品牌的商品；或是重点做某个品类（比如服装、家电）、某个人群（潮人、母婴）、某个需求（海淘）的垂直平台。

与线下商业电商模式相比，线上最大的区别在于：1. 流量集中度非常高，互联网马太效应很强，是赢家通吃的市场；2. 用户迁移成本非常低，切换门店只有一个域名的距离；3. 线上消费用户有电话、邮箱、地址等信息，可做后续追踪服务，有各种营销工具可与特定消费人群进行定向沟通；4. 线上投放与销售效果之间，可进行数字化评估与优化。

从本质上来讲，电商就是一个流量层层变现的生意。如淘宝，通过市场推广购买大量媒体流量，通过商家诚信体系建设及各种促销方式实现高转化率，借助收取交易佣金和售卖广告的形式获得高额利润。淘宝的核心商业模式是批发媒体流量，聚集购物人群，然后零售给店铺。此外还包括金融产品、数据分析等各种增值服务，也是重要的利润来源。

互联网是流量变现的生意，于是黑白两道各路势力，疯狂割据，激烈厮杀。

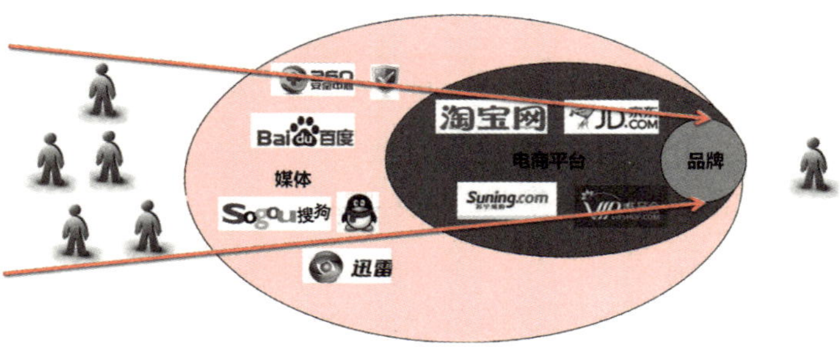

直到今天，还会有很多传统企业老板问：我们做电商，是不是要做 B2C 官网？从流量生意角度，我的建议是：

1. 如果只是卖货，直接跟各大平台合作就好：这就好比到传统卖场租个柜台或开个专卖店，客流精准，引流成本相对低，没必要自己在六环外开个商场，天天开班车从城里引客流过去，何况国人的购物习惯是一站搞定。这与 ShoppingMall 在城镇快速崛起的道理相同，娱乐、餐饮、购物一体化，路边小店会逐步洗牌。

2. 如果是做垂直平台，单纯买流量的成本很高，而要通过提供天猫、京东给不了的综合服务做差异化竞争，这样才能吸引主动访问的浏览量，提高复购率，从而降低引流费用。比如铁血网做军品电商，背后是军事论坛为基础的社区引流；有货网靠传统潮流媒体《YOHO》杂志和资讯网站引流，潮牌商城做销售；小米以极致产品引流，论坛做用户沉淀，最终实现每周二的脉冲式销售；科创芯城以 IC 芯片产品及方案提供商的定位，垂直到大平台做不了。

对于品牌商，第 2 个方案往往大多数企业都做不了，凭借方案 1 卖货、卖服务更靠谱，至少购物人群集中、流量精准。若做 B2C 官网，则可以做成老客的 CRM 平台或做形象展示站，买流量做销售的事儿就不要做了。当然，我更建议通过微信服务号去做 CRM，B2C 官网看上去有独立的美，但往往是一个孤岛，人迹罕至。

4 创新扩散模型与细分市场

2010 年我开始做初刻时，感性觉得文艺青年市场其实是一个大市场，不仅仅是他们的消费需求很个性，更因为他们可以成为潮流引领者。比如匡威最早是篮球运动员喜欢的运动鞋，至今已是大众年轻人必备单品，因为篮球是所有年轻人都喜欢的健康运动；比如小米最早倡导“为发烧而生”主打极客人群，最终成为大众消费的街机，粉丝不分长幼。

从小众的切入到大众的延伸，是一条有效的商业模式延伸之路。这是主观判断，一直想找一个理论支撑，恰好看到这个“创新扩散理论”（Diffusion of Innovations Theory），参见下图。第一次接触这模型，是听老罗在保利剧院的演讲。

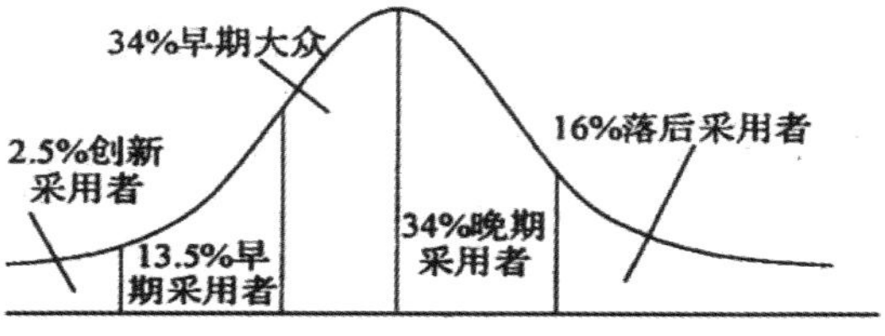

该理论是美国学者埃弗雷特·罗杰斯（E.M.Rogers）提出，他认为创新是：“一种被个人或单位视为新颖的观念、时间或事物。”同时，由于受消费者个人性格、文化背景、受教育情况、工作环境、社会地位等诸多因素影响，他们对新产品的接受速度不同。基于此，罗杰斯把创新的采用者分为创新者（Innovators）、早期采用者（Early Adopters）、早期追随者（Early Majority）、晚期追随者（Late Majority）和落后者（Laggards）。

对于一个新品的传播人群路径而言，创新者富于冒险精神，一般是年轻人，总会闻风而来率先尝试新事物，比较容易捕获。重点要拉新的人群是早期采用者，这部分人其实就是意见领袖，对后面的追随者影响很大，他们一般占全部潜在用户的 13.5%。因此，搞定这部分用户是任何一个产品都必须解决的问题。小米早期通过 MIUI 搞定了会刷机的发烧友，这些人在各自的现实生活圈子里都是专家，他们的选择会天然被信任，于是扩散。

这两类有话语权的用户搞定之后，后面的追随者就好办了。早期追随者对意见领袖的消费行为有很强的模仿心理，占比 34%；后期追随者往往是羊群效应的实践者，在看到多数人使用新产品并给予较好评价后，他们就会不假思索地蜂拥而上。

至此，整个人群传播路径基本完成，至于那些落后者只能放弃。因为你无论付出多大代价总会有 16% 的人不会属于你，或者说将这部分用户的转化成本极高。

中国网民大多数人都知道豆瓣，尽管我们仍然习惯认为那是文艺青年的聚集地。事实上，文艺青年贡献了书评、影评等内容，普通大众在被他们对一个作品的评价所引导，因为他们被认为是专业人士、学者、有鉴赏力的意见领袖。早期的文艺小众社区，到如今已很大众，所实践的就是以上创新扩散路径。

今天的创业，特别是电商领域，已经激烈竞争成红海。做大平台的机会几乎消失，而做细分市场的机会仍然很多。很多创业项目都是从细分窄众的市场切入，这样有利于集中优势资源做快速突破、垂直挖掘，待发展到一定规模再横向扩展。

做军品的铁血网、做潮牌的有货网、做化妆品的聚美，所秉承的都是从小众人群或小众品类往大众渗透的逻辑。聚美显然是最成功的实践者，只用四年时间就从女性化妆品这个细分市场蜕变为一个市值 30 亿美元的女性商城。科普社区果壳、问答社区知乎，也在从专家人群向大众拓展。

创业伊始做窄众市场并不是问题，问题是如何实现从窄众入手，不断迭代优化，快速积累忠实用户，然后有节奏地实现扩散到大众的转型扩张。这样的成长路径，适合大多数创业公司。

5 碎片化的手机时代

手机成为人体器官的时代，没有争议地来了，无数人患上了“手机依赖症”。同样可以预测的是，未来若干年 PC 一定会退出历史舞台（除了部分专业需求之外），而被 Pad、手机等移动设备所替代。因此，在移动互联网大潮中，每家企业都要找到新的位置和可能性，并加速布局。

当我试图总结移动互联网的各种特征时，看到了张向东（原 3G 门户创始人，现 700bike 创始人）的一个演讲，提到“手机思维模式”的六个定义。我自认不能比他总结得更好，只好摘录他的观点在这里。虽然是相对抽象的总结，反而更具普适性：每个行业都能对号入座地思考如何应用。

> “一、生活：从局部数字化到全面数字化——原子和比特的伟大相遇
>
> 1. 数字化从资讯开始。互联网的开始，人们通过 PC 把新闻、阅读、电视等传统信息一一数字化。但 PC 互联网仍受到空间的限制，它只存在于电脑桌前，一旦离开电脑，数字世界和人们的生活就此断开，生活只有局部被数字化。
>
> 2. 手机让生活全面数字化，移动网络同时存在于时间与空间，它在卧室、客厅、厨房、洗手间、慢跑路上、通勤途中，甚至睡觉时。数字化信息也从图文视频这些信息向地理位置、温度湿度、环境监测等一切信息蔓延。每一个原子都在被数字化，每一个原子都携带着信息。
>
> 或许可以这样说：没有被数字化的环节，就是创新的机会。
>
> 二、通道：从集中转向分散——失控自由的网络世界
>
> 1. 互联网之初，人们需要入口集中，门户和搜索这样的超级

入口掌控着大部分流量，所有的服务都经由有限的信息通道被集中起来，再导向树状结构的末梢。

2. 移动互联网的阶段中，流量分散而不可控，社交网络、分工更细的APP，用户的行为随机和不可预测，通道彼此纵横交错，编织成多维度的复杂网络，信息通道变得无序和失控。

三、信息：从单一到立体——网络世界和现实逐渐成映射关系

1. 电脑互联网时代，信息是单薄的、简单的。

2. 移动互联网带来的改变，是对信息全面性的要求，更加接近真实。而真实要求的是全面、多维、即时。举例说明：电脑互联网阶段，我们检索一个餐馆，主要提供的是地址，这是死的信息。而手机思维模式下，用户需要的是：地址＋导航＋最新评价＋今天的交通状况……

四、价值：从群体用户价值到个人用户价值——每一个人对应一个信息网络

1. PC互联网的商业模式，更多是基于巨大流量获得的群体用户，针对群体用户服务。同时也受到数字化规模、数据收集与分析能力的限制，用户也只能以群体存在。单个用户的面目是模糊的，还是更加接近传统的媒体，用族群、比例概念来分析。

2. 手机思维模式之下，是网络越来越理解用户的个体，每一个个体是不一样的，即使非常接近的个体，需要的服务也是不同的，而移动互联网基于对用户的了解程度，真正的个性化服务具备了能力。

五、产品：从功能导向到情景模式导向——超级APP之外，小应用分群分场景提供服务

1. 原有的互联网产品思路，或者说PC阶段产品思路，服务都是功能导向：为“寻找”、“通信”、“图片处理”、“阅读”、“视频播放”……

2. 手机思维模式，在情境模式下设计产品。如街头打车：需要考虑的是位置、确认、联系。视频播放：要考虑客厅模式，路上下载等。和具体的生活场景结合，用户才可能直接触发。

六、交互：从非自然交互转向自然交互——现实生活和虚拟世界的界限接近于不存在

1. PC 的互联网思考模式，是鼠标交互，比之工业时代当然是简单很多，但这仍然是非自然的交互方式。

2. 今天，以手机思维带来的第一步改变是触摸式，很多人惊讶孩子在智能手机和 Pad 的使用上，比大人学得快。事实上，是因为触摸是接近自然交互，孩子不需要学习，而大人习惯电脑的操作，反而需要再拐个弯回来。最近两年，搜索开始使用语音交互，这是一个非常显著的自然交互的趋势，交互应该用更符合自然本能的方式来实现，语音、手势、接触或非接触的体感……”

在手机之外，我最期待的是虚拟现实技术的成熟，那将是一个新世界。

6 M 型消费

总会有人问：今天去做淘品牌还有机会么？我往往不正面回复而“打太极”：做品牌任何时间都有机会，主要看你的核心竞争力在哪里。

在近年的淘宝两类品牌能够活得很好：第一是有策划与产品设计能力的中高端品牌，主要是设计师品牌，强调独特设计、个性服务，做细分人群，比如裂帛、茵曼；第二是有性价比优势的低端品牌，主要是工厂品牌，低价，质量有保障，供应链能快速反应，主做大众基本款。而介于两者之间的品牌，两头不靠，机会将越来越少。

之所以有这样的判断，除了淘宝平台自身已出现这样的趋势，同时也与中国的 M 型社会结构的出现有关。

M 型社会，是日本“战略之父”大前研一提出的一种社会发展类型，即“原本人数最多的中等收入阶层，除了一小部分能往上挤入少数的高收入阶层，其他大多数沦为低收入或中低收入者，原本的中间阶层凹陷下去，变得很小；于是，社会像个被拉开的 M 字。”

这种两极分化的情况，在中国也正在出现，无须深入论证。国家发改委宏观经济研究所研究员丁元竹指出：“中国的整个社会结构还没形成橄榄型就已经逐步呈现 M 型了，本来很弱的中间阶层在往下塌陷。”

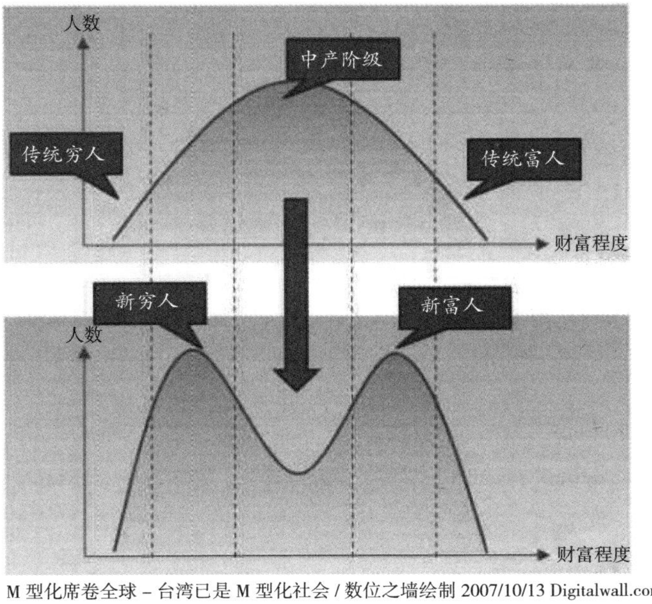

M 型化席卷全球 – 台湾已是 M 型化社会 / 数位之墙绘制 2007/10/13 Digitalwall.com

M 型社会结构之下的消费，也呈现出两极分化的趋势：高端品牌满足少数有钱人，强调设计与情感需求的满足，彰显其社会身份；低端品牌满足大众对物美价廉的要求，群体庞大。如果说原本还有中间地带的传统品牌，可以借助商业地产优势或信息不对等得以生存，到了电商时代，原有优势将消失殆尽。这两年出现的李宁、Kappa、美特斯·邦威等传统品牌危机，也说明了这一点。电商所改变的，核心是用户消费观念的转变。

所谓顺势而为，M 型社会的出现也催生出许多新的机会。

1. 消费者的理性选择与资讯的发达，让诚信品牌可以脱颖而出。消费者不再迷信那些有着硕大 Logo 或以为请个明星代言就是大牌的企业，而是更关注产品本身。

2. 低价品牌，不再是低劣品质的同义词。渠道的扁平化可以改变成本结构，成就高性价比品牌的持续成长。大量有供应链基础的工厂品牌，也在这两年大行其道，商品物美价廉。互联网高效率传播带来的天然诚信属性，让浑水摸鱼的品牌无处藏身。

3. 价格虚高的高端品牌回归性价比。虽然高价就是高端品牌的必要条件，但因信息日益对等而摒弃浮华，真正有了高性价比，设计与品质俱佳的品牌成为主流，而伪装成洋品牌的假大牌日益没落。

4. 口碑传播借助互联网变得无比高效。网络时代的好酒从不怕巷子深，何况顾客与这巷子之间只有一个域名的距离。因此，越来越多的品牌不再借助广告投放而是借助口碑来获得用户，最典型的是小米手机。

5. 长尾品牌成为可能，细分市场被空前关注。军品、大码服饰、潮人品牌、情趣用品等，借助电商由隐性市场成为显性市场。

6. 不想做品牌的工厂不是好厨子，工厂品牌迎来黄金时期。特别是在低端品牌领域，工厂能够借助网民对低价、快速反应的要求，以直销模式扬生产能力之长、避营销策划之短，已经成为淘宝上各细分市场的主力军。

在 M 型社会格局之下，品牌的分布也呈现 M 型，这是大势，不可逆转。

7 产业互联网时代来了

随着阿里巴巴再度成功上市，消费互联网化的转型基本暂告一个段落：今天的互联网，几乎已经可以满足任何需求的消费。而随着移动终端的器官化和网络基础建设的全面下沉，互联网对消费者个体行为的改变能力，正在延伸到改变各个行业甚至政府，从而使得消费互联网时代快速进入产业互联网时代。

产业互联网的通俗理解就是，所有传统行业的互联网化。消费互联网与产业互联网的区别主要是两个：前者的主体是个人消费者，而后者的主体则是企业；前者提升了个人消费体验，后者提高了生产交易的效率。**“产业互联网时代的到来，意味着各行业如制造、医疗、农业、交通、运输、教育都将在未来 20 年被互联网化。产业互联网化体现为互联网的技术、商业模式、组织方法将成为各个行业的标准配置。三项关键技术与应用为产业互联网时代的到来创造了变革的基础。一是无所不在的终端，包括手机及其各种信息传感设备（如智能眼镜、腕表等）的普及；二是空前强大的后台云计算能力，包括计算与存储能力，从 G 到 P 及至 E 级的跨越；三是不断升级的宽带网络。这三项技术的成熟让每个行业都具备了收集、传输及处理大数据的能力。”**（田溯宁）

近期最为典型的案例是科通芯城、找钢网、化塑汇等，科通芯城的模式是“基于大数据的电子制造业供应链平台”，以 IC 元器件（电子制造业核心器件）电商业务为入口，聚集大量的电子制造业企业客户高端人士，通过大数据分析和挖掘，开展针对性的软件、金融、供应链及解决方案服务，打造一站式电子制造业供应链服务平台的。这是阿里、京东等都短期内都无法完成的垂直纵深平台，在农牧业、建筑建材等诸多领域，都有复制其模式的机会。

产业互联网化并非只有 B2B，比如家装就包括 B2B2C。爱空间是科宝博洛尼老板投资的一个电商项目，简单讲就是通过网络接单、线下施工的 O2O 的模式，从原材料、设计、施工到监理、售后，产业链的多环节介入，从而为消费者提供优于传统装修的服务。

很多传统行业面临互联网的颠覆危机与挑战，突围之路也在于杀入互联网。手机分销行业曾经风光无限，最近几年遭遇电商零售渠道的渗透与分销渠道扁平化的双重挑战，被迫转型互联网。比如两大国代天音通信和爱施德，各自推出 B2B 手机交易平台，试图通过互联网的高效率对县乡镇村级渠道实现空中覆盖，对一二线传统渠道形成区域互补。

阿里总参谋长曾鸣也曾强调过互联网对传统企业的意义：

“互联网化的起点，就在于任何一个商业行为能否 online，而企业的生存、发展空间，也在于其更多行为 online 的广度、深度和速度。上线的进程已经开始，广告、传媒、电子商务、物流、金融、教育、医疗，一个个行业正在加速被添加进 online 目录，尝试全新玩法的公司正在成批加速涌现，在线是企业主动的选择。在互联网时代，一个企业的业务流程，是否在线，有多少环节在线，核心环节是否在线，决定了它的生存空间和发展前景。更直接地说，在线和离线的区别，就是互联网时代的‘参与者’和‘看客’的区别，是关于‘生存还是灭亡’的基本问题。”

关于产业互联网化的落地方式，最容易操作的有如下两种：1. 将传统商务的信息流、交易流全部网络化，可以通过独立网站、手机 APP 或微信服务号实现，参考科通芯城微信服务号“芯云”。2. 将客户信息数据化成 CRM 系统，对客户进行在线服务和管理，实现线上线下的互动，大多数 O2O 模式都是在这个层面进行的，参考万达电商的智慧广场模式。

第二章 B2C：曾经野蛮生长

2009 年 5 月 18 日，我离开金山软件加入凡客诚品，这是我电商生涯的开始。电商是一个宽泛的概念，凡客属于 B2C、服装类目、自有品牌。后来创业初刻，在商业模式上与凡客很接近，都是服装品牌 B2C，正是因为：1. 内在经验。凡客是我走不出的背景，经验和选择是有惯性的。2. 外部原因。2010 年我创业去做初刻之时，正是 B2C 如火如荼之际。在淘宝的 B2B、C2C 已几近垄断的局势下，VC 们基本只看 B2C 项目，无论是品牌还是平台。

狂飙突进到 2014 年，B2C 平台只有京东取得阶段性胜利，朝着寡头的目标更近了一步，国美、苏宁们还在找路；而 B2C 自主品牌则早已开始全网销售（凡客除外），更多 B2C 品牌消失。

无论未来如何风云变幻，在中国电商行业凡客都无疑是最典型的样本之一。幸运的是，迄今我已在两个不同的历史发展阶段，亲历了凡客的狂欢成长与转型阵痛，近距离观察了整个行业的变迁。而初刻，也是我亲自下场试验的样本。因此，以下经验总结基本都是来源于服装 B2C 经历，尽量以点带面。

人不能同时踏进两条河流。我在踏入电商大潮之后，至今没有跳出去：每一个选择都是单行线，需要若干年去亲历和磨练。

1 为什么是 B2C

时至今日，中国的独立 B2C 几乎“全军覆没”，除了细分市场里的“小而美”。然而 B2C 模式则是得到了资本和市场的双重认可，最典型的是天猫和京东，前者实现了从淘宝到天猫的战略转移，助力阿里重新上市，后者则始终在 B2C 大路上狂奔，以高效物流布局超越天猫，杀出生路。

网购市场的商业模式，无非 C2C 与 B2C。前者淘宝一家独大，拍拍在纳入京东麾下之后正在重新上路，前方未知，而此模式的最大弊端在于个人卖家的运营服务能力鱼龙混杂，一度是假货水货偷漏税的代名词，因此马云下狠心把淘宝大 C 卖家赶到了天猫，以 B2C 赌未来。

2014 年 Q3（第三季度），来自淘宝的交易额为 3798.32 亿元，同比增长 38.2%，而来自天猫平台的交易额为 1758.34 亿元，虽然只有淘宝交易额的一半，但同比增长速度远大于淘宝，为 77.8%（天猫与淘宝各自的利润贡献，财报并未披露）。在两者关系上，淘宝是天猫的最佳蓄水池，优质商铺和顾客都能平滑转移。

聚划算是淘宝系的另一明星产品，虽然理论上商场及个人店铺都能申报，但大部分是天猫商城才能顺利通过申请，因为对于规模较小的个人店铺而言，难以完成聚划算大交易量的服务要求。因此，聚划算也算是 B2C 模式。

在盈利模式上，淘宝的 C2C 业务主要依靠来自于卖家的广告营销费用；而天猫的 B2C 业务，则主要是交易额佣金分成；聚划算的收入主要来自卖家的展示广告位置费。向前看，拥有较多收入渠道的天猫 B2C，包括广告及佣金，仍然处相对高速增长的阶段。

顺便看一下阿里集团的财报。2014 财年总收入 525.04 亿元，同比增长 52.1%，利润 234.03 元，同比增长 170.6%；平台上完成的商品成交总额达到了约 1.68 万亿元，相比 2013 财年提升了 55.8%；活跃买家人数达到了 2.55 亿，仅 2014 年第三季度就增加了 2900 万。

上市之后的阿里，必然要寻求利润率的持续提升，天猫背后的海量企业商家就是最大贡献者。阿里也将更多流量与投放资源倾注到天猫上，天猫策划的“双 11”已成电商行业的年度狂欢节，其造势能力无与伦比。

电子商务品牌最重要的关键词是信任。淘宝通过支付宝解决了部分交易信任问题，而大 B2C 则靠整体服务与消费者建立了信任：1. 无论是产品品质还是售后服务，与服务标准参差不齐的淘宝卖家相比，B2C 具有相对统一的服务体系和原则，不会轻易改变。2. 因为 B 是公司，违法违规成本非常高，因而不愿轻易踩雷区。3. 企业比个人更希望长久做生意，更有品牌意识，顾客消费体验也自然更好。

信任机制一旦建立，无论在 B2C 平台上销售商品还是服务，消费者都很容易将原有信任平移——这也是平台为何快速横向扩张品类，依然可以获得消费者认可的最基本原因。基于此，京东和聚美都在将主营品类转为自营，其目的也是为了保障保真商品和诚信服务。

C2C 战役已结束，淘宝一家独大，拍拍暂时没了声息。既然 B2C 是趋势，竞争就会异常惨烈，短时间胜负难分。还在混战，京东与天猫的对决，并不能分出胜负定论。无论是苏宁易购、国美，还是一号店、我买网，虽然短期难以撼动两大寡头的地位，仍然让这个市场充满了变数。

何况，还有新玩法，换个赛道杀进来。口袋购物旗下的微店算是黑马，以 C2C 方式低调布局移动网购，腾讯 3.5 亿美元注资让这个产品充满了想象力。

整合微信的强势和腾讯的资源，移动购物能否打乱当前格局，谁知道呢，就像当年谁也没想到美团能够拿下 O2O 半壁江山、唯品会能够黑马般快速崛起。岁月不老，新人辈出。

2 做个有翅膀的猪

电商行业在早期是典型的 VC 驱动型行业，2007 年之后这个市场被迅速热捧，热钱密集而至。红杉一类的投资公司试图买下整个赛道，无论哪辆赛车赢得比赛，都能带来巨额回报。雷军说顺势而为，“只要站在风口，猪也能飞起来”，于是每个创业者都想成为那头站在风口的猪。一时间，电商行业狂风大作，所有从业者都在顺风飘扬，无人敢率先落地。

2008 到 2012 年，是电商项目融资的“黄金时代”。据清科的统计数字，2008 年中国电子商务领域获得融资的企业有 7 家，2009 年达到 16 家，2010 年为 52 家，2011 年飙升至 116 家。这个领域每年的融资额也随之剧增：从 2008 年的 2.2838 亿美元增至 2011 年的 16.6941 亿美元。即便在电商融资进入寒冬的 2012 年，全国电商领域全部投融资案例也有 139 个，融资总金额达 65.08 亿美元，但基本都是押宝中晚期项目，早期项目几乎无人问津。

热钱的天然属性就是追涨杀跌。被疯狂追捧之下的中国电商企业，估值居高不下，投资几乎是非理性的。各 VC 都在按照自己的逻辑不断下赌注，唯恐错过未来的王者。没有人跟钱过不去，人的欲望总是无限大：在打了鸡血般飞奔的跑道上，要想保持淡定的行进节奏，异常艰难。于是，“烧钱”抢市场占有率成为唯一的短期目标，团购大战也在其中。

2011 年中之后，国际融资环境趋紧，VC 对电商项目迅速变得保守到唯恐避之不及。集体无责任的投资行为，没有人愿意为逆势而动承担风险。并非每头飞起来的猪都能长出翅膀，风停之后猪们出现了分化：长出了翅膀的猪赫然发现市场宁静了，断杀不再惨烈，比如美团；没长出翅膀的猪提前发现了风停的迹象，迅速减肥，让自己能多飞一会儿，赶紧趁落地之前培育翅膀，寻找再度高飞的机会，比如凡客；而更多的猪，纷纷坠地，惨不忍睹。

尽管如此，这黄金五年给电商行业带来巨大活力，凡客、聚美、唯品会等项目迅速崛起。2010 年 12 月，当当上市，麦考林上市；2012 年 3 月，唯品会上市，不到两年市值接近百亿美元；2014 年 5 月，聚美上市，市值 40 亿美元；2014 年 5 月，京东上市，市值 340 亿美元；2014 年 9 月，阿里巴巴上市，市值 2300 亿美元，马云成为中国内地新首富。回归理性的中概股，在 2014 年重新迎来新的融资上市小高潮。

整个电商市场，也在 VC 驱动之下迅速壮大，消费者也日益依赖网购。2008 年的 B2C 市场规模 80 亿，到 2013 年狂飙突进至 8000 亿，2014 年预计达到 1.4 万亿。2014 年中国各 B2C 购物网站交易规模所占市场份额见下图。

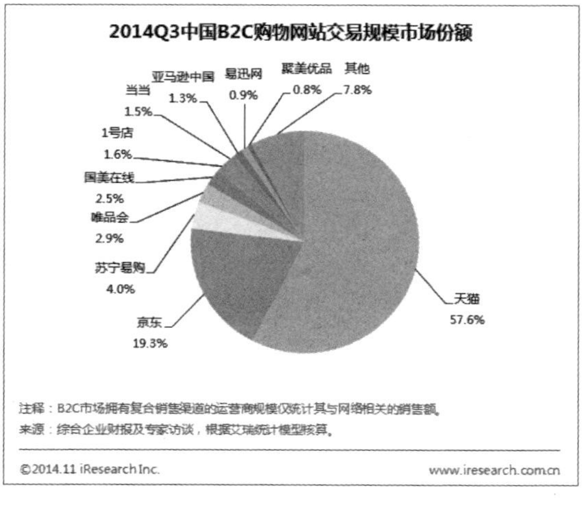

狂奔至此，各 B2C 的座次也基本落定，难有颠覆：天猫占半壁江山，京东并购腾讯系电商之后占 1/5，剩余三成份额被其他同行瓜分。当当网、卓越亚马逊、苏宁易购、国美在线等不甘心放弃平台梦，仍在紧追不放；唯品会、聚美优品、一号店、我买网、酒仙网等厂商凭借在细分领域的垂直深耕优势，继续稳固其市场地位；寺库中国、顺丰优选、本来生活、口袋购物、美丽说等，则在新兴领域迅速成长；特别值得持续关注的是小米网，凭借独特的打法，杀入 B2C 前五名（因其自有品牌属性，很多报告不将小米纳入其中）。

至此，做大平台的机会已几乎不存在，垂直 B2C 或自有品牌仍在继续割据圈地之中。

3 海量 SKU 之惑

做电商，常会提到以下几个词：SPU、SKU。 SPU（Standard Product Unit）是标准化产品单元，区分品种；SKU（Stock Keeping Unit）是物理上不可分割的最小库存量单位，区分单品。例如，超轻羽绒服是一个 SPU，与颜色、尺码无关，而 SKU 则精确到颜色尺码。

据京东财报，截至 2014 年 3 月 31 日，其在售商品 SKU 达到 4020 万，其中开放平台 SKU 数为 3780 万。天猫没有公开 SKU 数据，断然以亿为单位。唯品会 2014 年 Q2 的 SKU 数量为 127.58 万，同比增长 117.2%。

无论是做自有品牌还是平台，品类规划与 SKU 数量都是最核心的事。为何扩张品类与 SKU？核心是电商做的人群生意，商家不想放弃销售机会。计算电商销售规模的公式很简单，销售额 = 流量 × 转化率 × 客单价。流量需要花钱去买，各自的效率差别不会太大，转化率与客单价则千差万别。于是，商品品类与 SKU 越多，越能满足中国人的一站式购物需求，从而提高客单价、提升转化率，最终提高销售额。

而在提高老客复购率的同时，购买流量的成本就会降低。这一切都需要海量商品满足顾客全方位需求，京东增加图书品类也是此目的，这是引流商品。于是，电商企业的规模扩张之路，首先会选择扩品类和 SKU，淘宝、京东、凡客概莫能外。

如果是平台型电商，本质是个流量批发的生意，不承担货物的库存风险，SKU 扩张的风险转嫁到商家身上，自己风险不大。而若是自主品牌型电商，则要面临 SKU 暴增之后的库存风险的同比加大。在销售规模与库存风险之间的平衡，很难拿捏。

回顾凡客成长史，也经历了品类快速扩张之路。

> 2007 年 10 月成立的凡客，最初只有参照 PPG 做的男衬衫，而且偏商务。
>
> 2008 年，增加了 POLO 衫，产品增加到两大类数十款，依然只有男装。
>
> 2009 年是品类开始扩张的一年，年初女装 Bra-T 上线，这种带内衣的 Bra 一度风靡日本，上市后销量迅猛。随后，29 元 T 恤、59 元帆布鞋这类广告商品迅速拉动销售，带来大量新用户。
>
> 2010 年，羽绒服、化妆品等品类开始热卖，凡客销售规模迅速飙升至以 10 亿为单位。销售第三方品牌的 VJIA 平台 5 月份上线，也是品类和 SKU 扩张的一种方式。
>
> 2011 年，凡客品类扩张达到巅峰，新增小家电、3C、化妆品、日用家居等。

> 这种大干快上的节奏，让凡客的销售规模在短短几年中，从几百万突飞猛进至几十亿，融资数亿美元，在整个服装行业都堪称奇迹。更重要的，互联网项目的核心是用户规模和市场占有率，凡客也凭借海量 SKU 的铺设，吸纳了数千万用户。

风险与机遇总是相伴而行，面对高速扩张所带来的高库存积压和质量失控，凡客快速调整其战略：2012 年底以大清仓的方式一夜之间甩掉库存，2013 年果断实施完全不同于以往的单品突破打法，即小米化改造。

对于京东、当当等零售平台，都在继续模仿亚马逊模式，货品增加至无所不包的百货，并提供基于 POP 开放平台的虚库销售（货物在商家仓库，商家可直接发货）。因其不承担库存风险，大平台只有品类管理成本，从全球范围电商来看 SKU 扩张都是一条正确的路，而且能够增强各商家之间的竞争，平台坐收广告投放的渔翁之利。

对于凡客等品牌商来说，SKU 让人爱恨交织：增加 SKU，能增加消费者选择范围，拉动销售额；而 SKU 数量过多就会造成库存压力，为了快速回流现金又可能采用频繁打折促销的方式，从而价格体系不稳定，导致用户体验变差。

即便做精品特卖的唯品会，也是典型的“多品类浅库存”模式。2012 年 3 月 23 日，唯品会成功在纽交所上市，从公司创建至上市仅仅用了 3 年的时间。据当年财报透露，在唯品会全年上线的品牌有 5800 个，SKU 数量为 510 万，超过很多大型 B2C 商城。唯品会单个品牌单次特卖会平均成交额 15 万元，175 个 SKU，每个 SKU 平均销售额只有 855 元，平均销量不到 10 件。海量 SKU 堆积起来的销售额，成就了唯品会这匹电商黑马的脱颖而出。

而对于要承担库存的自主品牌或垂直 B2C，则必须在海量 SKU 所带来的销售机会与风险之间选择一个平衡点，否则现金流压力和库存损耗就是最大风险。就自有品牌而言，多品类与海量 SKU 的扩张，还会面对供应链管理难度加大和人才培养急功近利的双重压力。

为了能够满足消费者对上新的要求，同时又不造成大库存的风险，有的服装淘品牌建立了自己的小工厂。我熟悉的北京一家淘品牌，有自己十几个人的小工厂，每款只生产 50 件。销售好的单品，则找外发工厂加单生产，往爆款方向运作；销售不好的单品，因库存少也容易卖掉。这样，既保证了上新拉动老客的回头，同时也能够通过市场快速测试来挖掘有潜力的爆款单品。这家店铺每年几千万销售额，净利率接近 20%，算是“小而美”。

最近两年火到没朋友的小米，则选择了一条极致单品创新之路，以个位数 SKU 做上千亿的销售，算是一个奇葩型案例。

4 单品制胜的逻辑

小米太红了，雷军也成为了全中国最红的创业者，没有之一。其单品突破策略最被业界乐道和学习，本质是做以用户体验为中心的高性价比单品。对于自主品牌公司，单品制胜的玩儿法有很多显而易见的好处，并且在电子类产品领域几乎屡试不爽。

第一，集中优势资源做让人尖叫的产品。

所有公司都资源有限，当面对数万 SKU 之时，常会力不从心，无论是设计开发、团队成长还是供应链管理，都面临极大挑战。当所有人疲于应付海量 SKU 带来的诸多问题时，做极致单品的想法就很难贯彻。每个产品都有无数细节需要优化，就凡客而言，为了做好 80 支免烫衬衫，产品经理们从重庆到越南，从棉花产地、纱线纺织、面料科技、工艺技术到一粒扣子、一个吊牌、一个盒子，每个细节都力求追本溯源、找到最优方案。我们很容易高估自己对产品的驾驭能力，而完美无止境——认识并落地这一点，太难了。

当凡客兜个圈子回归初心，难得的是市场窗口依然存在：中国服装业还在急功近利的泥淖里没出来，至今没有第二个凡客出现。

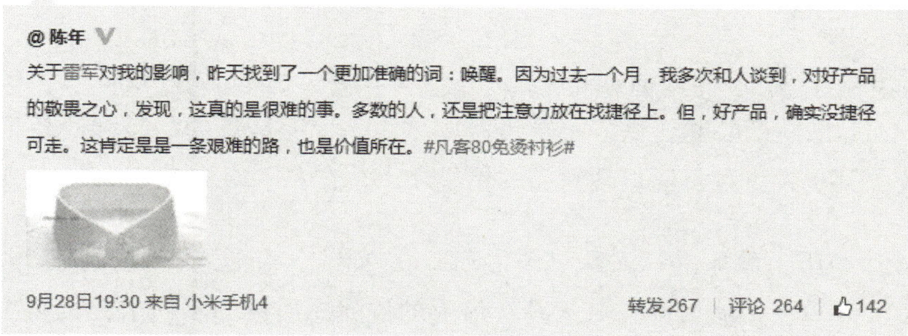

第二，用户没有选择焦虑，可快速决策。

人有自由选择的能力，而自由选择必然会引起焦虑。面对几十款大同小异的电视、上百部参数复杂的手机，用户经常是无从下手、选择障碍极大，或是逼着自己成为专家去筛选比较。当小米手机推出之后，面对一个高性价比顶配单品，用户轻松就可决定买或不买，问题转变成了能否抢到。

第三，单品的海量销售可极大降低边际成本与售价，真正做到高性价比。

高品质工厂基本都是大厂，都希望生产大批量、标准化单品，可大幅降低原料采购与工人培训成本，不仅高性价比成为可能，质量也变得更加可控。个性化永远是最贵的。

第四，口碑与广告效应降低推广成本。

2009 年凡客首次尝试广告商品打法，即将 T 恤以 29 元超低价销售，此举迅速引爆整个市场，广告效应非常明显，由此带来的口碑传播极大降低了拉新客的成本。此类产品在凡客内部被称为“广告商品”，意在引流。推广成本的降低，又反向将市场费用“补贴”到定价上，从而使得性价比更高、口碑更好，进入良性循环。

小米的单品战略，已经取得巨大成功，也会有人质疑这套方法论能否应用到其他行业。作为雷军的老朋友，陈年在凡客上的实践正在回答这个问题。

客观讲，凡客大部分商品的质量并不差，但每年要几十个品类、数万 SKU、上亿件产品时，供应链管理难度之大，令有瑕疵的品类和商品难以避免。其次，少数负面口碑商品的星星之火，在互联网被 N 倍放大。

凡客在经历了数年的“大跃进”之后，在 2014 年开始小米化改造，核心就是极致单品策略。此前对于凡客最大的挑战是质量的不稳定，大幅缩减品类与 SKU 之后，有效的质量控制就成为可能。

将 SKU 精简到一个对品质能够完全可控的数量，才能实现良性循环：单品设计与要求精细化，工厂集中采购原料降低成本，工人熟练掌握工艺，商品性价比提高，消费者满意度增强，口碑效应快速传播，销售规模扩大，继续迭代优化降低成本。

在推广上，2013 年下半年开始凡客以新媒体和老客数据库营销作为重点手段，通过好产品逐步拉新并转化流失的老客户。同时重金购入 fanke.com 域名，顾客能轻松记住地址，自然流量大幅增加。很多媒体评价，凡客走在了一条正确的重生之路上。

所谓单品制胜策略，从盈利模式上有两种路径。

单品本身赚钱。先亏钱做口碑，随着单品放量与生产规模的扩大，边际成本可能迅速降低，特别是电子类产品，当越过一个数量临界值就可以赚钱了，比如部分小米手机、手环、电视等。只是这种玩儿法的风险巨大，很可能死在接近临界值的路上。只要能做出市场稀缺的极致产品，不亏钱也能够赢得市场，比如苹果。小米 4 今天在线下可以溢价数百元，且数量有限。

以单品带动生态圈。以极致单品做入口拉客，靠后续产品矩阵或生态链设计盈利模式。小米的生态圈后续会谈到，它是典型的这两种路径的合体。

5 线上投放怎么做

电商是个流量生意，每个 UV 都能以货币衡量。VC 投资驱动的本质就是花钱买时间，买流量和用户。对于初创型企业，时间效率最高的获取用户方式就是广告投放，电商的大部分钱也烧在了这里（小米走了一条另类的以产品口碑带流量之路，好看不好学；从另一个角度，是将广告费用投到了定价让利上）。

广告投放无非两类：1）以直接带动销售、注册用户等为目标的效果投放；2）以扩大品牌影响力为目标的品牌投放。前者的核心是有效率地花钱买流量，有方法论可循；后者的核心是天时地利人和的四两拨千斤，你可以努力，但不可控制。

凡客的市场推广最为业界认可的是两点：ROI 导向的媒体合作模式；以“凡客体”为代表的品牌推广。这节只说第一点。

早期学习 PPG 的凡客，尝试过很多推广方式，包括杂志广告、DM 直投、线下活动等。凡客的第一笔订单就是来自于《读者》杂志带来的电话订单，2007年10月18日上线当天，带来16单销售。PPG投放了大量的电视广告（后来现金流断裂也与此有关），这一点凡客没有学，事实证明是对的。而让凡客真正爆发，是找到了互联网投放方式之后，最具代表性的是以ROI（Return On Investment，投资回报率）分成方式与线上线下媒体合作。

简单讲，ROI是一种如今都非常熟悉的网站联盟的合作方式，即与媒体按照所带来订单销售额的某个比例进行分成。这种方式的好处是能够极大降低投放的风险，也让媒体有动力导入更多的流量提高销售，对媒体的剩余流量有更好的变现方式；弊端是媒体要承担流量导入之后因产品质量价格、网站设计运营、售后服务等因素对销售的影响，这并非媒体所能控制。

2008年，暴风影音、迅雷等媒体通过ROI合作的方式（根据媒体价值、投放诉求等因素不同，分成比例在百分之几至几十不等，一般会根据所带来销售额设定分成梯度），替换了医药、招商等三俗广告，同时又可灵活调配流量进行推广获得提成收益。凡客之后，很多电商采用这种方式与媒体合作。

最近几年，核心媒体不再愿意直接以ROI效果方式进行合作，一来是媒体数量有限，流量竞争加剧，二来让媒体承担销售效果并不十分公平，他们无法干预商品选择、页面设计、促销活动、售后服务等关乎转化率的重要环节。因此，大部分媒体开始采用CPC、CPM等方式来与广告主合作，媒体只负责前端流量，不负责着陆之后的转化率。而无论采用哪种方式，从广告主角度，最终都还是要换算成ROI，以此来评估投放效果的优劣。

做电商投放哪些媒体比较好？这个问题的回答难以一概而论，这与企业的核心竞争力及打法有关。比如聚美优品，凭借陈鸥上电视的广泛影响力，用导航站和搜索引擎做流量承接就可以，网盟则不投放（作弊不可控）——这是一种性价比和效率极高的玩法，前提是你得有一个有话题的CEO。

以下按照我认为的媒体重要性，做简单分析。

1. 导航。

各导航站大多与浏览器捆绑，是流量入口，ROI 效果居中，但规模大，适合有一定知名度的品牌投放（导航站也会限制小品牌的投放，因为没有好效果，投放难以持久，何况导航位置少不愁卖，经常需要投暗标形式竞争好位置）。

在国内，360 导航与 hao123 两家基本垄断导航七成市场，还有猎豹导航、114、2345 等。到了移动互联网时代，入口更加分散，浏览器等所有入口型产品几乎都做导航站，UCweb、猎豹浏览器等也瓜分了相当一部分导航流量。

2. SEM（Search Engine Marketing，搜索引擎推广）。

因用户搜索行为的精准，基于关键词的投放，是百度、Google 等搜索引擎最核心的生意。其中“品牌专区”因与自身品牌关联度最高，投放销量几乎占到整个 SEM 投放的 1/2。品专的 ROI 效果在所有媒体中也算是最好的（小米网因其产品驱动与新媒体营销的特殊性，并未投放百度），而其他竞品词、行业词等 ROI 普遍较低，但数量庞大，规模不小。

3. SEO（Search Engine Optimization，搜索引擎优化）。

SEO 是专门利用搜索引擎的搜索规则，来提高目前网站在有关搜索引擎内的自然排名的方式。严格意义上这并不算是投放，但为了获得搜索引擎的友好收录，往往需要在对站内做内容优化的同时，借助第三方公司做专门的优化，包括购买站外链接提高网站权重等，以达到获取更多搜索引擎自然流量的目的。

SEO 几乎适合所有网站，毕竟搜索引擎还是吸纳着互联网上最多的流量。

而若把 SEO 看作一个投放渠道的话，其 ROI 一定是最高的。SEO 技巧很多，是创业者必学功课之一。

4. 网站联盟。

无论是用亿玛、领克特等第三方联盟，还是有自建的联盟，这部分可以广告通过分成方式合作的长尾媒体，流量绝对值不低；最大问题是作弊情况比较普遍且难以捕捉，比如通过运营商 DNS 拦截、流氓软件截留、以黑客方式篡改官网程序等方式，将用户的正常访问路径篡改，加入网盟的分成代码，从而获得广告收入。

网盟投放是把双刃剑，在投放效果可控的同时，也必然有部分正常流量被抢走，只是多少的问题。而在利益刺激之下，作弊手段花样百出，几乎防不胜防，这是网盟模式的最大弊端。

5. 新闻门户。

若关注品牌效应，新浪、网易、搜狐等门户网站依然是有公信力的不二之选。因访问量巨大，适合做大促或品牌活动的快速曝光。特别是汽车、地产、快消品等品牌属性强的行业，依然会选择门户做大量投放，效果只是评价媒体价值的指标之一。

而为了将剩余流量做更多变现，门户网站也有效果广告类产品，让广告主做人群定向投放。比如新浪网的扶翼，则可按照 CPM 或 CPC 方式进行购买。

6. 客户端。

尽管手机流量超越 PC，但 QQ、VeryCD、迅雷、酷我音乐盒、暴风影音等 PC 客户端，依然占有大量流量，并且具有瞬时推送弹窗广告的特殊能力，适合需要销售快速放量时选择，比如双 11 大促或新品上市。

7. DSP（Demand Side Platform，需求方平台）。

一种在线广告平台，可使广告主更简单便捷地对位于多家广告交易平台的在线广告进行买卖。好处是可以一站购买多家不同媒体，且有统一的竞价方式，便于进行精准定向投放。DSP 的核心是从以往“买位置”的方式转变到了“买人群”，并且能做多媒体平台之间定向追踪消费者。

这貌似是一个非常理想的投放方式，特别是对于找回老客户。而此类投放前提是要有庞大的用户属性数据库，能对用户进行地域、性别、喜好、行为等画像，才能精准定向。除了 BAT（各自封闭不愿共享）之外，全网中能够被画像描述的用户数量不超过 10%。问题就来了：ROI 提高了，但没有规模。因此，这种形式也只能部分优化投放，但却是整个投放行业的发展趋势；此外也有广告主数据被交叉引用或用户数据泄密问题，因而这个行业看上去很美但没有爆发式增长。

8. 社交媒体。

微博是最具代表性的，其投放方式也更软性，比如粉丝通则是将广告 push 到粉丝主页的第一条，效果比直接硬广要好得多。与投放相比，微博更适合做官微，做基于内容与活动的互动，在小米做粉丝营销的过程中，微博发挥了巨大作用。

微信也成了电商必争之地，因微信的聊天工具属性，其朋友圈的活跃度有赶超微博之势。获得腾讯 3.5 亿美元注资的口袋购物，也试图通过微店系统打造社会化电商体系，从而抄底淘宝，是值得期待的变数。微信所提供的企业服务号入口，亦是最好的网店平台之一。

微博与微信的区别在于，前者是媒体属性，转发机制更适合做信息扩散，而微信是熟人社交机制，更适合与粉丝互动或做口碑传播。

9. 移动端推广。

几乎每个人都是低头一族，所有电商都在将消费者往手机端转移。天猫、当当、京东等，都同时采用了手机端购买更低价的方式，野蛮转移用户。原因很简单，因为手机 APP 占领用户桌面之后，可以被随时随地访问，真正全天候不打烊。

移动端的推广，最重要的是豌豆荚、小米、360、腾讯、百度等软件分发市场，是流量最大的入口。也有塔读、WiFi 万能钥匙等大用户量 APP 也通过软件分发来赚钱，相较 PC 互联网流量更加分散。

10. 数据库营销。

短信、邮件都算数据库营销的范畴，尽管有手机 APP 在加强与用户的关联，这两类推广方式仍然是与老顾客沟通的重要手段，成本低、到达直接。

而随着 360 卫士等安全软件的拦截，短信的到达率日益下降；邮件则受到邮箱运营商的垃圾过滤，与短信有同样的命运。短期内还有价值，长期看只能是维护与老客户联系的辅助手段。

11. 线下媒体。

线上媒体再发达，线下媒体的价值仍然无可替代。比如公交路牌、楼宇电梯、报纸杂志广告，在品牌推广为导向的投放中作用不逊于线上。风靡一时的“凡客体”也是借助线下的地铁、公交候车厅等广告造势做引子，并在线上做二次传播与互动，才获得了巨大的成功。在凡客体揭秘那一章会再做提及。小米、魅族、锤子等，也都在电梯内的框架媒体做了大量投放，试图影响更多线下消费者。

6 投放预算怎么定

凡事预则立，电商投放预算的制定是一件大事，无论互联网项目如何起伏波动难以把握，从财务角度总要有个预算作为发展框架。不久前有一个做电商的朋友问我预算如何做，我的回复如下。

我所经历的预算制定一般有如下两种：在高速成长期，很难有一个稳定的经验值，一般采用方式 1，比如创业项目早期；如果规模成长不是狂飙突进的，而是相对稳定的，可以按照方式 2，比如公司达到中等规模、商业模式成熟之后。

1）根据销售额倒推投放。假设以净利率 10% 为目标，那么可以根据损益结构倒推出市场投放费用，市场部据此做以媒体渠道为单位的分解，将分解的目标与历史投放经验值比较，考察其落地的可能性，如果出现较大误差需要分析原因，重新做媒体组合。这种方式不是最科学的，但能激发市场创新的潜力；缺点是不确定性较大。

2）根据投放经验值正推销售额。根据投放效果的历史经验值（新老客分开）、媒体流量与价格波动、商品上线波段、竞争对手情况等，来测算不同渠道能够带来的销售额，这种从流量出发的测算实施起来最靠谱。好处是确定性较大，坏处是结果可能偏保守。

如下表格是初刻做过的一版财务预测，分为两部分：以假设为出发点，以损益表为核心理论上还需要现金流量表，不在这里展示。

初刻财务预测（Assumptions）-2012年

	1月	2月	3月	4月	5月	6月	7月	8月	9月	10月	11月	12月	全年	占比	注释
	154	155	171	194	268	365	472	487	742	935	1086	1086	6112		
女装	63	63	64	65	87	109	142	175	272	314	376	376	2105	34.44%	
件均售价（元）	209	209	159	109	109	109	109	159	209	209	209	209			以历史平均售价为预算出发点
销售总件数	3000	3000	4000	6000	8000	10000	13000	11000	13000	15000	18000	18000	122000		以2011年销售数据件数为预算出发点
每SKU件数	100	100	150	150	200	200	200	200	200	200	200	200			
SKU数	30	30	27	40	40	50	65	55	65	75	90	90	657		该数据假设库存周转为30天
男装	58	44	45	60	89	119	149	175	289	347	405	405	2184	35.73%	
件均售价（元）	289	219	149	149	149	149	149	219	289	289	289	289			
销售总件数	2000	2000	3000	4000	6000	8000	10000	8000	10000	12000	14000	14000	93000		
每SKU件数	100	200	200	200	200	200	200	200	200	200	200	200			
SKU数	20	10	15	20	30	40	50	40	50	60	70	70	475		
鞋	30	45	60	66	88	132	176	132	176	270	300	300	1775	29.04%	
件均售价（元）	300	300	300	220	220	220	220	220	220	300	300	300			
销售总件数	1000	1500	2000	3000	4000	6000	8000	6000	8000	9000	10000	10000	68500		
每SKU件数	100	200	200	200	200	200	200	200	200	200	200	200			
SKU数	10	8	10	15	20	30	40	30	40	45	50	50	348		
杂货	3	3	3	3	3	4.8	4.8	4.8	4.8	4.8	4.8	4.8	49	0.80%	家居、图书、帆布包等生活方式产品
件均售价（元）	60	60	60	60	60	60	60	60	60	60	60	60			
销售总件数	500	500	500	500	500	800	800	800	800	800	800	800	3300		
每SKU件数	50	50	50	50	50	50	50	50	50	50	50	50			
SKU数	10	10	10	10	10	16	16	16	16	16	16	16	162		
	61	62	69	78	107	146	189	195	297	374	434	434	2445		
女装	25	25	25	26	35	44	57	70	109	125	150	150	842	34.44%	
件均成本（元）	83.6	83.6	63.6	43.6	43.6	43.6	43.6	63.6	83.6	83.6	83.6	83.6			成本=售价×40%，毛利60%
总件数	3000	3000	4000	6000	8000	10000	13000	11000	13000	15000	18000	18000	122000		引用每月销售件数
男装	23	18	18	24	36	48	60	70	116	139	162	162	873	35.73%	
件均成本（元）	115.6	87.6	59.6	59.6	59.6	59.6	59.6	87.6	115.6	115.6	115.6	115.6			
总件数	2000	2000	3000	4000	6000	8000	10000	8000	10000	12000	14000	14000	93000		
鞋	12	18	24	26	35	53	70	53	70	108	120	120	710	29.04%	
件均成本（元）	120	120	120	88	88	88	88	88	88	120	120	120			
总件数	1000	1500	2000	3000	4000	6000	8000	6000	8000	9000	10000	10000	68500		
杂货	1.2	1.2	1.2	1.2	1.2	1.92	1.92	1.92	1.92	1.92	1.92	1.92	19	0.80%	
件均成本（元）	24	24	24	24	24	24	24	24	24	24	24	24			
总件数	500	500	500	500	500	800	800	800	800	800	800	800	8100		
管理费用（万）	55	57	59	71	88	97	108	119	123	127	130	130	1163	19.03%	
人员数	80	90	100	120	150	180	200	220	220	220	220	220			
人均工资与福利	0.65	0.60	0.55	0.55	0.55	0.50	0.50	0.50	0.50	0.50	0.50	0.50			
工资与福利	52	54	55	66	83	90	100	110	110	110	110	110	1050	17.17%	
差旅费用	2.9	3.1	3.8	5.0	6.0	6.6	8.5	8.8	13.3	16.8	19.5	19.5	114		据经验值按照未来三个月采购额千分之6计算
房租装修	6.0	8.0	10.0	10.0	15.0	15.0	15.0	15.0	15.0	15.0	15.0	15.0	154		预计7月、1月搬家；装修费未摊销
固定资产	8.00	6.00	6.00	10.00	14.00	14.00	10.00	10.00	2.00	2.00	2.00	2.00	86		办公+IT设备（服务器、交换机、摄影器材等）
广告费用	41.38	41.65	55.42	62.76	86.58	131.21	169.49	175.03	239.90	302.53	319.29	292.69	1918	31.38%	目前新客成本为120元，营销效率提升可降至110元
客单均（元）	240	240	200	200	200	180	180	180	200	200	220	240	207		据初刻运营数据估算
订单数（万）	0.64	0.64	0.86	0.97	1.34	2.03	2.62	2.71	3.71	4.68	4.93	4.52	29.64		由销售额/单均计算而来，单位为万
日均单数（个）	213	215	286	323	446	676	873	902	1236	1559	1645	1508	823		
客户数（万）	0.75	0.76	1.01	1.14	1.57	2.39	3.08	3.18	4.36	5.50	5.81	5.32	34.87		据初刻运营数据，15%购买用户未成功交易
新客户数（万）	0.38	0.38	0.50	0.57	0.79	1.19	1.54	1.59	2.18	2.75	2.90	2.66	17.44		据经验值，第2年按50%订单来自新客户计算

初刻财务预测-损益表（单位：万元）

项目		1月	2月	3月	4月	5月	6月	7月	8月	9月	10月	11月	12月	全年	占比	注释
订单金额		153.5	154.5	171.3	194	267.6	365	471.5	486.9	741.5	935.1	1085.6	1085.6	6112		
总成本		91.07	91.66	101.63	115.10	158.77	216.55	279.74	288.88	439.93	554.79	644.09	644.09	3,626	59.33%	
产品成本		61.4	61.8	68.52	77.6	107.04	146	188.6	194.76	296.6	374.04	434.24	434.24	2445	40.00%	
其他成本		29.67	29.86	33.11	37.50	51.73	70.55	91.14	94.12	143.33	180.75	209.85	209.85	1181	19.33%	
	包装成本	1.54	1.55	1.71	1.94	2.68	3.65	4.72	4.87	7.42	9.35	10.86	10.86	61	1.00%	按初刻运营数据计算
	物流仓储	15.35	15.45	17.13	19.40	26.76	36.50	47.15	48.69	74.15	93.51	108.56	108.56	611	10.00%	按初刻运营数据计算
	税金附加	12.79	12.87	14.27	16.16	22.29	30.40	39.28	40.56	61.77	77.89	90.43	90.43	509	8.33%	增值税抵扣后，附加税暂忽略
毛利		62.43	62.84	69.67	78.90	108.83	148.45	191.76	198.02	301.57	380.31	441.51	441.51	2,486	40.67%	
费用		119.87	122.41	140.36	164.54	217.09	272.73	322.13	338.40	407.49	479.42	503.40	476.80	3,565	58.32%	
	广告费用	41.38	41.65	55.42	62.76	86.58	131.21	169.49	175.03	239.90	302.53	319.29	292.69	1918	31.38%	
	管理费用	54.88	57.12	58.80	70.96	88.49	96.57	108.49	118.76	123.35	126.83	129.54	129.54	1163	19.03%	含薪资福利、招待交通差旅费等
	客服费用	1.535	1.545	1.713	1.94	2.676	3.65	4.715	4.869	7.415	9.351	10.856	10.856	61	1.00%	客户安抚等费用，按固定比例计算
	系统运营	3.07	3.09	3.426	3.88	5.352	7.3	9.43	9.738	14.83	18.702	21.712	21.712	122	2.00%	办公、呼叫中心机柜租赁、带宽费等
	房租装修	6	8	10	10	15	15	15	15	15	15	15	15	154	2.52%	房租+装修费，未摊销
	固定资产	8.00	6.00	6.00	10.00	14.00	14.00	10.00	10.00	2.00	2.00	2.00	2.00	86	1.41%	办公+IT设备，三年摊销
	其他	5	5	5	5	5	5	5	5	5	5	5	5	60	0.98%	
														-1,079	117.65%	

大部分时候我们可以两种方式结合起来预算，既考虑公司业绩目标的要求，又考虑投放落地的实际情况，取一个折中方案。

无论哪种方式，最重要的是：

1）新老客分开考虑，要新客规模还是老客转化，所采取的打法均不同。

2）对以媒体为单位的所有投放阶段做数据监测，以历史数据来评估当前投放的有效性（对投放全程的实时追踪，在后续投放的量化评估部分细讲），并找出差异进行调整优化。没有这个评估体系，很容易出现不同部门扯皮推卸责任的情况。

广告投放的价值在于引流拉客，后续转化主要靠站内运营、产品和服务，理论上用户着陆到站内之后就和广告投放没有关系了。有关系的是，你花钱买来的得是有效访客，不能是垃圾流量，也有办法去衡量，比如将访问时常超过 30 秒的用户定义为有效访客。这依然不能排除媒体作弊的可能，但永远没有完美的解决方案，因此对于高速成长的互联网公司，靠谱儿的人更重要，好吧，有点跑题了。

7 媒体价值如何评估

投放预算的调整，必然涉及媒体价值的评估，所有投放都需要通过媒体落地来实现。我曾经做过一个媒体价值评估模型，根据企业不同发展阶段、不同目标，各项目权重可灵活调整，最后根据加权总分可得出媒体价值排序。这样，在增减预算时，能够有的放矢选择或减少投放媒体。

渠道媒体	综合评价指标	标准化指标					
		收订规模占比	ROI	客户价值	平均购物频次	新用户占比	新客成本
权重占比		25%	25%	15%	15%	10%	10%
SEO	4.83	0.84	0.00	1.01	0.76	0.90	42.64
百度竞价排名	2.92	7.58	1.17	0.92	1.11	1.36	2.91
360导航	2.80	5.90	1.99	0.81	1.35	1.21	3.82
大型站长网	1.99	0.00	1.30	1.92	3.17	1.29	7.66
hao123	1.98	3.66	1.36	0.83	1.27	1.22	2.84
第三方网站联盟	1.93	4.18	1.07	0.93	1.17	1.05	2.03
个人网站联盟	1.57	1.78	1.65	0.90	1.54	0.95	2.47
360cps	1.45	0.05	1.94	0.76	0.59	1.00	6.48
亿起发	1.34	1.85	1.09	0.88	1.11	0.97	2.09
搜狗网址导航2011	1.16	1.05	1.11	0.82	1.07	1.01	2.31

需要说明的是：

1. 媒体选择的依据并不只是成本、销售额、ROI，应从更多维度去考量。

2. 以上表格并非媒体价值评估模型的全部，只是加权之后的打分，对于 6 项具体指标还需要根据自身项目特点加以定义。

3. 客户价值是 CRM 系统中的一个指标，用户可以按照客单价、毛利额、购物频次等划分成 ABCDE 等各层次人群，并据此判断用户价值。举例来讲，E 类用户客单价最低（只买便宜的）、毛利贡献最少（只买打折促销产品）、购物频次少（不促销不来），这样的用户越多导致亏损越大，是应该被放弃的用户。

广告投放一般都是花钱最多的部分，也是最容易被内部挑战的环节，因此一定要通过可量化评估效果的系统来做判断，否则很容易公婆各自说地陷入细节纠缠之中。

更重要的是，有了评估体系可以将投放经验值数据化、产品化、系统化，避免人为主观判断的过多介入或核心人员离职后经验传承的缺失——这一点太重要了。

8 日常投放的全节点追踪

那个朋友还问了我一个比较普遍会有困惑的问题：市场部与其他部分如何分责？之所以会有这个问题的提出，是因为投放 ROI 的高低，与很多因素有关系：流量是否有质量、网站设计是否吸引人、商品性价比是否足够高、服务是否体贴，等等。

一般来讲，市场部只负责流量，运营部门负责转化率，如果这两个部门是一个人负责最好，避免互相推卸责任。所有明确责任的方式，都应该靠数据而不是感性判断，标准的制定和指标的定义可以讨论、统一思想，这个工作不难完成。而一旦确定则只关注数字结果，任何数据环节出现波动，都能按图索骥找原因并优化。

投放是一个技术活儿，线上投放最大的好处就是效果可量化追踪。以我个人经验而言，投放的数字化评估有四个关键点：第一，从站外广告的展示点击到站内的最终成交，要对所有节点有纵向监控和分析；第二，要尽可能将所有媒体的投放进行横向比较；第三，要根据淡旺季、上新波段等历史经验曲线，或公司发展阶段、战略方向，在时间维度上进行效果评估；第四，要与同行投放数据做比较。

几乎每家大电商都是以 ROI 导向在做投放，这种投放模式背后必须要有一套完整的监测分析系统，能够基于广告 URL 链接中的 Source 参数或 Cookie 数据对用户访问路径进行追踪，从而确定销售来源以便结算。

日常对投放数据的追踪，我一般用投放“节点数据”加以监测、评估和优化，即从广告展示点击一直到该媒体（可精确到位置或素材）所带来的销售甚至退换货数据，做全程跟踪记录。具体来讲包括如下节点，点击量、点击成本、有效点击占比（访问时长大于 1 分钟的）、二跳率、单品页转化率、订单转化率、新客数量、新客成本、订单量、客单价、收订金额、支付成功率、退换货率等。这是评价投放效果的最量化体系，出现异常波动也容易找出原因并解决。

之所以要看有效点击占比，因为在实际工作中市场部的人经常会被挑战：你带来那么多流量，是不是有大量垃圾流量才导致我们销售不好？这个问题很尖锐，但必须回答。我的做法是对流量的有效性进行定义，比如访问时长在 1 分钟以上、二跳率在 50% 以上的流量。虽然这并不能保证有效流量中一定不存在垃圾流量或作弊流量，但至少可以大幅减少这种可能性。

也有人会问，首页的二跳率跟网站的站内运营有关系啊，跟投放有什么关系？我们做这件事的目的是为了监测数据、发现异常、及时优化，不是真的为了推卸责任，因此，不必过于纠结权责的归属。事实上，虽然二跳率指标和首页设计有很大关系，但只要首页水准是稳定的，因此而带来的变化可忽略不计。即便是改版这样的大动作，一般也会通过 A/B 测试的方式来保证平稳过渡，不会出现大的转化率波动。

将这个节点监测数据加入时间维度，就能纵向比较数据异常；加入媒体维度，就能横向比较效果优劣。

很多大电商公司有 BI 部门，其实就是对市场、产品、运营等各业务环节做数字化评价，不掺杂任何主观因素，其所呈现的是结果，并对部分指标做预警。市场部门也应该有自己的数据分析，对各投放链条上更细致的节点做监测、预警和评价，更关注的是过程，找到可能摧毁千里之堤的蚁穴。在此基础上，就容易设定数字化的 KPI 了，扯皮的事也会大大减少。

市场投放节点数据示例图（仅作框架格式的参考，数据为模拟）。

指标	月份	市场整体	网址导航	SEM	网站联盟
点击量	2018年1月	13,273,780	9,578,570	320,491	3,374,719
	2018年2月	10,011,917	6,107,302	234,841	3,669,774
	2018年3月	14,047,259	8,243,608	297,091	5,506,560
	月均	12,444,319	7,976,493	284,141	4,183,684
点击成本	2018年1月	0.36	0.34	0.31	0.44
	2018年2月	0.39	0.34	0.42	0.48
	2018年3月	0.31	0.25	0.29	0.40
	月均	0.36	0.31	0.34	0.44
有效点击占比(访问时长>1M占比)	2018年1月	6,316,222	4,236,226	178,267	1,901,729
	2018年2月	4,788,647	2,608,048	123,532	2,057,067
	2018年3月	6,914,968	3,473,817	168,562	3,272,589
	月均	6,006,612	3,439,364	156,787	2,410,462
二跳率	2018年1月	75%	68%	76%	79%
	2018年2月	73%	67%	72%	80%
	2018年3月	75%	67%	75%	84%
	月均	74%	67%	74%	81%
到单品页占比	2018年1月	40%	34%	41%	46%
	2018年2月	40%	35%	40%	46%
	2018年3月	40%	33%	39%	47%
	月均	40%	34%	40%	46%
到购物车占比	2018年1月	9%	6%	9%	11%
	2018年2月	8%	6%	8%	10%
	2018年3月	8%	6%	8%	10%
	月均	8%	6%	9%	10%
订单完成页占比	2018年1月	3%	2%	3%	4%
	2018年2月	3%	2%	3%	4%
	2018年3月	3%	2%	3%	4%
	月均	3%	2%	3%	4%
下单量（含无效订单）	2018年1月	361,934	212,991	18,056	130,887
	2018年2月	336,522	194,150	16,033	126,339
	2018年3月	382,869	180,831	16,486	185,552
	月均	360,442	195,991	16,858	147,593
有效订单量	2018年1月	313,852	199,865	16,665	97,322
	2018年2月	302,977	192,943	14,625	95,409
	2018年3月	330,167	172,598	15,045	142,524
	月均	315,665	188,469	15,445	111,752
有效订单率	2018年1月	87%	94%	92%	74%
	2018年2月	90%	99%	91%	76%
	2018年3月	86%	95%	91%	77%
	月均	88%	96%	92%	76%
转化率	2018年1月	2.4%	2.1%	5.2%	2.9%
	2018年2月	3.0%	3.2%	6.2%	2.6%
	2018年3月	2.4%	2.1%	5.1%	2.6%
	月均	2.6%	2.4%	5.5%	2.7%
收订	2018年1月	47,301,613	29,455,169	1,169,793	16,676,651
	2018年2月	33,332,845	19,658,750	665,726	13,008,369
	2018年3月	36,890,688	18,285,185	652,551	17,952,953
	月均	39,175,048	22,466,368	829,356	15,879,324
新客数	2018年1月	48,315	26,768	1,223	20,324
	2018年2月	44,612	20,003	957	23,652
	2018年3月	79,043	34,171	1,416	43,456
	月均	57,323	26,981	1,199	29,144
投入	2018年1月	4,826,988	3,250,000	100,000	1,476,988
	2018年2月	3,948,422	2,100,000	98,563	1,749,859
	2018年3月	4,380,823	2,100,000	85,792	2,195,031
	月均	4,385,411	2,483,333	94,785	1,807,293
ROI	2018年1月	9.80	9.06	11.70	11.29
	2018年2月	8.44	9.36	6.75	7.43
	2018年3月	8.42	8.71	7.61	8.18
	月均	8.89	9.04	8.69	8.97
新客成本	2018年1月	99.91	121.41	81.77	72.67
	2018年2月	88.51	104.98	102.99	73.98
	2018年3月	55.42	61.46	60.59	50.51
	月均	81.28	95.95	81.78	65.72
退换货率	2018年1月	7%	7%	9%	7%
	2018年2月	6%	5%	8%	5%
	2018年3月	9%	8%	10%	8%
	月均	7%	7%	9%	6%

做广告投放，还有一个不可回避的问题，就是媒体作弊。线上广告投放的灰色地带很多，只能将经验值积累固化到系统里才是靠谱的打法。比如，当某个媒体出现流量或转化率的大幅波动时，系统会自动发出预警，请求人工干预来判断是否有问题。因此，有一套强大的广告监测分析系统就显得至关重要，用数字说话是最客观的。

9 品牌营销的关键时刻

2009 年我第一次在凡客时，这个品牌的崛起速度令无数人瞠目结舌，也自然有很多人关心凡客的品牌推广是如何做到这一点的。品牌不仅仅有知名度，还有美誉度、忠诚度，因此需要借助更多手段，来完成这三个维度闭环的建立。恰如今天的市场竞争早已不是单体作战，而必须有生态体系才能赢得更长久的战争，品牌推广亦是如此。

关键时刻（MOT，Moment Of Truth），是满意度研究中有一个非常重要的分支。20 世纪 80 年代，北欧航空卡尔森总裁提出：平均每位顾客接受其公司服务的过程中，会与五位服务人员接触；平均每次接触的短短 15 秒内，就决定整个公司在顾客心中的印象。因此，与顾客接触的每一个时间点即为关键时刻，它是从人员的 A（Appearance）外表、B（Behavior）行为、C（Communication）沟通等三方面来着手的。这三方面给人的第一印象所占的比例分别为外表 52%、行为 33%、沟通 15%，是影响顾客忠诚度及满意度的重要因素。

以此延伸，电商的品牌营销中也有诸多关键时刻是必须关注的，从消费者接触路径来看主要涉及以下几个关键节点：广告（素材与情感）、网站（内容与视觉）、产品（质量与惊喜）、服务（包括快递与售后服务），以及传播（内容与新媒体）等。

节点梳理容易，不容易的是如何从品牌营销角度出发，去设计这些关键时刻，让用户得到超出预期的感受，并获得消费者的自发传播扩散。举例说明：1）广告素材要可识别度高。凡客广告的圆形价签设计识别度极高，初刻所有广告文案基本都要求是“商业卖点 + 情感沟通”两个句子，比如“春装上新 59 元起 + 你是记忆中最美的春天”。2）网站设计要有差异化风格。唯品会的首页设计成了特卖网站的通用标准，初刻的文艺专题也被粉丝纷纷到微博转发。3）产品的内在与包装要超预期。且不论产品自身必下巨大功夫，仅仅包装的精致与惊喜制造已经成为电商基本功，比如小米路由器的木盒设计与说明文案的个性堪称典范之一；服务，凡客率先在行业推出的“30 天无条件退换货”政策，以及如风达快递上门退换货的服务标准，是早期成功的重要因素；传播，更是百花齐放地讨好消费者。

“这个世界的美好，你亲自玩了才会懂。”小米路由器木盒纪念版，需要自行组装，参见下图。

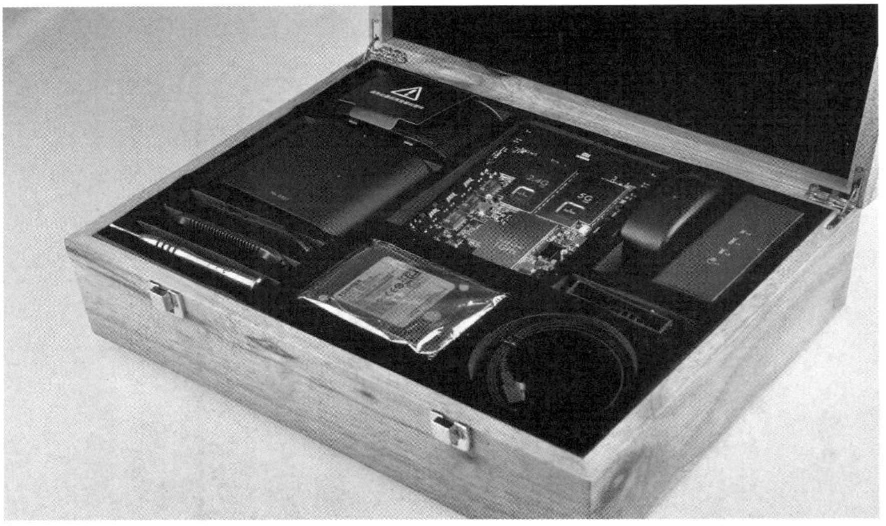

后面会谈到的品牌与消费者之间仪式感的建立，其实与以上关键节点的创新设计算是一脉相承的，只要发散思考，总有许多痛点可以转化成惊喜。

2009 年 5 月我刚到凡客时，在内部所做过一份品牌规划 PPT《VANCL 品牌设想》，算是对以上品牌营销方法的补充。

当时播放了几个广告片，先感受下时尚大牌所营造的品牌氛围。

简要提及品牌打造的七个要素，每个 Logo 背后都有复杂情感，人人感受不同。

总要有点科班套路的东西才显得专业，SWOT 优劣势分析法是常用的战略分析工具。

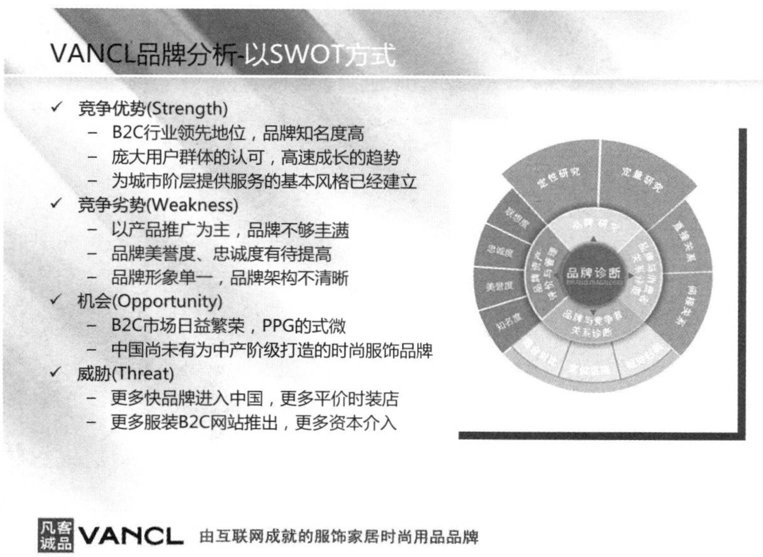

品牌模型有很多种，这是我认为比较简洁明了的一种。

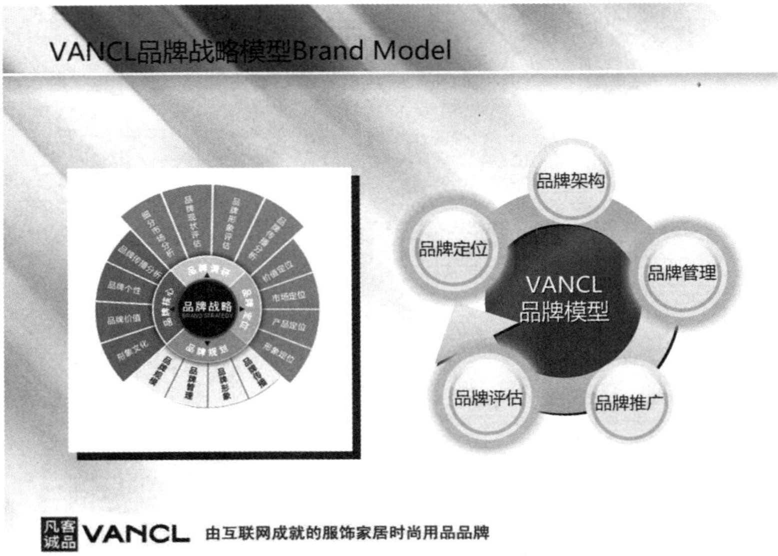

几乎所有快时尚品牌都会学 ZARA，凡客早期研究过很多同类品牌。

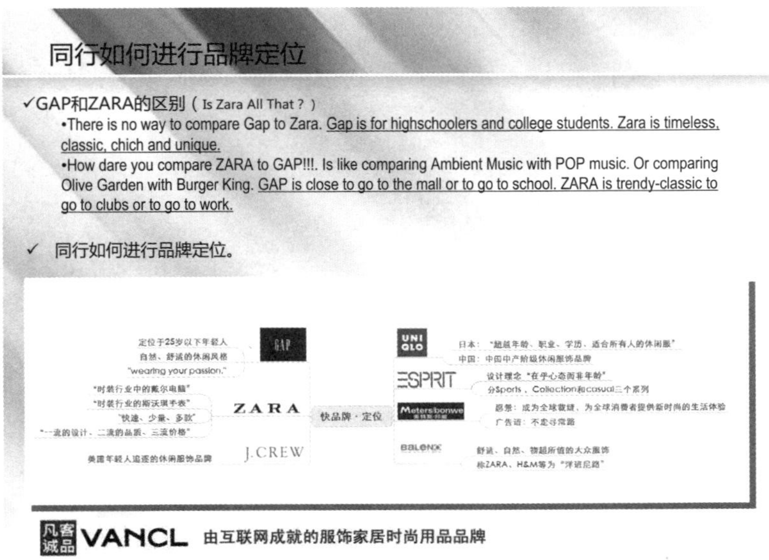

通过调研数据，试图对品牌定位进行梳理。

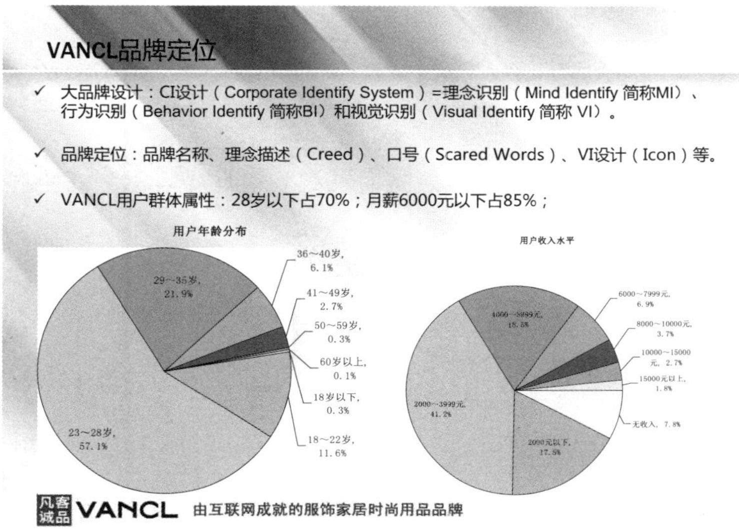

我当时希望凡客是中端品牌，实际后来继续走的是低端之路，后者更易快速扩张。

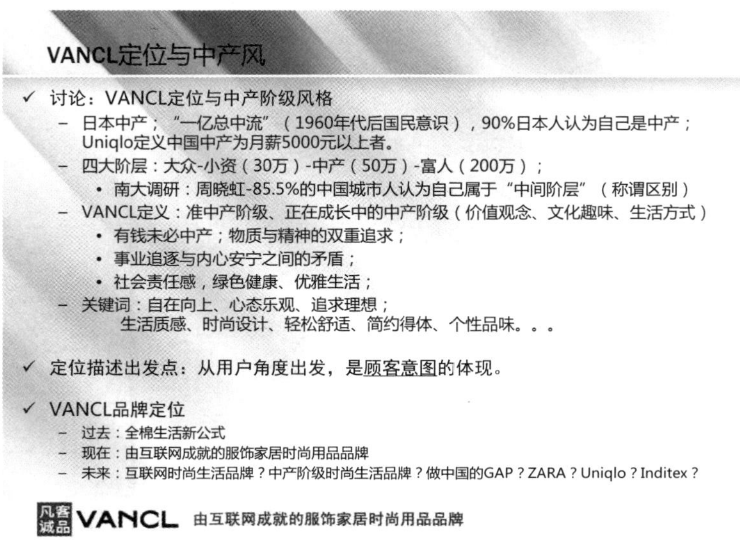

今天，多品牌架构已经被韩都、裂帛等淘品牌广泛采用。除了区分服务各类细分人群，阿里也不希望单一品牌规模过大，商家只能多品牌扩张。

多品牌化不能一步到位，设定了三步走的路径，并在组织结构建议中提到内部创业的子公司模式，或是买手制的品牌经理制。组织运转机制决定企业活力，小米给我们上了很好的一课。

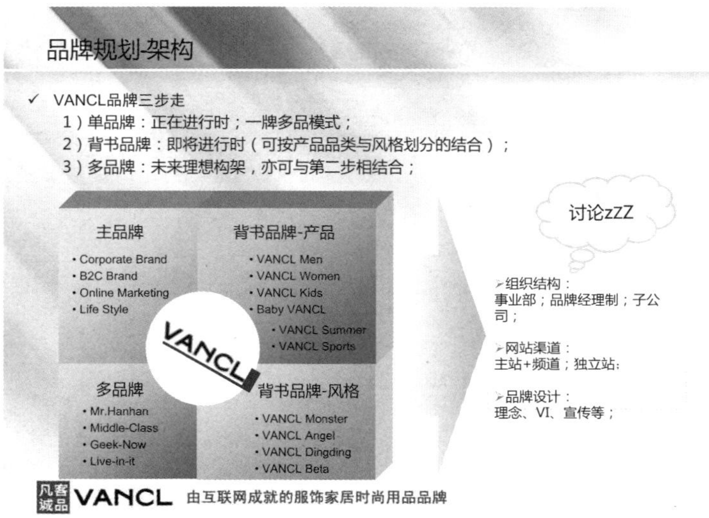

找了几个代表性品牌，对其历史及品牌营销方式进行归纳。

GAP、ZARA、H&M，是全球休闲服饰品牌前三甲（国内最大是美特斯·邦威，2013年78亿）。

用思维导图呈现思考过程与逻辑。

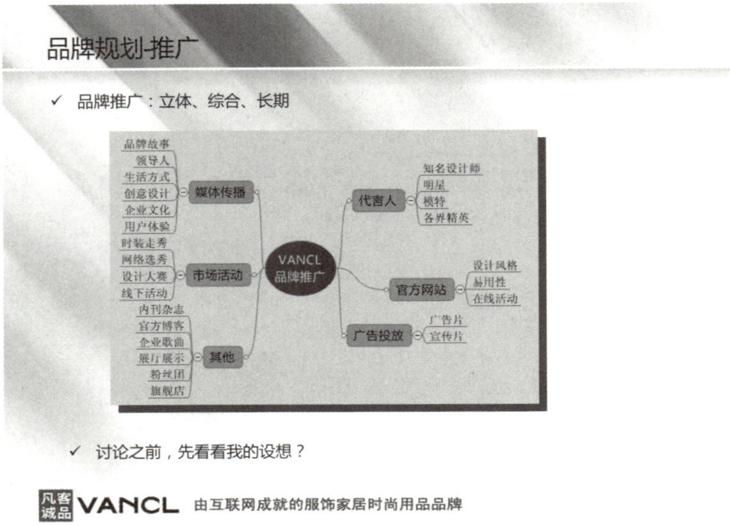

举例说明品牌营销手段：请代言人、做电子杂志、出书、模特走秀、时尚大片拍摄等。

还设想了开设线下旗舰店、用户见面会、公益活动、形象官网等。

可以做选秀、拍摄广告片，基于新媒体有消费者互动。

最终，希望让一个品牌引领一种生活方式，后来做初刻也是这个出发点。

很多人都会问：折腾了这么多事，效果如何评估？品牌推广很难有完全量化的标准。

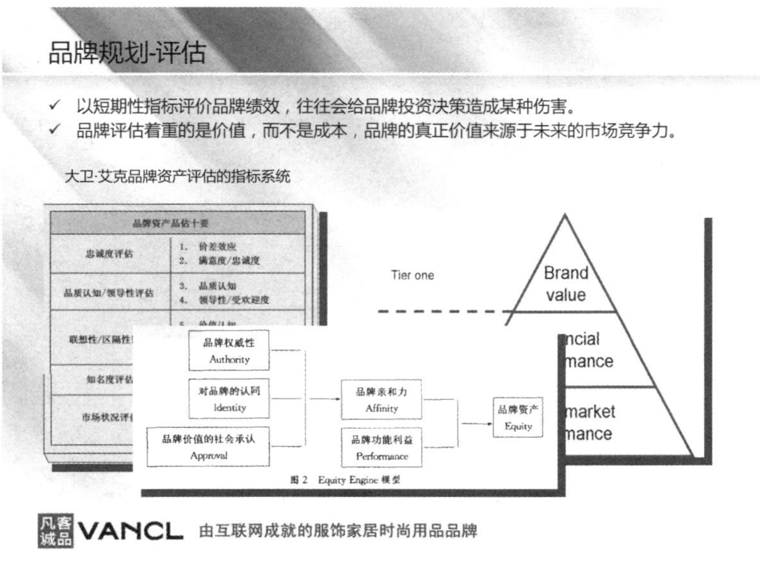

基于这页做了执行落地等具体问题的讨论。

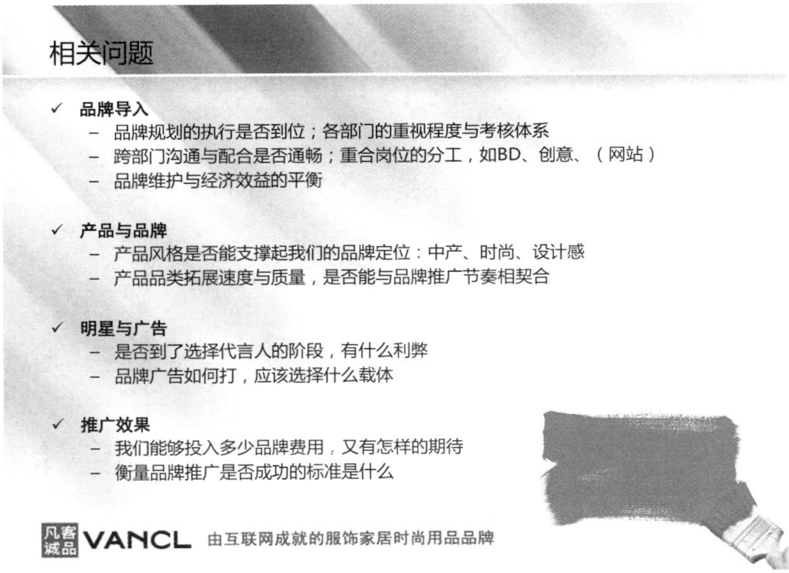

以上 PPT 略去了两页关于部门架构、推荐时间表等过于内部的内容，其他未做任何修改。在规划之后，我们开始做最重要的一件事：代言人策划及投放，也就有了后面要解读的“凡客体”。

狂飙突进的年代，往往最关注能够量化追踪的效果营销，而品牌类的非效果营销常被忽略。在我看来，非效果类的品牌营销将决定一个品牌未来走多远，某种意义上这种营销则是最深刻的效果。广告投放带来的是流量，而品牌则关乎转化率；商品可以单点突破做爆款、一夜成名，而品牌则需要全方位与顾客接触，是无处细节的日积月累。

10 深度揭秘“凡客体”

说到凡客营销，不能不提2010年的“凡客体”，迄今都是互联网传播的典范案例之一。

2009年5月，我加入到凡客之后的第一件事就是代言人项目。当时以代言人为核心的品牌投放到底如何做，还没有任何确定的想法。陈年认为，凡客进入高速成长第三年，业绩非常好，知名度很高，也到了要考虑如何做一次大型品牌推广以提升品牌形象的时间节点上。于是，开始紧锣密鼓地策划推进。

1）四件事。

作为代言人项目的负责人，我要考虑的主要是四个问题：①代言人选谁；②如何做出适合互联网传播的策划；③品牌广告如何投放与传播；④怎样评估传播效果。

用金字塔模型思考代言人投放的关键环节如下图所示。

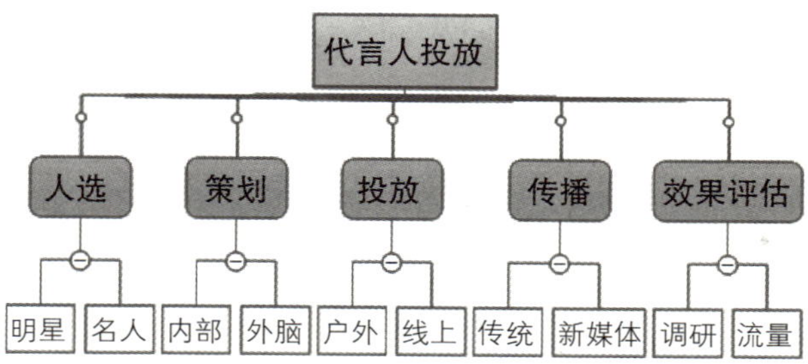

从目标出发，首先要想清楚的是第四个问题，如何评估这次要做的推广项目，这也是老板最关心的一个问题。我此前并没有操盘一个大型品牌市场活动的经验，且可能花费巨大，于是遍寻4A公司、市场圈各路朋友，最终得出的结论是：

> 1. 要量化评估代言人推广的效果很难，因为有太多因素决定，且难以量化追踪。因此，此类传播的不确定性极大，要有所有钱打水漂的心理准备，可承受最坏结果就可以做。
>
> 2. 总还是要做量化评估的，两种方式：第一百度搜索指数的变化，既然是互联网品牌就必须考虑网络传播指标；第二做投放前后两次品牌调研对比，看各项指标变化，每次样本量不少于3000个，太少没有意义。

第一点看老板魄力，没问题；第二点的关键是要找到一家靠谱的调研公司，因为这个行业水分很大，不靠谱的调研公司很容易“做”出你想要的数据。

2）谁来代言。

评价方式决定以后，就要回到基本问题上：代言人找谁。这里有很多故事可讲，只分享几个。为了让代言人人选的选择更接近民意，我们做了线上投票，男女代言人前两名分别是：古天乐，孙俪。联系了古天乐的经纪公司之后，得到对方有其他服装品牌的代言约，无法合作。孙俪的经纪当时是海润影视，于是与对方接洽。

在与孙俪方谈判过程中，经纪人又推荐了另外两个旗下艺人：刘烨、王珞丹。因刘烨的形象是硬汉内敛型，与凡客希望先锋阳光的代言人形象要求不符。至于王珞丹，虽然在电视剧《奋斗》中有精彩表现，但凡客内部对她了解并不多，甚至很多人是第一次听说王珞丹的名字。

在选择代言人过程中，我们也讨论到一个问题：凡客当时用户偏成熟，因而会选择古天乐、孙俪，而代言人传播的目的是为扩大影响力，需要吸纳更多年轻用户，因而需要对年轻人更有号召力的代言人。

在每周五的内部高管会上，我汇报工作时提到在与韩寒谈 VT 的合作，即让韩寒设计图案，凡客来做 Tee，大家一起做联合品牌。一个高管当时就提议到，如果让韩寒来做代言人如何。这个提议并没有立刻得到大家认可，因为韩寒的作品存在一定的风险性，是否会因这种不确定性影响商业品牌的传播就未可知。

之后一段时间，陈年越琢磨越觉得韩寒合适：80后先锋青年，赛车手，作家，互联网粉丝群体庞大（当时韩寒在新浪微博影响力名列前茅）。如果再与王珞丹合作，两人对年轻白领和学生群体的号召力足够大，而且王珞丹偏传统娱乐圈，韩寒偏互联网，男女也有互补，作为一个代言人矩阵是安全的。就这样，代言人人选就这么确定了。

3）比稿要付费。

接下来就是广告内容策划，自己做了几版创意都不满意，于是寻找外援。经历了两个阶段：先是找了很多家广告公司谈直接出方案，但出了几轮方案都不满意；于是准备做一轮比稿，希望能通过快速集中的比较筛选出适合的广告公司。

为了达到最佳预期，避免时间消耗，我们采用付费比稿的方式。付费的目的主要是为了表达诚意和尊重，因为很多广告主试图通过免费的方式骗取创意，诚意不足。每家广告公司的比稿费用从几千元到数万元不等，这样就能吸引不同层次的广告公司加入，拿出靠谱的创意（若对广告策划圈不熟悉，也可委托第三方来组织比稿）。

最终，我们选择了 10 家左右的广告公司，集中在两三天完成比稿。过程不细讲，若你把所有的创意集中听完，也会很容易从中选出最优者，横向比较是最容易找到答案的方法。

最后的结果大家已经知道了，就是远山广告的邱新宇团队被选中，一直为凡客服务了很多年。现场印象最深的是邱新宇在讲完方案之后，抬手看了看表说：“我讲了 40 分钟，只卖 4 个字，我是凡客。不用每年想新策划，把这四个字讲十年，凡客就是一个伟大的品牌。”

凡客代言人广告，下面两则文案和设计也是凡客体的起源。

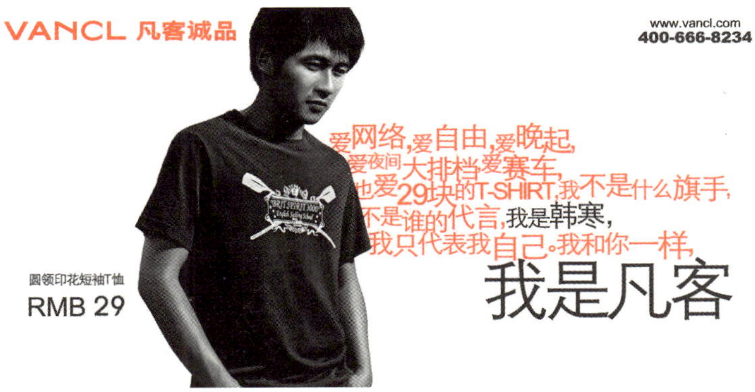

4）代言人投放怎么做。

一般来讲，代言人广告投放的费用等于代言费的10倍，因此，投放过程对于是否有好的传播效果作用巨大。若请得起明星，但不想花大钱去推，而只是寄希望于凭借明星个人影响力去传播，这赌注就太大了。虽然都有赌博属性，但总要提升成功概率。

凡客代言人的投放选择了两条路：线下铺地铁、公交候车厅，线上用现有广告资源做投放。当时凡客在线上有大量的日常投放，只需在一夜之间替换广告素材即可。

地铁、公交等户外广告投放有两个关键点：第一是价格，第二是点位。户外资源的特殊性在于：广告牌的投入相对固定，卖不出的资源就不值钱，折扣弹性很大；为了能够将不好点位的点位卖掉，基本都要求打包点位做套装销售，比如100个点位算是一个套装。

担心水深被淹，我的做法是找做户外行业的朋友打探消息，快速熟悉这个行业的显规则和潜规则。而点位，就要靠一个个筛选了，尽量选择最适合自己的点位，并需要在重点位置做实地考察。在广告发布后，也要派自己人去拍照记录实际上刊情况。事实上，因为广告主的压价，有些媒体会选择减少上刊数量或上刊时间来平衡低折扣，这种操作往往难以监测，因为很少有广告主每天都去检查画面是否被替换。因此，有可能的话，借助第三方公司做监理也是不错的选择。

线下投放因其投放载体的物理地域特点，在选择投放素材时是要考虑广告牌所在环境因素的。比如黑色底的广告牌有时候效果并不好，无论是白天还是夜间，在嘈杂的户外环境下都不够醒目，白天关灯和白天开灯的效果可能又不一样；比如电脑上看着很好看的版式字体，到实际环境中可能看不清。因此，广告画面一定要事先做上刊效果模拟。

凡客代言人广告有多个设计版本，不仅在投放点位上有素材配比的区分，同时也分成不同波段投放不同的素材，目的都是为了确保有效果，并根据投放反馈来调整后续投放的素材。

2010年5月4日，凡客第一波代言人广告就在北上广上街了，一场风靡全网的传播事件也在悄悄萌芽之中。2010年5月18日，在代言人项目执行暂告一个段落之后，我离开了凡客，选择创业之路。

5）风靡网络的偶然与必然。

百度百科对凡客体的注释是这样的："凡客体，即凡客诚品（VANCL）广告文案宣传的文体，该广告意在戏谑主流文化，彰显该品牌的个性形象。然其另类手法也招致不少网友围观，网络上出现了大批恶搞凡客体的帖子，代言人也被掉包成小沈阳、凤姐、郭德纲、陈冠希等名人。其广告词更是极尽调侃，令人捧腹，被网友恶搞为"凡客体"。"

浙江工业大学的程文艺在一篇专门研究凡客体的论文中对传播缘起说明得较为详细：

> "最早的'凡客体'广告图片是一张针对明星黄晓明说英语的奇怪发音的恶搞图，制作这张图片的作者是北京印刷学院的一名在校大学生寇帅。7月26日，寇帅去光合作用书店买书时看到《跟奥巴马学英语》，当时网络上正在调侃黄晓明奇怪的英语口音，寇帅回到家后，立刻PS一张《跟黄晓明学英语》，一时兴起，顺手又PS了那张著名的黄晓明'闹太套'的'凡客体'，一起发到豆瓣相册里，后来这张图又被网友多次转发，并在经过多次转载后在移动互联网络的推动下成为一种文化现象。

最早的“凡客体”如下。

在7月29日朱宇通过自己的微博发布了自己制作的郭德纲版‘凡客体’之后（见下图），‘凡客体’被引爆了，一时之间开始在网络上大肆流行。与此同时在豆瓣网上，一场以“调戏凡客”为主题的活动从7月31日开始。在豆瓣网举办的“全民调戏凡客，寻找创意帝”活动中，共有3439张经过网民再创造的图片，吸引了12470人参加。在这场活动中各种版本的PS图片在各个网络论坛、BBS等社区网络经由网民疯狂转载，其影响已经超出了商业传播的范畴，引起了文化学者的极大关注。”

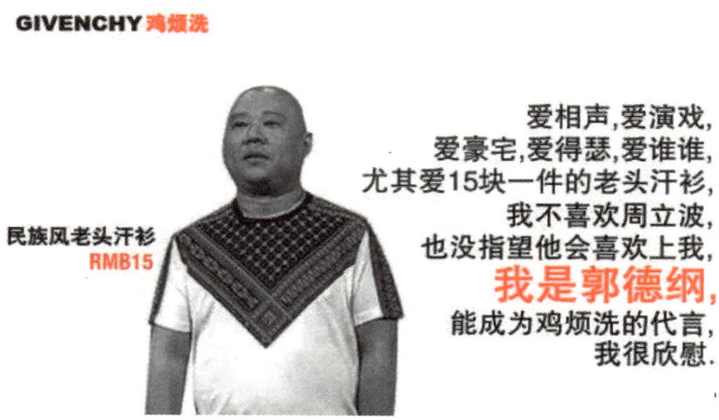

在接受媒体采访时，远山广告合伙人邱欣宇是这样说的：“我们在研究和剖析 VANCL 两位代言人的特质和品牌的诉求后认为，韩寒、王珞丹都属于 80 后靠自我奋斗、努力获得成功的代表，他们的个性既符合现代年轻人的成长心态，也能和 VANCL 品牌进行很好的融合。于是，我们想出以这种能表达自我且极富个性化的语言。但坦白讲，我们此前的确不知道这条广告是否会火。一条广告成功与否取决于天时地利等太多不可测因素。至于大家关心的‘山寨版’广告是否是 VANCL 推动的，我可以非常明确地说，真的不是我们做的。我们发现这则‘山寨版’广告好像是从 PS 黄晓明的图片开始的，但是谁幕后做的，我们真的不知道。”

这是对凡客体比较可观的解读，它是必然和偶然因素的合体，是有肇因却不可控的病毒传播。在我看来，必然因素主要有四点：

> 1. 韩寒、王珞丹自身对网民的吸引力，尤其是韩寒在互联网上的号召力远超各种明星艺人。都是 80 后有为青年，本身很有正能量（之后凡客还做过一系列“正能量”为主题的 T 恤，传播亦非常成功）。
>
> 2. 广告文案契合网民口味、能够引发共鸣，特别是微博传播对个性的张扬，每个人都希望成为中心，成为自己。
>
> 3. 户外广告的大量投放，快速吸引了消费者关注，并将这种广告效应延续到了线上。
>
> 4. 形式新颖好玩儿，网民不断创造出各种新图片，推动这件事不断升温。
>
> 还有很重要的一点，凡客体格式简单，易于创作，参与门槛很低（很多微博活动效果不好，盖因其参与成本太高），其基本模版是：“爱 ___ 爱 ___，爱 ___ 爱 ___，也爱 ___ 的 ___。我不是 ___，我是 ___。”延展性极强，几乎任何东西都可以放到这个句式里，随便抠一张头像照片合成即可。

在第一波代言人广告上线之后不久，我离职去创业。之后的事情我大致也有了解，比如官方推波助澜地提供了凡客体图片生成工具、以活动鼓励豆瓣用户生产内容等，后续的黄晓明“挺住体”依然延续了凡客体的思路，但都没达到凡客体传播的影响力和高度。

这就是“凡客体”从诞生到风靡的全过程，很多人问凡客体到底是谁做的？有必然，有偶然，功劳不属于哪一个人，网民创造了这次狂欢，凡客体事件可谓 2010 年网络营销经典案例之首。

凡客体能复制么？很难。凡客体一直都有很多模仿者，迄今为止最成功的是聚美优品的“我为自己代言”。依然是凭借微博的传播力，依然是放大自我意识的共鸣感，不同的是有帅哥 CEO 陈鸥的影响力，有少妇杀手韩庚的号召力，以及 90 后聚美用户的参与力，最终成就了聚美这次成功的品牌传播。

黄晓明在被凡客体恶搞之后，出乎意料地代言凡客，以“挺住体”扭转恶评，亦是经典案例。

补充评论黄晓明的挺住体，彼时我已不在凡客，从旁观者角度能更清楚地看到其传播效果。可圈可点之处有三个：1. 让被凡客体恶搞的黄晓明代言凡客，这本身就是一个大创意。2. 黄晓明第一版出街广告的文案是“我不是演技派，我是凡客”，让一个演员承认自己是花瓶，这本身很大胆，所有人都在好奇，悬念设置得非常到位。3. 随后推出挺住体广告，文案同样精彩，很正能量：**“黄晓明，7 岁立志当科学家；长大后，却成为一名演员。被赋予外貌、勤奋和成功，也被赋予讥讽、怀疑和嘲笑。人生即是如此，你可以努力，却无法拒绝，哪有胜利可言。挺住，意味着一切。没错，我不是演技派，Not at all。我是凡客。”**该广告以视频形式传播，转发量当日即达十多万次，创造新浪微博转发速度之最。

在之后，凡客又做过一系列以韩寒、王珞丹为主的代言人广告，内容都很精彩。在韩寒、方舟子论战期间，凡客推出“有春天，无所谓”的广告，吸引无数注意力。亦大胆启用争议很大的李宇春做代言。因其在品牌广告策划与投放上的超强水准，凡客一度被网友戏谑为“凡客广告公司”，这也算是对凡客品牌营销能力的认可。

凡客品牌传播捕捉热点能力极强，一直在新媒体传播的风口浪尖。

李宇春粉丝疯狂，同时争议也很大，凡客很有勇气。

11 代言人不是万能的

在“产品即品牌”的互联网时代，代言人的作用变得越来越有限。但作为快速提高知名度、加速提升品牌信任的传播方式，使用代言人仍然是最好的选择之一。

在韩寒、王珞丹、黄晓明之后，电商企业疯狂砸钱代言人却一度成为一道风景。58同城邀请杨幂做呼喊式广告，凡客又请过李宇春、好声音学员，聚美优品请韩庚来带动CEO陈鸥的人气，京东请孙红雷借力《男人帮》，库巴请文章、马伊琍夫妇，苏宁易购请李代沫、吴莫愁，梦芭莎请范冰冰，手机淘宝请李民浩，国美在线请冯绍峰、高圆圆，赶集网请了姚晨、谢娜，一号店请姚晨，神州租车请贝克汉姆。

为什么请代言人？首先要的是公关效应，选代言人本身就是财大气粗的实力表现，能够带来诚信背书。在知名度大于美誉度的万马奔腾阶段，电商品牌传播的告知范围更重要。于是，各种炒作、真假代言传闻纷至沓来。

代言人怎么用好？关键是要有好的策划，最终要靠好内容去传播，明星只是载体。在远山广告所做“我是凡客”的策划里，还有关于请许巍唱歌打榜的计划，最终没有落地，很是遗憾。当时的参考作品是美国乐队 Jonas Brothers 的《Who I Am》，后来韩寒王珞丹版本广告里翻牌子的表现手法，即来自于这首歌的 MV。迄今我都认为这是一个很好的策划，且能传播得更久远，能佐证这一点的有两件事：第一是金山在最初做《剑侠情缘》网游时，罗晓音做了《画地为牢》、《三生三世》等很多歌曲，邀请羽泉、韩红等知名歌手演唱，成为传唱至今的流行歌曲；第二是 2014 年华为荣耀手机上市，高晓松作词、王晓天演唱的《荣耀》，一度是各流行歌曲排行榜的前几名。

还得敢投放，否则不如不用明星，因为明星很贵。就像前面所讲，代言费与广告投放金额的比例为 1:10，也就是说你如果有 200 万闲钱敢签一个明星，至少还要有 2000 万闲钱去做投放，否则这代言很可能悄无声息。

新媒体时代，要特别重视网络传播路径的策划和引导。代言人，仅有广告投放也还是不够的，更要有互动，特别是基于互联网的互动。以新浪微博为核心的新媒体平台，成为凡客体快速传播的功臣；而凡客官方在此过程中恰到好处的引导，则起到了推波助澜的作用。互动的关键点是要找到网民情绪的共鸣点。

“凡客体”的一纸风行，与“我是凡客”的平民化视角有很大关系，打动了无数人。后来的黄晓明代言用“挺住体”延续了“凡客体”一贯风格：将明星光环去掉，让他变成普通人，拉近与网民的距离。虽然不再像韩寒在视频广告中吃街边大排档，但黄晓明让大众看到明星光环背后的艰辛，很心灵鸡汤。网民正在用自己的独立思考，赋予一个品牌新的价值内涵，你唯一能做的就是顺应网民情绪，找到那个引发共鸣的引爆点。找到了，一切就顺其自然、水到渠成。

此外，对传播目的要时刻保持清醒，不能沉浸在狂欢里自娱自乐忘了初衷。最重要的目的是两点：1）卖货；2）提高品牌溢价或信任。前者需要将代言人推广尽量与产品结合，所有传播最终还是要体现到销售上，若没有足够契合的产品进行流量的承接，效果将大打折扣。后者需要借势调整产品组合、价格策略、服务标准等，提高品牌信任加强之后的溢价能力。

传统品牌在推广上曾经一度三板斧：请代言人、砸电视广告、渠道开店。虽然很野蛮生猛，也是行之有效的品牌推进路径，在中国国情下还有其存在的意义。无论传统打法还是网络传播，代言人投放都是一个系统工程，不只是请个明星打个广告这么简单。即便如此，代言人投放也像是赌博，准备好所有投入打水漂的心态，就可以开始操作了。

12 精英营销

口碑营销的关键是内容的策划与传播路径的设计，最简单的操作方式是：找有话语权、影响力的精英人士做传播节点，将产品体验植入其中。在新媒体传播时代，关键节点非常重要，比如同样的微博被李开复一个人转发比被 100 万普通粉丝转发效果要好，因为前者不仅有千万级粉丝可以覆盖，而且有个人品牌的公信力。

先说凡客。2007 年 10 月网站上线之后，即迅速找到雷军、求伯君、蔡文胜等互联网与媒体圈知名人士，将他们作为衬衫模特拍照并做线上传播，这种“民间代言”形式迅速吸引了媒体及消费者的注意，并借助精英人群的口碑为凡客品牌做了背书。

五六年过去，这些照片还在被媒体经常使用。

凡客早期的 DM 册，雷军是最有名的模特。

白衬衫俱乐部。2014 年，凡客转型单品战略之后，做了“一件衬衫”，同样找了各界朋友帮忙充当模特。好产品，加上好口碑，不打广告也可以做一个好生意。

“褚橙”的传播也是著名营销案例，本来生活网为各行业意见领袖赠送最新上市的褚橙，在微博上的各种名人晒单在官方传播推动之下，迅速成为比广告更有效的扩散方式。该传播的核心是为社交媒体上的大 V 们个性化定制的“幽默问候箱”，赠送范围包括韩寒、蒋方舟、流涟紫、王小山、陈村、褚乔、亭林镇工作室等。

带来最大传播影响力的是 @ 韩寒，他只收到一个橙子，盒子上写“复杂的世界里，一个就够了”，这是对韩寒的文学 APP“一个”之口号的戏谑。当韩寒这条微博一发布，数千万粉丝及媒体跟进报道的影响力，其价值不可衡量。

本来生活网给韩寒只送了 1 个褚橙，引起 400 万人次阅读，转发评论 4438 次。

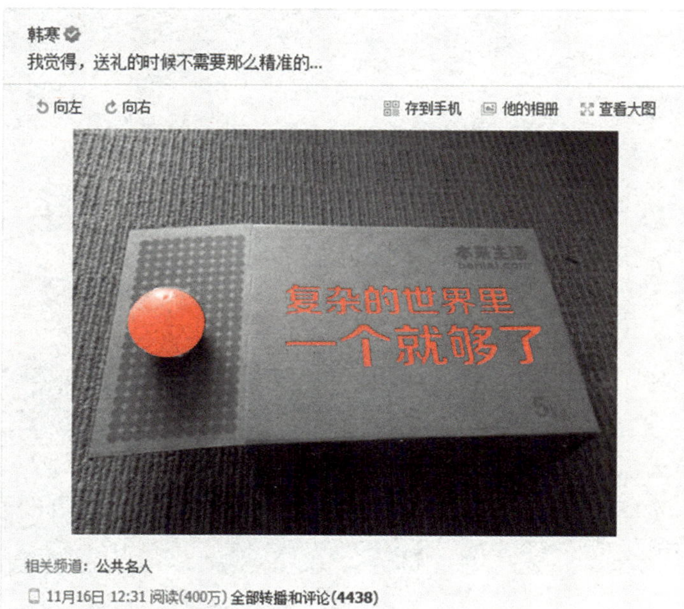

本来生活的个性化包装，很正能量。

做精英传播，有几点经验可以分享：

1. 如果不想有太多费用的话，前期尽量找朋友帮忙，比如凡客找雷军，本来生活找韩寒。还可以找自己公司投资人，通过朋友找朋友，在微博上直接私信大 V 赠送产品等。

2. 一定要找专业人像摄影师，这个钱要花。既然是帮忙，就需要快速拍摄完毕，而且都不是专业模特不能快速摆出你想要的状态，专业摄影师能尽可能解决这些问题。

3. 拍摄之前要做好策划，从图片传播角度考虑需要怎样的场景、道具和状态，至少要有部分照片具有后续使用的延展性，比如让被拍摄者手持一块白板，这样就可以任意在上面 PS 文字，以适应更多场合。

4. 传播最好联合与被拍摄者所在的公司共同扩大影响，他们也在冥思苦想各种策划，比如凡客联合小米做转发赠手机、与酒仙网做转发送酒活动，效果一般都很好。

> 5. 照片拍得好，传播做得广，自然会有更多人主动要求参与进来，比如凡客“白衬衫俱乐部”主题推出后，有很多人主动报名充当模特，参与感就来了。
>
> 6. 除了关键人物之外，还要服务好关键人群。比如屌丝、女性、年轻人，比高富帅、男性、老人要更适合做传播节点，他们更愿意、更有时间帮品牌去传播。

无数调研已经证明，制造口碑传播是性价比最高的市场营销手段，没有之一。

13 野蛮生长已经终结

过去的四五年，电商行业的从业者普遍疲惫，保持奔跑的姿势已经太久。一度 B2C 野蛮生长，每个人都想将长跑转成短跑，广告就成为营销推广的最重要方式：拿到大资本支持者试图建立流量门槛，不考虑 ROI 的野蛮投放，终于砸出了泡沫——这个行业自己伤害了自己。

2011 年 5 月，彼时的我正在为初刻而奔跑煎熬，在给 FT 中文网的一篇文章中写道：“B2C 商业尽管如火如荼地发展，而在我看来仍有荒原之感。仿佛在苍茫大地之上，只有凡客、京东、当当、卓越、麦考林等稍具规模的几栋大厦巍然矗立，周围就是淘宝那个乱哄哄的集市。3C、图书、服装之外，皆为正在野蛮生长的新物种，或是等待耕耘的荒原。B2C 领地之内，机会仍然很多，取哪瓢饮是选择的艺术。”

时光飞逝而过，格局变迁：今天的 B2C 京东成了绝对第一，当当辛苦跟进，麦考林几乎销声匿迹，卓越亚马逊不紧不慢地前行，唯品会和聚美成了黑马令人惊艳，苏宁易购、国美在线还在找路。

事实上，对于踏实做品牌的同行而言，B2C 仍然是万物蓬勃的春天，特别是借助移动互联网来实现与粉丝的沟通。雷军在 2014 年继续对凡客追加投资时，内部开会说：之所以凡客还有很大机会，是因为中国市场上认认真真、老老实实做品牌的人不是太多，而是太少。

对于自有品牌，机会仍然遍地飞舞，与泡沫无关。只是，当年凭借巨额资本野蛮扩荒的时代已经结束，营销不再是关键，供应链成为根本，“产品即品牌”被小米验证之后更是成为自有品牌们的战略方向。

至于淘品牌，韩都衣舍、茵曼、裂帛都还在成长，因淘宝战略决定不会扶持大卖家规模过大，淘品牌们选择了多品牌之路，以上三大品牌每家都有五六个子品牌在运营，试图以细分市场的占领来实现单一品牌规模受限的瓶颈。普遍而言，淘品牌的成长都比较精细，无论从产品、运营还是推广，因其早期没有大资金的注入，也一度因依附于淘宝平台而不被 VC 们看好，如今盈利的互联网自有品牌基本都在淘系。全网分销已经不再需要讨论，在几大平台之间平衡关系与资源，努力辗转腾挪不受平台之争的影响，是每个品牌必备的基本功。

对于平台型电商，做大而全平台的新机会几乎不存在。淘宝、天猫不必说，B2C 领域京东一家独大，且有腾讯大树乘凉，在微信时代已然拿到了移动互联网的入场券；苏宁易购、国美、亚马逊、当当还在悄悄 PK 中，必然是一场长期消耗战，此时加入战争的代价无比巨大，也没人愿意冒这个险了。若还有人要进入，只能说不怕死。

即便实力庞大如传统企业，也只能玩一玩 O2O 了，比如银泰与阿里合作，万达与京东合作，各自拉拢形成自己的联盟。

平台竞争，到今天已变成生态圈布局的竞争，任何一家都很难凭借单一业务存活。阿里横贯电商销售、支付、广告、物流、供应链、金融、娱乐、媒体、地图、视频、O2O 等领域，是基于消费的帝国格局，以其当前的电商垄断格局正在快速渗透到更多领地。京东也在试图建立这样的生态，独立个体无法施展拳脚，于是联姻腾讯。腾讯下注京东一家也不放心，于是投资微店。

好在垂直类目还有机会，除了唯品会做服饰、聚美做化妆品之外，还有其他垂直领域在继续从野蛮到理性的转折中辛苦扩荒——从狂飙突进到急速刹车的节奏调整，中型规模电商最为痛苦：小型电商扛不过冬天，早死早托生；大型电商不怕冬天，第一名总会有人继续赌；只有中型规模电商大部分要靠自己自力更生，尽快扭亏为盈实现自我造血才能生存。

铁血做军品，YOHO 做潮牌，优购、好乐买做鞋，快书包做线上便利店，我买、一号店做超市，本来生活、沱沱工社、顺丰优选做生鲜，还有许多细分市场正在被开垦，胜负座次未定。

无论平台还是品牌，无论规模大小，电商的野蛮生长都在终结。除了已经拿到大额资金和市场领先者，后进者并无太多机会继续凭借野蛮放肆的投放就可以快速长大，而是更需要精细化运作，需要定位更细分、品牌有格调、产品更个性、投放更精准、互动更好玩、网站更人性、细节更有爱、服务更具体——这一切本是长久生意本身应该有的要义。只是，互联网太快，以至于我们忽略了常识。就像做服装原本要有品牌感，大部分 B2C 服装却做得没有了灵魂。

进入理性竞争之后的网购，正在迎来新的春天。在这个新的春天里，睦邻更加友好，彼此更关注商品的品质、服务的个性、顾客体验的惊喜、口碑互动的高效、员工快乐的工作。如此和谐的氛围之下，新的趋势正在酝酿，一定会有新的颠覆者——这世界不会总给人喘息的机会。

第三章　初刻：电商创业案例全程剖析

2010 年，电商，热钱密集，欲望涌动，新项目快速诞生，传统企业摩拳擦掌做电商。

2011 年，初刻 4 月上线，销售迅速单月过百万，融资谈判非常顺利，于是加速快跑。

2012 年，还是电商，资本冬天，VC 们撒腿就撤、绝不回头。

2013 年，不甘心做“小而美”，初刻卖给凡客，我第二次加入凡客。

很多人问我当初为何选择创业，又遇到了什么而选择重回老东家。用最简略的方式回答，就是上面的话。就像描述一个人的命运，几句话就能概括一生，而每段经历的苦痛与幸福、泪水与收获，都必须要设身处地进入现场才能感知。

在接下来的文字里，我要努力完成的就是这样一项工作：复原初刻三年的每个关键节点。那些细节于我，永远是仿佛昨日，以至于到了今天我还会时常被带入那些熟悉的场景里，久久不能自拔；也会有老初刻人不时在微信群里怀念曾经，让我偶尔忍不住唏嘘过往；也有自豪，为在最困难时期我请人挖角他们不曾离开；也有反思，我无数次做过假设，假设那些岔路口的选择改变之后会怎样。

任何自传都会经过粉饰和重构，我会尽量客观地让自己回到彼时的节点上去记录。只有这样，我才会在对初刻的回溯中，完成对自身的重新思考，也为创业者提供可靠的借鉴。

1 B2C 创业为何不是好选择

这是一篇写于 2010 年 3 月 8 日的博文，算是创业前的一点思考。

1）这个生意有多复杂。曾经我和很多人以为的一样，B2C 就是一个“网站 + 卖货”而已，并未去思考其背后运营系统有多复杂。等我真正置身 B2C 企业之中，才了解背后的支撑远比在外面看到的要繁复得多。从产品规划、品牌策略、款式设计、销售规划、生产管理、摄影、网站编辑、页面设计、广告投放、售前售后服务、客户维护、仓储、物流、技术研发等，而每个大类之下又会细分很多小类出来，每一部分都需要精耕细作，需要具备一定经验值的人操盘，才能保证整个 B2C 系统运转得平滑顺畅——B2C 最大的特点之一，就是这是一个链条化的生意，每一个环节不顺畅都会导致整个系统的效率不高或断裂——而随着规模的扩大，对整个系统效率的要求倍增，管理难度挑战倍增。

2）B2C 创业要慎重。刘强东说做 B2C 要 10 年投入 10 个亿，尽管有些夸大创业门槛以吓退跟进者的目的，也从另外一个层面说明 B2C 创业对人才与资源要求之高。更何况在必须寻求第三方合作的资源上，比如物流，以目前中国国情而言并不完善。而对于我买网等百货类 B2C，最头疼的问题就是物流，大到一袋米、一桶油，小到一盒口香糖、一袋瓜子，若要安全快捷地运抵全国各地就已是难题一道，且不论要不要以无条件退换货来赢得用户体验的完善。基于对物流行业成熟周期的预测，陈年私下曾说：“百货类电子商务应在五年以后再做。”对于创业者而言，是否有足够的资金实力和耐力去期待明天就显得格外重要。有个假象很容易蒙蔽创业者：远看 B2C 是互联网生意，近看会发现这其实完全是一个传统生意，互联网只是借助的一个工具而已。

3）还有什么困难。2010 年是各大 B2C 发力之年，各传统品牌也会竞相进入唯恐落伍。于是，对于最重要的互联网推广资源，特别是优质流量入口的争夺，将会日益激烈。而资金雄厚者将其品牌优势和资金实力，吸纳优质流量，将新进创业者逼入垃圾流量之中，从而使得营销效率大幅降低，而这可能就是恶性循环的开始。更有可能的是，为了逃避行业巨头的围追堵截，你选择了一个小众市场，而能否快速转型进入一个大众市场，将会决定你的生意能做多大。创业最痛苦的莫过于对梦想坚守多年之后，却发现自己一直在原地踏步，却又欲罢不能。对创业艰险底限的预估多一些，比对胜利的憧憬更重要——最坏的结果你都可以接受，就不会有什么束缚手脚的负累。

4）也是好选择。如果你没被上面的困难吓倒就已经成功了一半，因为很多人已经在半路上被吓跑了。接下来要确定的就是你的核心优势在哪里：是有独家的产品渠道，还是垄断的流量资源，或者你有巧妙的切入点以致大鳄不屑与你竞争让你暂时安全，或者你有足够的资金实力与不畏任何艰险的创业精神，抑或是以个人魅力吸引了各领域的合作伙伴而你又管理得游刃有余，这些都有机会获得成功，因此 B2C 创业也是一个很好的选择。而无论哪种，传统行业资源与互联网经验的结合是必需的。当创业成为一种信仰，所有的困难都是具体问题，祝福那些勇敢踏上创业路的人们。

2 给创业一个理由

写完上文 3 个月之后的 2010 年 6 月 18 日，我离开凡客，去创业。

当时凡客如日中天，很多朋友疑惑：凡客神速成长，你缘何离开？我试图从过往履历中寻找答案，很多机缘常是冥冥之中注定：你被一种莫名力量推动前行，身不由己、诉说不清。尽管我貌似一个无神论者，但我仍企图找到那可泄露的天机。

2006 年 8 月 24 日，在王峰（时任金山副总裁，后创建蓝港在线）的邀请下，我离开大望路温特莱的雅虎中国，梅开二度回到了北四环柏彦大厦的金山软件——此时距离我离开金山无线事业部仅有八个月时光。金山吸引我回归的原因有二：文化氛围让人留恋；能在王峰麾下是我的荣幸（离开雅虎时我问部门老大建议，他说跟王峰能学到更多东西，回去吧）。

然而我未曾料到的是：三个月后，于金山服役八年、地位仅次于雷军的王峰宣布辞职，那天是感恩节（一年之后的感恩节前夕雷军卸任 CEO）。随后他去新疆和美国休养生息，数月后我们在北京五道口的卡瓦小镇会面。他说要写本书名叫《五道口》，人生风雨路飘摇，总会有通向未知的岔路出现，向何方只是选择。王峰的决定是创业，继续游戏（如今已是国内最大的手机游戏厂商之一）。我偶尔想是何种机缘让他走上创业路，彼时的我并无明确答案，只是隐约感觉他有梦想无法在金山实现——“生命会自寻出路”，这是《侏罗纪公园》中的一句台词。

2006 年 12 月，我开始向雷军汇报，这种近距离学习令我受益匪浅，也对我的职业生涯产生了很大影响。2007 年 10 月，金山在香港主板上市，我操作了上市前后的市场与公关活动，很多或明或暗的幕后故事，不细讲。同时，我提议并带两个文笔好的同事一起，撰写了这家成立 19 年公司的第一本历史书《梦想金山》。我自己写了上部“中国软件生存法则”，其实是金山创业 20 年企业史，下部“金山攻略”由同事撰写。平时工作，基本都是晚上或周末写，进度很慢，原计划在 2007 年 10 月金山上市之后出，但最终于 2008 年 3 月才正式出版。整个采访和写作过程前后历时大半年，最后在柏彦大厦 2 层茶馆里封闭了一个月才算勉强完成。这本书有很多遗憾和不足，希望有人能写第二本金山史，因为在 2007 年求伯君出任 CEO、2011 年雷军担任董事长之后的金山，又有很多样本可以研究。

2006 年 12 月 20 日，令业界震惊之事情再度于金山发生：雷军宣布卸任 CEO。官方说法是雷军退居幕后，媒体一片惋惜之声。在操盘金山 16 年之后，雷军的告别式很完美，却意味深长。重回金山之后第二任领导的离开，促使我开始思考未来。我知道雷军心中隐藏着一个梦，同样是一个在金山无法实现的梦。

2009 年 5 月 18 日，我第二次离开金山加盟凡客诚品：陈年是卓越旧部，卓越曾是金山一个事业部，凡客是雷军天使投资——渊源颇多，凡客仍可算作是金山兄弟会或雷军系一员。那时我并未想到这家公司的增长会如此迅猛到不及掩耳：2010 年狂飙至 20 亿营收，历时仅 3 年，这在传统服装行业可能需要一二十年。

做自有品牌电商是一件顺应我内心的生意：你不能像做网游一样去玩色情暴力赌博，你必须做好产品、不忽悠，真诚对待消费者。因为，你做的是实业、是看得见摸得着的商品、是品牌——即便你是史玉柱，也必须逼着自己做好东西，否则将无以生存。懵懂觉得，这将是我未来扎根的行业，不会选择其他。

2010 年，雷军的梦想开始浮出水面。在我看来，这是雷军真正开始他人生的第二次创业，尽管他已经投资了很多成功项目，是中国最好的天使。这一次他要做“中国的乔布斯”——从手机硬件、操作系统到软件开发，雷军的完美主义即将一一呈现。这家公司叫小米科技，从一出生就含着金汤匙，备受资本市场和消费者的翘首期待。

在啰唆这么久之后，我似乎尚未进入主题：我为什么会选择创业这条路。而事实上，我也已经在回答这个问题。雷军和王峰的故事都告诉我们：你是否有理想不能在当下平台实现，你是否要找一个新的舞台来承载你的梦想？当这两个问题的压力强度之大，超出现实能对你实现的满足，那么，你可以选择创业了。

我在 2010 年 5 月想明白了这两个问题，选择了重新启程，尽管陈年是我非常钦佩并感谢的领导，尽管凡客是一家优秀的公司。我也终于在混沌了许多年之后，想清楚了自己想要什么：我必须在自己青春的尾巴赌一个未来，这赌博不关乎生死，却关乎人生的精彩——怎样的一生都是一生，有人愿享隐居深山的幽谧，有人宁在功利都市痛并快乐——你要为自己的未来做出取舍和选择。

这个精神层面的理由如果玄幻的话，创业成功所可能带来的财务自由，也是激励很多创业者的灯塔，这并不需要讳言。但前者的意义对创业者而言吸引力更大，就像雷军做小米已经和金钱无关，他已财务自由，而是与更大梦想的成就和证明自己有关，财富只是结果。

当时我在微博上写下这样的话：**“人生本是一场风景旖旎、跌宕起伏的旅行，怎能沉浸在当下的安逸中，老此一生？无论荆棘与鲜花，无论过程与结局，拼搏后便无悔。当暮暮老矣之时，坐在摇椅上，面对远山云霞，至少可以对身边的子孙说：这世界，我曾经拼搏得精彩！”**

很多人心中或许都会有一个创业梦，在你有机会启动这个梦想之时，你最要感谢的除了那些帮助你的人，更要感谢给你刺激的人：一句伤害你内心的话、一个鄙视的眼神，要比无数句鼓励和赞许，更令人不计后果地勇往直前。这就是创业。

离开凡客前，我找一个创业的校友请教说：我想去创业，你有什么看法。他说："创业和打工一样，就是一种生活方式，没有什么特别。"当时我不以为然，甚至认为他在矫情。

创业数月之后，在一篇专栏文章中，我记录下这样的感受：

"创业是一种生活方式，和你给别人打工并无多少区别；创业会让你增加责任感和使命感，因为你要承担一帮跟你打拼的兄弟姐妹们的理想；创业会给你的未来更多可能性，你总要让自己的明天充满想象。

这就是一个创业者的全部动机，他的生活旋律单一：不是劈柴、喂马、周游世界，而是融资、招人、网站上线——尽管他的理想是未来开一家书店，读书、喝酒、呼朋唤友去旅行。他的全部期待就是：'有朝一日，真相将大白于天下；心酸所凝铸的汗水，将一一得到补偿。'"

近日又见王峰，很久不曾谋面，激情依旧，野心庞大，娱乐产业帝国格局。梦想这个词太大，以至于很多人认为是务虚的高大上，而在金山待过的人会懂这梦想的意义。

3 分歧者

创业之初的想法是找传统服装企业合作，我做互联网，对方有供应链和资金基础，双方优势互补。这是很理想的一种创业方式，当时传统企业都想做电商，主动找上门的项目也不少。在短短几个月时间里，我到义乌、东莞、温州、广州，见过了几乎都是当地最知名的鞋服企业的老板。他们普遍有钱、有资源、有做电商的动力，但最终双方在思维意识理念层面有很多不相容的地方，彼此洗脑成本很高。

回想起来，分歧主要集中在以下几点：

第一，做个什么生意。电商在 2010 年基本都是走亚马逊式打法，前几年以亏损换市场占有率，之后再赚钱。这在传统企业看来很不可理解，因为他们的生意从最开始就是要赚钱的，或者说对亏损的规模和时间的容忍度很低，这和互联网要拼销售规模、用户规模的玩法不同。所以无论这个老板多么热衷于电商，而当你做出一个三年亏损的财务预算时，很多人就开始心里打鼓了。而做一个小而美，又是大佬们觉得没什么兴趣的事。

并无对错，这是彼此的基因决定的：传统企业更看重稳健安全的增长，花的都是自己一点一点赚来的钱，而且一般是十几年的摸爬滚打历史，普遍谨慎，物理地域下的竞争集中度并不高；互联网项目往往是花 VC 的钱买时间，希望借助资本力量快速崛起，先做用户再考虑盈利模式，赌规模，他们很清楚互联网行业的未来格局，只有第一没有第二。

第二，团队如何激励。传统企业一般愿意开百万级年薪，但很少给期权股权，或者行权条件非常苛刻。他们要么不懂期权激励机制怎么设计，要么就是觉得凭什么你一来就要分股份。传统企业要的是职业经理人，不是投资创业团队的玩法。这样，团队长期激励就成了问题。而如果你说能否引入 VC 投资一起来做项目，传统老板们又会觉得我不缺钱为什么再找个婆婆来指手画脚。今天很多传统企业羡慕小米和阿里，但很不愿意了解小米是如何做合伙人制度的，阿里是如何用双层股权架构筛选了 27 个合伙人的——或者即便了解了，也因各种原因难以执行，而这恰恰是根本。

第三，能否放权。传统企业对互联网人员普遍缺少信任感，对项目的把控很严格，从战略方向到财务控制。曾经有朋友做传统企业电商，项目不错，但老板对方向有自己坚定的想法，创业者听也不是、不听也不是，而超过 10 万元的投放项目都要集团内部审批，周期冗长，且要面临各种对投放策略的质疑。最终，陷于不信任、不放权带来的内耗，管理团队不敢大胆创新，最终落幕。大多数传统企业的管理都是在围绕控制风险进行的，而互联网项目要求自由、创新和快速，鼓励试错。

第四，历史包袱。这一点我曾经认为，任何历史包袱都是可以甩掉的。时至今日，我已经完全理解这种想法的幼稚。历史包袱最大的挑战是三个：1）人，摧毁一个落后单元常要面临短时动乱，集体的反弹力量无比巨大，不是每个领导者都有能力收拾好——传统企业的转型常需要创始人亲自出马才能力挽狂澜，职业经理人没有这个魄力。2）钱，上市公司的财报、积压库存的处理，难以让传统企业使用休克疗法快速斩断历史，都希望试图平稳过渡，互联网的快速巨变的要求和缓慢转型之间的矛盾，难以调和，时间窗口说错过就错过。3）观念。

第五，最重要的难题是，思维理念不同，这是最大的历史包袱。传统企业老板与互联网创业者之间年龄相差悬殊，彼此之间隔了数代人，在价值观、思维习惯、做事风格、管理理念、对互联网的理解等层面，存在巨大偏差，相互都有鸡同鸭讲的感觉。而这种偏差的融合，需要数年可能都无法完成。

这一点虽然听上去很虚幻，但接触过的人会懂这其中的分歧有多么难以调和。除了领导人，基层员工也会面临这种观念层面的挑战，很多企业在对管理层洗脑完成之后，发现执行不下去或严重变形，就是在中基层的执行落地上出了问题，不一定是有意为之，而是惯性使然。这一点是传统企业转型互联网的最大障碍，没有之一。

所有这些碰撞我几乎都经历了，至今我依然认为是彼此的基因不同，没有对错之分。当互联网的速度遇到传统的稳健，需要很长时间的磨合——何况有些磨合根本看不到希望。在经历了几个月的摸索之后，我最终决定还是自己去找钱，找纯财务投资的机构或个人。

从 2010 年 6 月 18 日离开凡客，我花了数月时间与传统企业谈合作，找钱。那段时间我拿着方案去温州、义乌、东莞，去游说十几家投资机构或投资人，很多的挑战与质疑，也有很多温和的婉拒。

中关村西堤岛咖啡，是我的办公室。不断地见人，每见过一个人，都会有新的信息和可能性。不知疲倦地憧憬未来，着了魔。

4　投资人最关心的问题

在项目没有落地之前，谈融资的过程就是一个“讲故事”的过程，而这个故事的核心就是项目的差异化，包括定位、产品、营销、服务、团队甚至资本等全环节。

我最初设计的项目不是文艺服饰，而是做校园潮牌。当时思考的市场差异化是：1. 学生是最张扬个性的人群，他们的着装需求个性化、要酷、要潮。

2. 传统潮牌价格很贵，几百数千元很普遍。3. 用凡客高性价比方式做校园潮牌，市场空间很大，校园环境相对封闭易于口碑传播。

到今天为止，我依然认为这个项目是值得做的，至少可以小而美。拿着这个方案，我就去找了徐小平，徐老师叫上了我的校友，险峰华兴（早期投资了聚美优品）的陈科屹一起聊。徐老师是一个很感性的人，但这个设想并没有打动他，两个问题很关键：1. 市场空间到底有多大，是否太小众。2. 团队是否有懂校园群体需求，擅长做潮牌设计的人。这两个问题我有解释，但没有能说服他的答案。

那段时间很真切地感受到了朋友的意义，大家努力帮你介绍投资者或机构，甚至帮我修改商业计划书，还有朋友亲自陪我去讲方案，帮我介绍合伙创业的朋友。人脉的积累，会在关键时刻起作用。

凭借这个方案，我又找了几家投资机构，遇到的挑战主要还是以上两点。我也渐渐开始明白，投资者们所说的“我们内部再继续讨论，保持联系”几乎等于拒绝，只是婉转表达而已。

项目概述

- 商业模式：针对18-24岁校园群体的网购服装自有品牌，提供高性价比休闲服饰及与众不同的生活方式。
- 填补空白：网购服装市场并未出现有影响力的学生潮流服饰原创品牌，传统潮牌的网购价格很高。
- 市场规模：200亿学生服装网购市场；逐步在潮流服饰领域克隆Vancl模式，成为最大网购休闲服品牌之一。
- 竞争优势：经验丰富的创业团队；与众不同的产品设计风格；针对学生市场的精准营销。
- 创业团队：由来自国内最大服装网购品牌Vancl的高管团队成员组成，具有丰富的服装B2C实战经验与资源。
- 融资规模：1500万人民币，用于服装设计研发/OEM生产、市场活动及广告投放。

1-商业模式

1. 品牌：学生休闲服饰，潮流品牌，原创设计

产品：男装、女装、鞋、配饰、创意产品等；

价位：100元以下明星+100至300重点+300以上长尾；

消费者：18-24 岁学生网民，以一二线城市为主。

2. 延伸与拓展

B2B：网络分销批发，与淘宝、京东、卓越等大卖家或渠道平台合作；

代理：尾货、外贸产品代理，快速增加产品sku数量；

延伸：可拓展至日化用品、化妆品等高毛利商品；

社区：潮流服饰社区网站。

视觉风格

1、产品品类：男装、女装、鞋。

2、网站风格：日式清新+欧美复古。

3、拍摄视觉：用基本款的风格可塑性强之特征，去包装慢生活方式。

2-竞争策略-产品差异化-参考产品

产品-互联网审美的映射

2-竞争策略-产品差异化-我们的产品DEMO

5 三里屯之夜，1000 万

在做校园群体这个方向否掉之后，做白领市场重新进入我的规划，于是就有了初刻。在融资到位之前，品牌方向并不像后来那么清晰，只是认为要做白领市场，做有格调的品牌，以高品质与中等价位做性价比，当时参考的品牌是美国 Abercrombie&Fitch，高端休闲。

方向调整之后，我开始重新各路见投资人。与此同时，我也开始招兵买马：见的投资人越多，我越知道你总得先做点东西出来再谈钱，虽然已经辞职足以显示创业决心，但仅凭一纸 PPT 就融钱还是太理想化了。很快，三四个关键岗位的人选都已谈妥，基本都是朋友介绍或此前认识的，每个人都希望能够有机会做一件自己喜欢的事。

一个在中关村创业的朋友很帮忙，给了很多好的建议，并答应借用 10 个工位给我，算是支持。尽管准备开工，但钱依然是一个问题，特别是做服装自有品牌，启动资金有门槛，一己之力几乎是杯水车薪。

建外SOHO星巴克3楼，在百度的客户活动上，见到了好乐买的创始人鲁明，彼此都有耳闻，相见甚欢。老鲁邀请我到他公司坐坐，第二天我就去了他们当时办公的三里屯 SOHO。老鲁原本是希望我加入好乐买，我讲了自己的创业计划。老鲁很有兴趣，说有几个朋友也想投资这样的项目，于是组局约见。

10 月中旬的一个夜晚，三里屯新元素餐厅，傍晚，露台，烛光晚餐。老鲁邀请投资人 H 一起见面，看过方案之后，H 非常有兴趣投这个项目。很快，第二周我们去了 H 在浙江的工厂，投资意向及条件基本确定：投资 1000 万。这也是老鲁所推动的，他认为没有 1000 万最好就不好投这项目了，毕竟服装自有品牌是个重资产的活儿（后来实际执行，1000 万分两笔进入）。在天使轮融资中，这个规模并不算小，团队士气振奋。

6 她的名字叫初刻

公司注册需要时间，钱也无法很快到位，但时间不等人，我们希望项目能在第二年春天上线。为了好招人，我们转移到了老鲁在三里屯 SOHO 的办公室。我做的最坏打算是，如果投资的钱有变故，我自己的几十万也能至少发半年工资。

2010 年 11 月 8 日，我们就这样开始办公；12 月 8 日，搬家到 SOHO 现代城，同事们欢呼“我们终于有自己的办公室了”；快马加鞭地备货春装，等待来年春天的上线。

公司注册用了“北京戈多科技有限公司”这个名字，来历是 1952 年爱尔兰剧作家塞缪尔·贝克特发表的话剧《等待戈多》，是荒诞派戏剧的代表作，戈多并未登台，而是代表了希望。此刻，钱就是我们在等待的戈多。

即便公司开始办公，我都没有想好品牌名字，“戈多”做品牌名管理团队觉得并不满意。12 月份的一个夜晚，接近凌晨，我冥思苦想出了“初刻”这个名字（出自明朝“三言二拍”之《初刻拍案惊奇》，初刻即刻本的第一版，寓意原创、第一版，延伸义是最初那一刻）。

取一个品牌名不仅要考虑中英文商标是否有人注册，还要考虑英文域名是否能注册（最好和英文商标一致），同时符合这两个条件的名字，几乎都被人注册了。在所有商标类目中，“初刻”是全新的，没有任何人注册过，这个名字我至今仍很喜欢（最近看到雕爷的文章——给创业项目科普商标的重要性，深以为然；上线之后也有顾客挑战说初刻在上海话的发音中并不好，所谓重口难调，就像老罗的锤子也不能兼顾全中国的方言含义）。

英文名取音译 CRUCCO，不是最贴切的，重点考虑了书写效果的美观。

为防止万一此前谈好的钱不能到位，我同时继续接触其他投资人（从决策效率角度基本不去考虑投资机构了），也不断逼迫我重新思考创业项目的定位，最终决定做文艺青年服饰，做慢生活品牌，后来被朋友称为是“豆瓣版凡客”。

或许你还想知道：我为什么选择做网购服装自有品牌，而不是其他品类。我并不会编撰一个动听的故事说给你，其实很简单：“我的老东家凡客是做服装品牌，我比较了解其中的玄机，其他品类我不懂，投资人可能也不敢投；完全原创的差异化并不存在，把别人没有做好的事情做到完美就是最好的特色。”

初刻的品牌定位，第一版文案我是这么描述的：

“初刻 CRUCCO，中国城市主流青年慢时尚生活品牌。以舒适、简约、小创意、关注细节为设计理念，初刻坚持做原创精品，为你呈上发现美与感动的都市生活哲学。初刻期待与你一起发现符合自己想象的城市，在忙碌、拥挤、焦虑之外，唤醒每一个曾带给你最初感动的美妙时刻。”

关于慢生活的意义，我在派代年会上讲过这样一个故事。

一个故事

- 石田裕辅（Yusuke ISHIDA），日本人，1969 年出生，今年43岁。
- 1995 年，36岁，辞去工作，骑上单车，踏上环游世界之旅。
- 历时7年半，5300 美元（被抢劫2900美元）。
- 行程9万5千公里，先纵贯北中南美洲，飞越大西洋至极圈，南下穿过欧洲和非洲，最后再横越南欧、中东和亚洲，跨越五大洲。
- **他说：**“我看到恒河的纯白日出、萨宾娜天真无邪的笑脸、土耳其那尔汀美丽的笑容；满月下的金字塔、在草原上奔跑的长颈鹿、骑著破烂脚踏车追赶我的保保。泰西亚有点恼怒地笑着，流下稚气未脱的泪水。大海般的丛林中浮现蒂卡尔神殿，以及纪念碑大谷地神圣的风光。雄壮的育空河流淌而过，有鲑鱼跳跃著；在夜空中摇曳的极光……”
- **读者说：**“有多少和我一样，坐在不足10平方米的空间里，看着书里九万五千公里的绚丽。又或是和我一样，拥有一颗比九万五千公里还辽阔的心，却坐在不足一平方米的椅子上。”

初刻
CRUCCO
/ SLOW LIFESTYLE

在快时尚当道的今天，我们想让自己慢下来，这个时代已经如此焦虑和忙碌，唯有慢才可以好好欣赏路上的风景。你可以认为这个品牌是文艺、是小资、是都市文化、是潮流青年，都没错，我们确实是希望针对年轻或大龄文艺青年做点好玩的东西。好玩、舒适，是这个品牌的灵魂。

7 几个意外

第一个意外，做货的难度超出我们的预期。

在服装设计与工艺上，最初我们希望模仿的是美国休闲品牌 A&F。这个1892 年创立于美国纽约的品牌不走低价路线，强调通过重水洗工艺来体现基本款服装的质感。为了与凡客区隔人群与价位，我们认为这个方向是有机会在人群细分的消费趋势之下赢得市场的，而基本款在后期视觉上的可塑性很强，我们有能力包装得很文艺。

负责供应链生产的 W 有多年日本外贸公司背景，有多年与服装工厂打交道的经验和资源。走访广东的供应商，转了一圈下来发现：因 A&F 在纱线面料上做了很多处理必须定制开发才行，而对于初创公司来讲无力承担面料批量生产的高额成本。每单几百件的下单量，只能找现成的面料，在品质上完全达不到 A&F 的水准。

于是，只能用平庸的面料生产出达到及格水准的基本款，而在服装设计上的个性化并不是我们的强项。设计与生产，这件对服装品牌最根本的事，我们在早期轻视了，而供应链整合的难度也远远超出预期。

第二个意外，网站迟迟不能上线。

为了加快网站开发，三四个工程师找了一个开源网店程序做修改（很多B2C电商创业项目都用的是这个开源网店程序）。结果这套程序BUG百出，因要熟悉架构和代码，修改起来并不容易。

原计划3月16日网站正式上线，因技术准备的不足，系统始终不能正常运转，找了朋友公司的技术来现场改代码也需要时间。2011年3月31日晚12点，我发了一条微博："140平方米的房子里，有30个人在同时干活，外援有一半。很多朋友，各种给力，各种援助，各种感谢，我会记得。初刻的初夜，很温暖。"是的，初刻难产了。

初刻网站难产，很多朋友来帮忙。

最初延期的三天，公司所有人都在加班等待，理想的以为等等就能上线了：香槟早已买好，大家都不想错过上线那一刻的激动——人生每个重要节点，

我们都希望自己在场。困了趴在桌上睡，或席地而眠，饿了泡方便面。结果在熬了三天三夜之后，我们最终决定推迟上线，给自己一个更从容的时间去修改 BUG。

这套系统因缺少 ERP、客服等完整模块，因而只能算是网店前端系统，后端大部分功能或者非常简化或者缺失，这也为后续运营埋下了隐患。

第三个意外，项目备受关注。

在 4 月 6 日网站上线之前，我们做了一件让自己很得意的事。

3 月 15 日，初刻上线了预热活动页面，目的是为了提前造势。推出两大活动：1. 抢先注册，即获 SVIP 身份独享上线当周五折优惠，并有 iPad 抽奖；2. 邀请好友注册可获其首单金额 20% 分成，可与其他优惠同时进行。我只在微博发布活动预告之后，8 小时内注册用户超 5000 名，让我们非常欣慰。这种提前预热的形式，后来被很多电商新项目所采用。提前预热的网站 DEMO，后来很多新网站也采用这种方式提前吸纳用户。

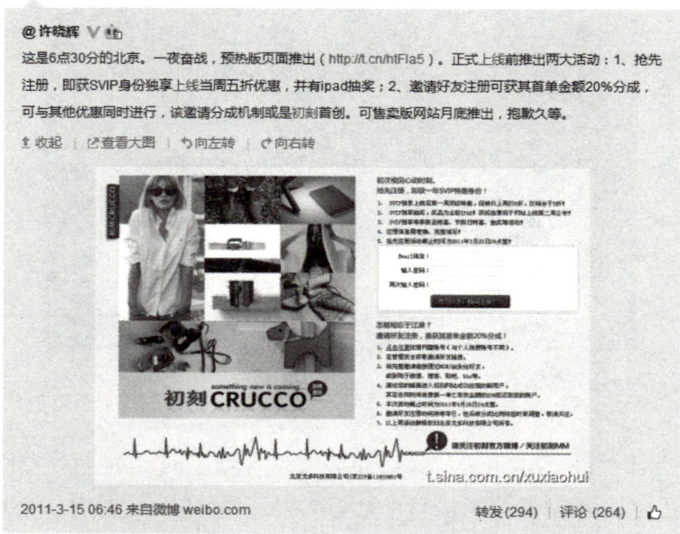

网站还没上线，就有 VC 登门拜访说，如果你们要钱，我们下周就给 Termsheet。我的想法当时很乐观：等我们运营几个月有了业绩趋势之后，再谈投资吧。

8 网站上线了

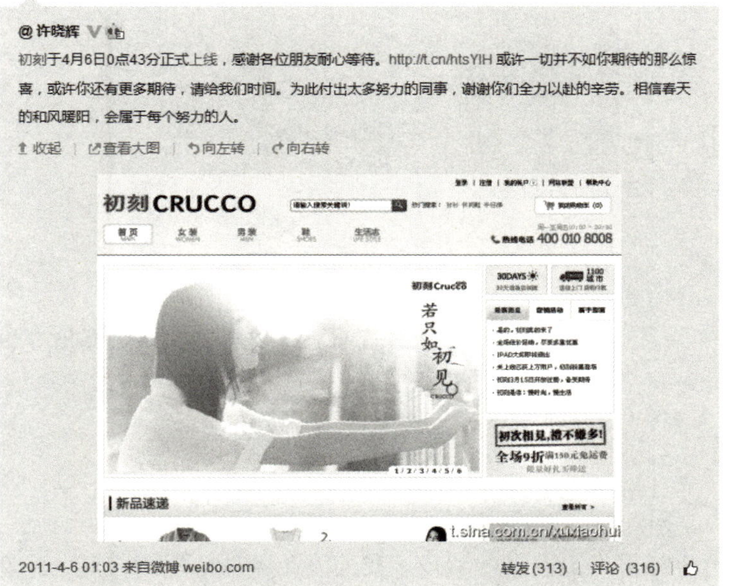

4 月 6 日凌晨零点 43 分，网站终于正式上线。我在微博上说：“相信春天的和风暖阳，会属于每个努力的人。”微博上无数朋友转发，此前积累的预热势能在这一刻释放。尽管没有广告投放，当天的流量非常高，圈内朋友们都在转发微博作为对我创业的支持。在随后有广告投放之后的几个月中，都没能超过上线当天的流量。

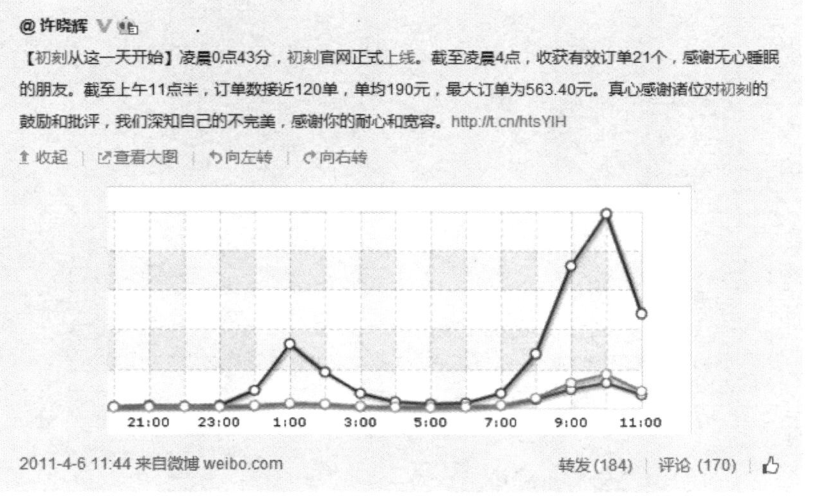

在 2011 年 4 月 5 日初刻的 Blog 上，我写下了这样的文字，算是“发刊词”。

是的，初刻来了。

在经过了多日拼搏之后，初刻正式版终于上线了。

这个项目寄托了无数朋友的期待，我们万分真诚地感谢你对这个新品牌的关注。

初刻是慢生活，我们希望在匆忙赶路中走得慢一些，好好欣赏路上的风景，特别是在这个春天来临之时。

服装是时尚载体，而初刻更希望倡导一种清新、自然、悠闲的生活方式，让我们不必在对时尚的追逐中迷失自己。

很喜欢一个导演写过的话："时尚是一座迷宫，也是一座乐园。用别人迷路的时间，发现你自己。"

韩寒也说："潮流是只能等不能追的，这和在火车站等候火车是一个道理。乖乖留在站上，总会有车来，至于刚开走的车，我们泛泛之辈是追不上的。"

于是，我们不想制造那些虚无缥缈、光怪陆离的时尚，而更愿意在初刻营造的童话世界里，让你回到基本、回到最初的着装需求。这样，我们会有更多时间享受生活自身的美好。

心情忐忑，我们深知还有多少不完美，请大家给一个新生儿成长的时间，我们会努力。

无论如何，总要亮相，大幕已然揭开。初刻人内心激动：我们来了，等待你的检阅。

初见时刻，请多关照。

3 个月之后，我们将月销售额做到了 100 万以上。初刻的清晰定位，赢得了超出我们地位的无数赞誉。

凭借在设计细节、吊牌、赠品、网站设计、专题策划、微博活动、短信文案等各方面的创新，初刻让很多人耳目一新：原来电商还可以做得如此清新有格调。值得一提的是，初刻在业界第一次采用了类似 Windows 8 的九宫格设计风格，因其强烈的设计感，之后被很多电商网站所采用。

初刻有一个很好的开局，从顾客的评价中，能看到我们当时所获得的关注与美誉：中国最有文化的电商、豆瓣版的凡客、文艺青年服饰。媒体报道也纷至沓来，我们沉浸在最初的喜悦之中。

后来的事实证明，我们低估了创业之路的艰辛。

9 用微创新制造口碑

初刻上线一周年的时候，我手写了一封信给顾客。

亲爱的你：

首先道声感谢，谢谢在初刻一周年之际有你相伴。

一载时光走过，有无数欢乐鼓舞，亦有很多苦痛迷茫，比少年维特的成长更多烦恼。

风雨兼程跋涉至今，幸福的是我们依然在坚守最初的理想：做慢生活品牌，发现日常之美。

做一件让自己和你都喜欢的事，是最大的满足。

很多人挑战初刻做慢生活格调的天真，而我们想说的是：

这时代已如此匆忙和焦虑，我们就是要制造生活的幻象，呈现一个理想世界的童话，找回最初单纯的快乐。

初刻生长第二年，我们还会继续做关于天真的事。

春光已然乍现，人生依旧浩淼，感谢你陪我们一路走到更远。

许晓辉

2012.3.26

通过手写信与顾客交流，是初刻一直使用的方式。我们太久没有收到过一封手写信，扭扭摆摆的文字所能带来的亲切感，至今没有更好的方式替代。今天的淘品牌，很多也开始用信件的方式建立用户关怀，遗憾的是大部分还是电脑字。

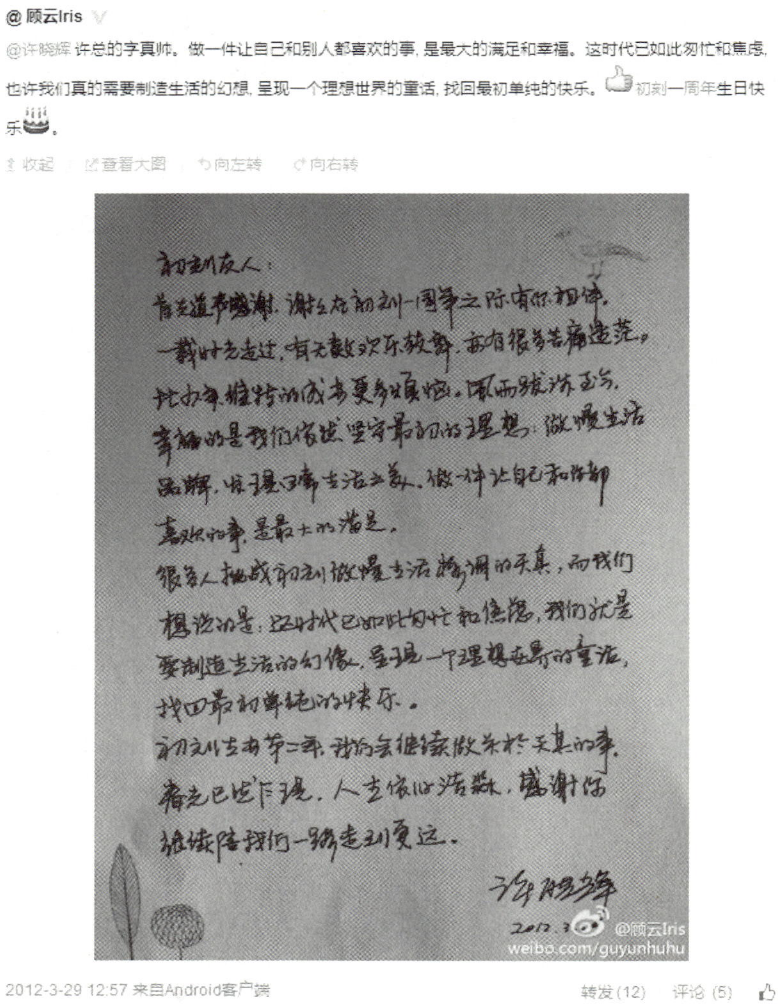

所有创业者都知道要让产品有口碑，口碑传播是效果最好的推广方式。口碑，在辞海当中的解释很简单，就是众人口头上的称颂。

但如何制造口碑，每个人都有自己的方法论。我总结的方法是：微创新——超出预期的惊喜——产生口碑。颠覆性创新每个创业者都梦寐以求，都希望像周鸿祎找到免费杀毒一样找到自己的杀手锏，但对于大部分创业者而言这都是不可能完成的任务。而微创新是最容易操作的，只要团队用心研究，每个环节都能找出无数细节可以优化。实现微创新的心态是谈恋爱，热恋的人会想方设法去取悦对方。

初刻最初的品牌口号是“如何发现日常生活之美”，于是我们就围绕这个主题思考各种能够微创新的方式，以力所能及的低成本方式做口碑传播。

如下 PPT（部分）是初刻在后期融资过程中制作的，目的是为了让投资人看到我们的努力和用心，这种创新能力也是初刻的核心竞争力之一。

除了棉麻系的风格，眼镜布衬衫、情侣卫衣等是初刻在产品设计创新上的尝试。

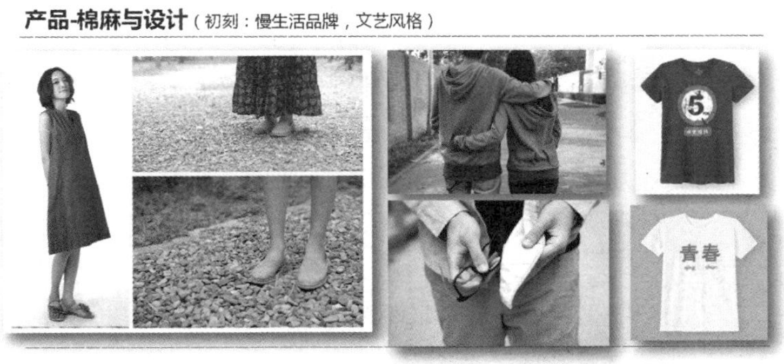

基本款服装的后期风格可塑性很强，一件衬衫可正式，也可文艺。

产品要有组合策略，品牌款强调风格，不做销量。

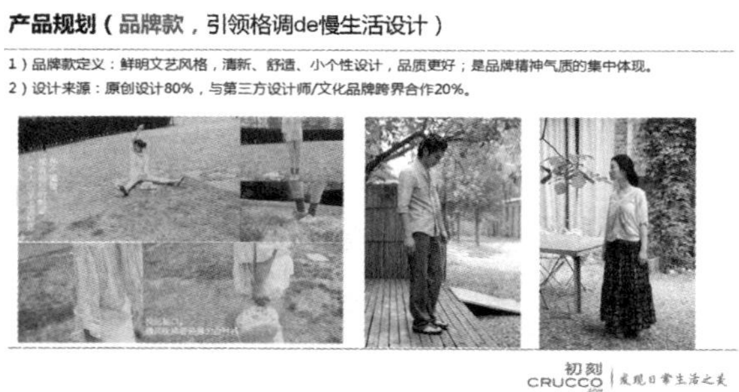

微创新，是最容易制造口碑的手法。

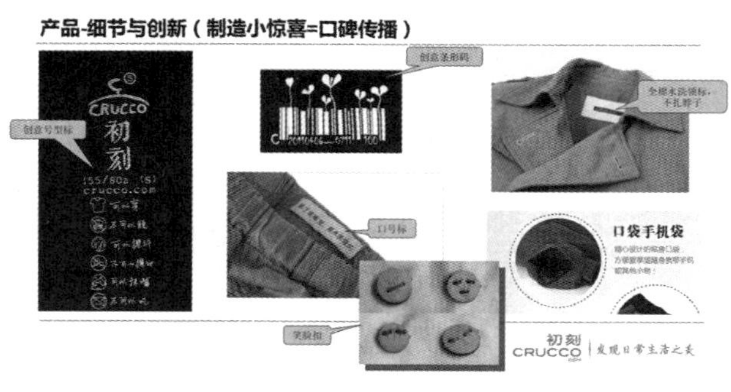

最好卖的左图，文案出处是奥威尔《1984》，所谓温柔的反抗。

初刻网站的视觉风格，在业界当时算是独树一帜。这也是一种很冒险的尝试，没有醒目的价签，不像是电商，更像是电子杂志。事实证明，这是很重要的一种差异化，而且是显性的。

把专题当杂志做，这是文艺青年喜欢的方式。

文案的力量，很多时候比图像更强大。初刻发货短信的风格，后来被很多电商品牌模仿。

周边设计-文案（文字也是生产力）

在服装行业，初刻或许是第一个将吊牌当书签来设计的品牌。棉线绳剪断之后就是一个书签，它没有讨厌的广告，还真有消费者用心地把各个版本都收集起来。

周边设计-吊牌做成书签

吊牌书签有不下二十个版本，包装盒也是一脉相承的格调。

周边设计-关于环保，我爱地球

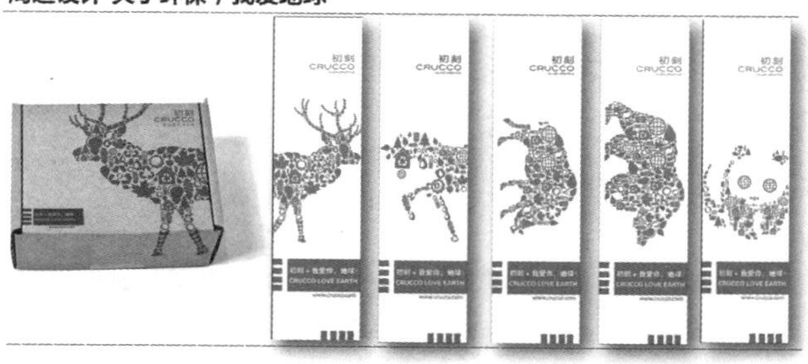

初刻做赠品的原则是，按照用户每天所处的空间路径，做必备单品。比如200多页的道林纸本子，可以用几个月，每天用都能看到初刻。

这就是参与感吧。初刻新媒体传播，只用微博，当时微信还未兴起。

鼓励顾客晒单是最简单的互动，还可以做晒笑脸之类的活动。下图是七夕情人节初刻赠送的卡片，员工手写，收到我写的版本可以全额免单。

平等对话，不能只停留在口号里。@简江 问我，T恤有文化衫，内裤能否人格化？于是，我们做了“初刻小内高级定制大赛”，各种创意，还有不敢放出来的黄色与暴力。

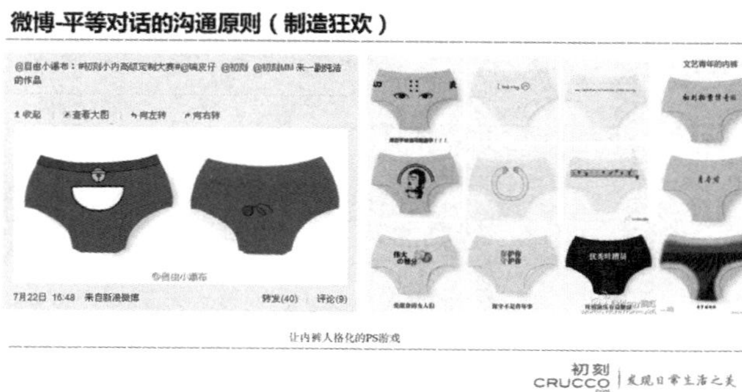

在虾米音乐上投放广告都是小清新的，但点击转化效果很好。

草莓音乐节、黄耀明、邵夷贝、小米音乐、果壳网，都是初刻的朋友们。

这是初刻粉丝的理想生活，无论独处还是集体生活，都能在初刻找到情感归属。

做了很多创新的努力，也做了很多微博传播，晒单也非常多。于是有人质疑说我们在微博上找了很多托儿，用户的留言让我们很感动：“有些人永远不会明白，把客户当上帝的感动”。

微创新有规律，周鸿祎总结了两点：1）从小处着眼，贴近用户需求心理；2）小步快跑，快速出击，不断试错。口碑，是衡量微创新是否成功的标准。举两个口碑的小例子：在济南用滴滴专车的服务，来了一辆宝马 X3，司机非常客气地帮忙拿行李。小惊喜是：车里有支持多种接口的手机充电线，赠送两瓶矿泉水；在北京用卡拉丁的汽车上门保养服务，工作人员到现场先拿出一把沙滩椅给我坐，然后送我一瓶矿泉水。这些细微体贴的小创新，会带来无数口口相传。

产品层面的微创新固然好，但更多时候在产品外延部分做口碑更容易，特别是对于差异化卖点不是显性而是隐形的产品。比如褚橙，用励志故事包装；比如黄太吉，用宝马豪车送餐传播。

10 初刻视觉的生产机制

自诩地讲，初刻的品牌视觉是得到普遍认可的。初刻视觉设计与专题策划，主要作品是季薇团队所做的。季薇是凡客老同事，后来去了走秀，然后加盟初刻，目前在凡客负责营销和视觉。这是她总结 PPT 的一部分。

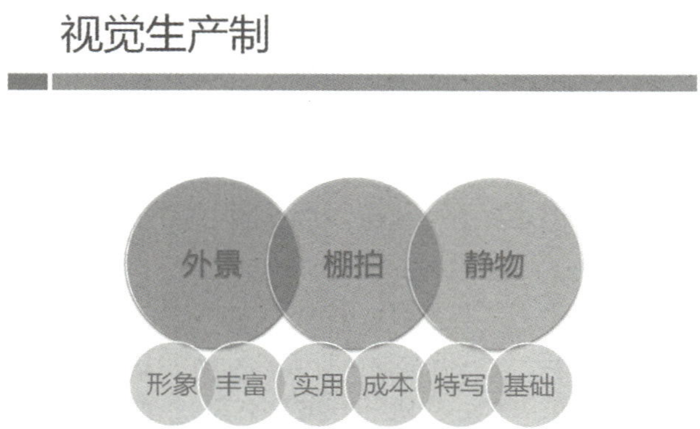

视觉生产制

视觉生产制

视觉生产制

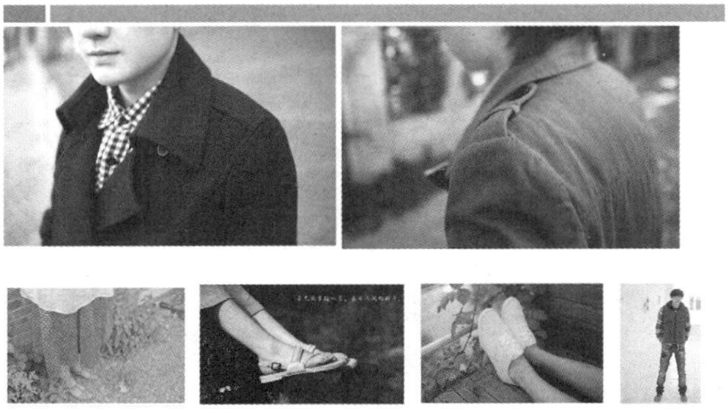

视觉生产制

棚拍

实用

成本

视觉生产制

视觉生产制

静物

特写

基础

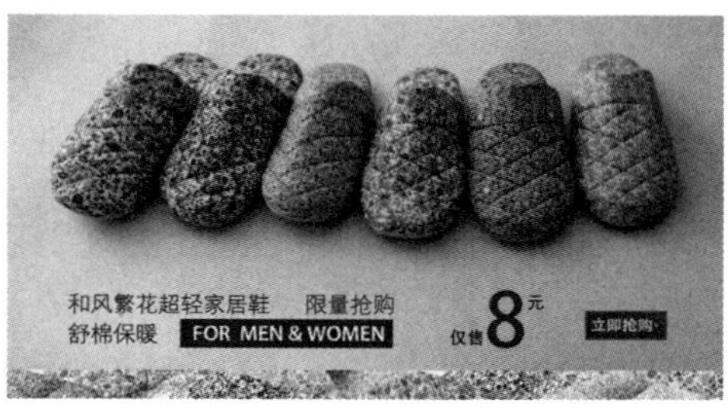

视觉生产制

卖点整理术

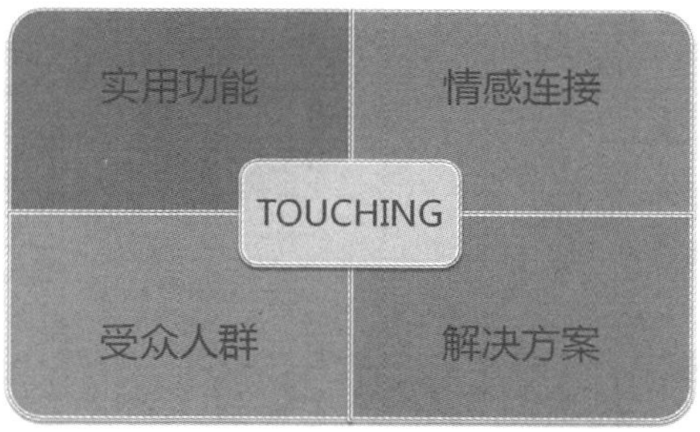

卖点整理术

实用功能

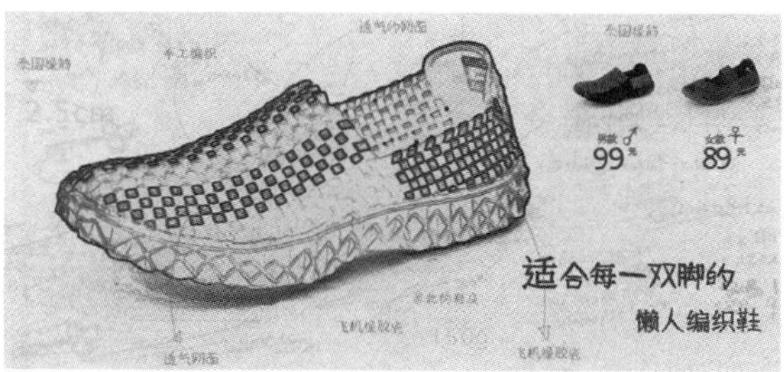

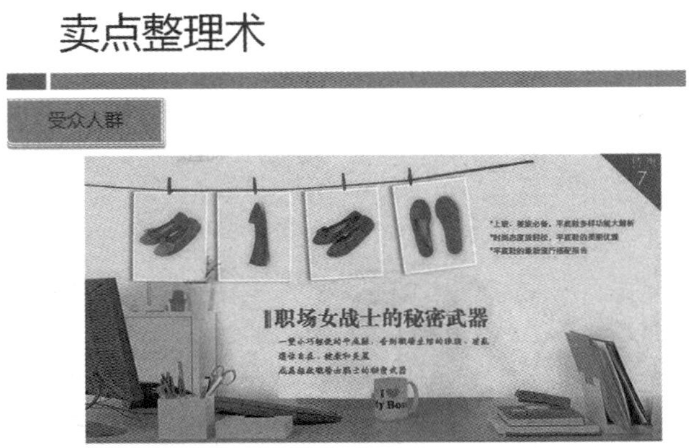
卖点整理术
受众人群
职场女战士的秘密武器

卖点整理术
情感连接
爱和其他美好的事。

卖点整理术
解决方案
小清新
暖暖奶茶香

信任来自亲近

信任来自亲近

信任来自亲近

为了表达品牌的亲和力，我们找了很多普通人参与平面和视频的拍摄。其中有很多初刻同事、粉丝和朋友充当模特，既有参与感，成本也低，非常适合做新媒体传播的素材。初刻 mm 都是同事，是一道风景。2011 年光棍节的单身宣言视频，是初刻零成本制作的一个片子：自己策划，自己拍摄，自己剪辑，微博传播。很多单身网友说：看完片子，哭了。

11　500 万美元，20% 股份

2011 年 8 月，我们启动 A 轮融资。为了自己专注于业务，我们找了一个朋友做 FA（融资顾问），他对资本圈非常熟悉，也懂得和他们打交道的规则。做预算，完善方案，一家一家与 VC 聊，讲“中国无印良品”的故事，应对挑战与质疑。

融资期间网站的日访问量数据，除了 8 月份的服装处于最淡季，但还是在增长。

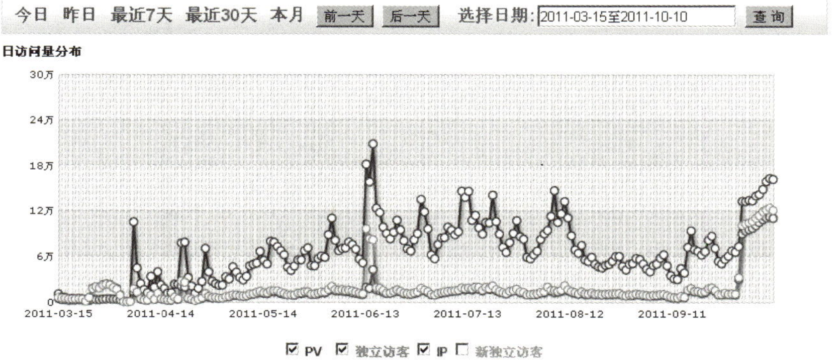

融资的过程也是完善项目思路的过程，期间也经历了很多煎熬：希望，绝望，新的希望，打击，柳暗花明，坏消息，拖延，惊喜，低落。心情一波三折，尚未修炼到宠辱不惊。

8 月 26 日，是一个周末。一家 VC 找到我们，我和合伙人老冯到对方办公室，去见他们的两个合伙人。当天大雨，我还开车走错了路，还好没迟到。因匆忙出门未带电脑，方案 PPT 都在里面，路上打电话给同事，她坐地铁冒雨把电脑送过来。

对方两人参加谈判，很强势：我们只能给你三倍于天使投资的估值。事先我和老冯统一了口径：因手头有三家 Termsheet 在，坚持此前报价不变，不成就选择其他家。于是，我们跟投资人讲："对不起，我们已经拿到了三家 Termsheet。这次融资我们希望 Pre 是 2000 万美元，融资 500 万美元，即 Post-Money 估值为 2500 万美元。"对方继续打压，双方僵持，并无进展。

最后对方说："你 24 小时内不要签任何 Termsheet，给我们时间讨论确定。"我心中暗想，这事差不多了。

惊喜来得太突然。周六中午，对方打电话过来说同意条件；周日，准备协议，律师修改；周一签字，下午开电话会议；随后开始 DD（尽职调查）。

融资期间一个投资人很关注的模型如下，以用户的留存数据来分析项目的优劣。

初刻用户资料							
	2011年4月	2011年5月	2011年6月	2011年7月	2011年8月	2011年9月	2011年10月
累计注册用户数	36360	57857	65525	74522	80586	90951	92847
新增加注册用户数	36360	21497	7668	8997	6064	10365	1896
三个月活跃用户数(下单)	1605	4473	7909	9614	8799	7237	4861
三个月活跃用户数(成功购买)	1324	3958	7176	8814	7969	6422	4219
活跃用户重复购买数(下单)	0	0	0	354	664	1075	1138
活跃用户重复购买数(成功购买)	0	0	0	278	570	958	1023
活跃用户重复购买率(下单)				3.15%	7.15%	14.92%	24.25%
活跃用户重复购买率(成功购买)				3.68%	7.55%	14.85%	23.41%

我们以为拿到钱只是时间问题，于是继续高歌猛进，人员规模从最初网站上线时的 22 人增加到 60 人，产品线在男女装和鞋之外，开始涉猎家居、杂货甚至图书。

有很多人问一个我当时不屑于回答的问题："一个创业公司，为什么做这么多品类？"我说："第一，初刻是生活方式品牌，要多品类来支持风格的完整，用户也有一站购物的需求。第二，我们的团队能够驾驭这么多品类，没必要逐步增加品类浪费时间。”在今天看来这个回答很幼稚，而在当时则是豪情满怀、踌躇满志、春风得意马蹄疾的姿态。也有此前有创业经历的投资人问：你们的“护城河”在哪里，是否有“傍大款”的计划？我的回答是：进攻是最好的防守。

资本冬天的消息，在 2011 年下半年开始不断传来，我们认为那只是传闻而已。DD 的过程也很顺利，供应商考察、系统数据调取抽样、电话访谈用户、管理团队谈话、财务数据核实，作为一个诚信的创业公司，所有的东西都禁得起挑战。

三个月之后，那家说“我们给了 Termsheet 至今还没反悔过一家”的 VC 只打了一个电话：很抱歉，我们不投了。回头再找另外两家给过 Termsheet 的 VC，最佳时间点已过。且不用说 VC 毁约的事，已经发生太多，没有反悔键。有朋友的创业公司，在被 VC 拖了数月之后差点倒闭，借款 500 万才度过危机。Termsheet 对 VC 几乎没有任何约束，而创业团队则不能在此期间再签约其他家 VC，这并不公平。

贪婪导致时间窗口错过，我知道，传说中的冬天真的来了。

12 创业曲线与资本冬天

创业历程是过山车，起落颠簸是常态。而对于初次创业者来说，常希望初创企业一直会处于上升期，事实上的走势往往是超出预料的“创业曲线”，这就是“成长的烦恼”。

关于创业曲线，有很多个版本。美国 Paul Graham 和中国台湾 Jamie 的两个版本，在创业者当中最为流行。

美国知名投资人 Paul Graham 的创业曲线“The Process”如下。

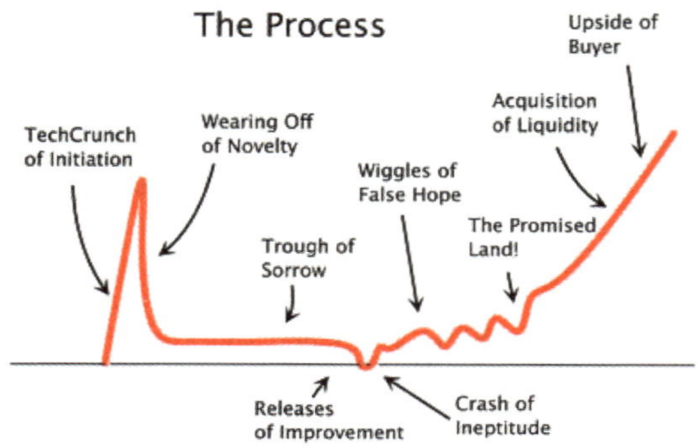

台湾连续创业者 Jamie 总结的创业曲线如下。

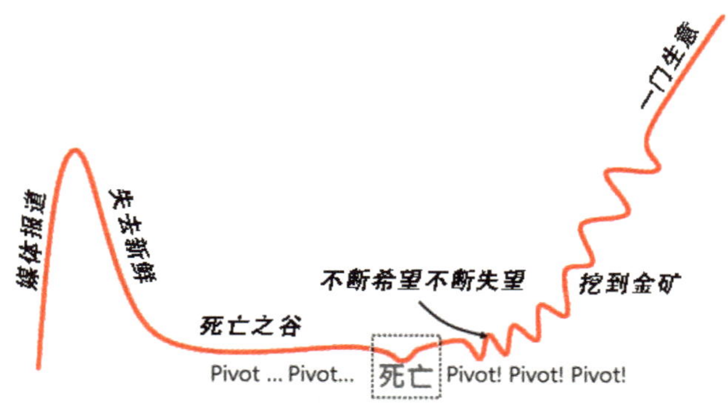

在创业初期，创业公司往往都处在一个急速上升的曲线，这时候创业者还没有碰过壁，处于“无知的乐观”；但是在过了最初高速发展之后，创业公司会面临越来越多的问题，公司开始进入“创业绝望谷”，而且在多次碰壁之后创业者会进入“知情的悲观”。

很快，我们就来到了“绝望谷”。在突飞猛进冲规模之后，现金流开始紧张，以亏损买时间的玩儿法不再被 VC 们认可，像当初的蜂拥而来，如今他们又蜂拥而去，不再有踪影。

环境发生了巨变，资本谨慎，迅雷、凡客等 IPO 无限期推迟。为了应对行业温度的变化，我们开始准备冬天的打法：裁员、降低各项成本、减少投放。

创业团队是一艘大船，作为舵手，我必须最先洞察暗礁、风浪、航向等各种风险，必须做出调整，即使内心很痛。有的同事选择主动离开，她说会继续用下班或周末时间，把没有完成的事情做好。我很感动，只能歉意地说：相逢的人会再相逢。有的同事周末带老婆孩子来加班，见到我特别感谢初刻给的工作机会，我知道他是整个家里唯一有工资的人，而下周他将被裁掉。

所有的回溯貌似轻描淡写，而在当时内心的挣扎与痛苦，无人能体会。我只能安慰自己：调整是为了更好地面对未来，为了继续留在船上者的安全，为了有更可预期的未来。

13 完美计划

到今天，我都认为初刻这个品牌的出发点、慢生活定位的选择，以及在口碑创新上的各种打法，都是对的，而错的是我们完美的计划没有全部落地生根。这事关资源整合、团队建设与管理，在后面的反思中会详细提及。

如下是一个技术同事所做的规划文档，今天看上去依然完美，而我们高估了自己的能力，迷失在对大同世界的设想中，而忽略了我们是否有能力抵达——认识自己该有多难。

一、 这是什么

这是一份描述如何对初刻 B2C 系统进行重构的文档。如果你是从合法途径得到这份文件并使用过初刻 B2C 系统，你应该知道为何会有这份文档，以及为何要对初刻 B2C 系统（以下简称“系统”）进行重构。

这次重构将解决以下问题：

1. 实现流程自动化，减少后台用户的操作次数和重复的劳动等问题；2. 实现和改进一些 B2C 系统常见的应用功能；3. 实现系统的可延展性，为未来的社区化、移动互联网化打基础；4. 实现系统的界面、控制层、数据层的逻辑分离；5. 提高前台页面和后台控制中心的用户体验；6. 提高系统的安全性；7. 提高数据的精确性；8. 提高系统程序的执行效率；9. 实现通过评估的需求。

以下章节将说明如何做，以及你在这个项目中要做什么。

二、 分拣现有 PM 需求任务

在进行这次重构没有确认切换完成以前，现有的系统将正常运行和维护，但是 PM 的需求任务将会被分拣执行。

分拣规则如下：

R　执行所有为满足现时运营需求的任务（如 EDM 等）

Q　忽略所有增加、改进、优化类的不影响正常业务运营的需求

所有被忽略的需求将做为新需求添加到这次重构项目中执行。

三、 重新整理需求

我们会对现有系统进行重新评估并改进优化其中的大部分功能，但是我们知道这还不够，在开始动手重构之前，请告诉我们（设计与开发部门）你目前或未来还需要这个系统具备什么样的应用

功能和感觉，把这些需求记录在附件——编号为 CC-DD-F1《设计与开发需求表》中，并发送给我们。

我们将分类整理这些需求，并分阶段开小组会议进行可行性评估，并将评估结论的副本抄送给你。流程至此，如果你不是设计或者开发人员，那么恭喜你，你的任务完成了，剩下的交给我们了。

四、数据库设计

数据库设计将会修复现有数据库的字符集问题，优化数据逻辑关系和数据结构，优化字段，以提高数据读写速度和精确度，首先需要完成现有数据库整理，然后再结合需求重新设计数据库结构与数据关系。

数据库设计工作内容和流程：

1. 整理现有数据库的数据结构、数据关系和字段信息，生成文档或者数据词典；2. 结合需求重新评估数据库规模，生成数据库规范文档；3. 重新设计数据库，包括 GBK 到 UTF-8 字符集的转换，数据结构，数据逻辑关系的优化，字段优化；4. 生成数据文档和数据词典。

五、系统核心设计

系统核心设计阶段将完成数据层、控制层、界面表面的逻辑分离工作，以面向对象为基础的系统架构为未来的社区化、移动互联网化提供更多完美的扩展性。

原本系统核心设计是比较困难的一个阶段，但是由于开源社区的发展推动，有很多卓越的开源应用，使得系统核心设计变得容易起来，在这次重构中，我们将会使用三个重要的开源代码：

1. 来自淘宝团队的 KISSY 前端组件；2. 来自 Twitter 团队的 Bootstrap 组件；3. 杰出的 CodeIgniter 框架。

使用以上 3 个开源代码，可以帮我们迅速地实现一个 WEB 应用，并保持文档的完整性和持续开发的延展性。

但是不仅仅是这些，在这个阶段还有一项重要的任务“信息架构（AI）”，信息架构将所有前台后台的重构工作细节和每一个流程所涉及到的页面，以可视化图表形式展现出来，作为下一阶段的重要指南和参考文件，这里面有很多的细节和创造性，这需要整个重构小组一起努力来讨论实现的最佳方式。

六、设计与开发

经过很多的需求评估、数据库设计和系统核心设计的精心准备，终于到了最激动人心的设计与开发实现阶段，这是很大的一块。但是千里之行始于脚下，下面将会说明如何开始动手做：

设计与开发阶段将会实现所有的需求与重构工作，这是很大的一块，需要有一个计划表格以避免迷路。

根据实际需求和信息架构文件的要求，大概需要做以下任务：

1. 现有源代码分拣整理与重构；2. 后台应用程序开发；3. 页面（UI/UE）设计；4. 前台应用模块开发；5. 前端交互页面开发。

七、部署与测试

开发完成一个模块的工作时，开发自己可以做的一些单元测试的工作，完成一个阶段的工作时，应部署到测试服务器上，开放给所有开发与设计人员做模拟测试，包括性能和安全测试。

前端完成一个页面时，前端自己可以做一些测试，所有页面的前端完成时，测试所有浏览器的兼容性，再部署到测试服务器上开放给所有开发与设计人员做模拟测试，包括性能和安全测试。

设计需要在不同的显示器下做色彩对比测试，以及保证尺寸大小的精确。

设计与开发全部完成时，部署到测试服务器作为 Alpha 版本提供给公司内部所有人进行一个一周左右的试用测试，并将试用测试结果反馈到 PM 系统提交给相关负责人解决。

以上全部完成后。系统部署上线，完成数据切割。

八、 维护与持续开发

系统上线后，开发和设计人员整理文档，生成规范文件。

14 调整步伐

做自有品牌要提前做货，对现金流要求很高，必须继续融资以迎接2012年。机构投资的可能性已非常渺茫，只能启动新一轮天使投资以保留火种度过冬天。个人的决策是最快的，合伙人老冯找了自己的朋友，迅速敲定新一轮融资的各种条件。

2012年1月12日，周四，我发了一封全员信。在之后的公司年会上，我公布了融资的进展。

> “尽管此前很多同事建议我应该多发全员信，多畅想未来，但我并未如此：我不擅长画饼，不希望开一些空头支票。尽管我是一个理想主义者，仍然希望脚踏现实，做我力所能及的事。而今天，我们终于完成了融资。这是最好的新年礼物。储备好粮草，无论冬天怎样寒冷，我们都会温暖。
>
> 2012年，无论地球是否毁灭，我们都会按部就班地努力。
>
> 第一，推行股权期权计划，这是我从创建公司以来就有的理想，我希望这家公司能够全员持股，但因为种种原因直到这次融资完成后，我才可以真正开始推行。我最近在读星巴克《将心注入》，其中提到“咖啡豆计划”，我相信初刻也可以。
>
> 第二，稳扎稳打，做一家盈利的公司。需要我们提高管理效率，科学制定KPI，严格执行奖惩制度，让这个精炼的团队战斗

力更强大。我希望2012的我们不仅仅是同事，更是创业伙伴。

第三，继续保持初刻小清新的文艺风格，简单讲就是：用优衣库的基本款+包装无印良品的格调+人文内涵。同时继续创新，做力所能及的微创新。无创新，不初刻。

相信初刻的2012可以让慢生活格调更深入人心，我们一起打败时间。”

在经历了裁员调整之后，每个初刻人内心都很压抑。我讲话的时候，很多人在哭，我也忍不住落泪。晚饭，很多人喝醉了，抱头痛哭，齐声大喊：初刻加油！

那晚，我酩酊大醉，不省人事……

15 用80%的时间找人

初刻的开始很幸运，第一笔钱就拿到了1000万人民币，起点可谓不低。组团队和融资一样，刚开始全靠“刷脸”。早期团队基本都是靠朋友介绍或原本认识，凭借还说得过去的业界口碑，“忽悠”了一些不错的人过来，工资不高，基本都是为了共同成就一个梦想而来的。这梦想关乎做一个成功品牌的梦想，以及由此带来的财富收益，后者对于创业团队来讲毋庸讳言：对于多数人而言，真正为了理想而奋斗是在财务自由之后。

也有同事后来说：我觉得你男人女相，是有福之人，跟你不会有错。我很汗颜。

一旦开弓作战，人才的短板才会逐步显现，解决这个问题的重要性与日俱增。在项目上线之前不曾意识到的问题，在上线之后都可能发生。我也终于明白为什么不能对创业公司要求过于苛刻：因为创业者尽管有很多想法，但人力、财力、时间等各种资源太有限，无法实施一个滴水不漏的方案。

用 80% 的时间来找人，这话好像李开复和雷军都说过。其原始出处没必要考证，重要的是很少有人真的做到了这一点。

按理说创业企业最需要实践这一点，而实际上一旦项目开工就会有无数杂事，令人分身乏术。基本上组建了一个“差不多”的团队之后，团队这件事就更容易被优先级往后放：大部分事儿有人在干，即使干得不够好，也不至于出太大问题。何况找到合适的人是一个漫长的过程，很容易将人拖得疲惫。

朋友问创业你觉得最重要的是什么，我说是人才。这道理我很多年前就明白，但真正理解却是在进入创业状态之后，你不再可以单打独斗走江湖，而是必须建立起一个强大的团队才能披荆斩棘。

在公司初创时期钱少、资源少的情况下，更需要靠创始团队的人脉资源做拓展。初刻的第一批产品也是通过同事和朋友的关系找到了广东的工厂，当时公司都没有注册完毕，网上没有任何公司资料，工商也查不到相关信息。因此，必须借助“刷脸”的能力来获得早期供应链的支持，好在第一批货还是赶出来了。

之后就迅速遇到了问题：1. 产品质量参差不齐，有瑕疵产品比例不小。2. 服装设计原创性不足够强。这两个问题的根源在于：1）没有供应链牛人。2）没有设计师牛人。这两个问题伴随初刻很长时间，我非常想去解决，但始终没有解决，理由很多，但这就是结果。

意识上重视人才建设，这是常识，无须教育。而是否在行动上重视，这是解决团队问题最重要的一点。尽管你花了 80% 的时间来做这件事，你所期望的牛人可能依然没有来，但还是做这件事：在现实中，牛人不会穿着金甲圣衣、踏着五彩祥云从天而降。

事实上，每个项目都会在团队上走弯路。即便花了 80% 的时间，也不一定能找到最合适的人，不是每个人都有雷军。这关乎很多因素，比如创始人个人魅力是否有足够大的号召力，牛人是否愿意在风险较大的早期加入，能否有魄力拿出有足够诱惑力的期权或股权，与现有团队是否能够融合好，等等。

下面是初刻 2012 年的组织架构，创业公司常是因人设岗、管理扁平化。

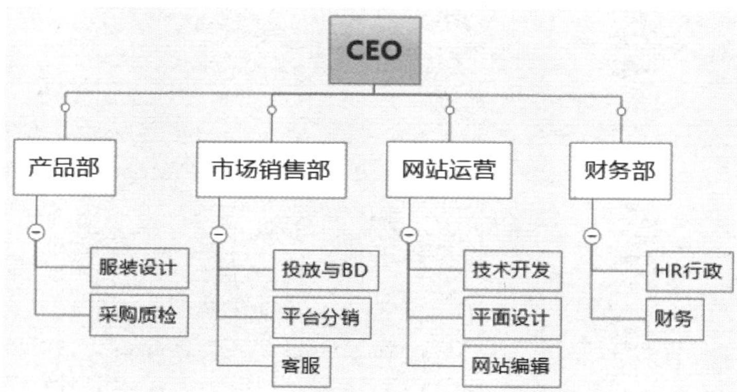

团队磨合是找到人之后的另外一个问题，单兵操练和团队集体作战是两码事，前者能力越强越可能影响后者。也会有看错人的时候，只能在尊重历史贡献的基础上迅速了断。比如对某些人才的定位不清楚、与团队磨合出现瑕疵等，都让我们必须放弃一些同行者。这就像登山遇险之时，我们必须放弃那个即将坠落的人——创始人必须保证整个团队的安全，尽管我对那些离开者是如此同情，以至于我都不忍面对他们落寞的眼神，唯有在内心祝福他们未来会更好。

关于建设一支优秀的团队，周鸿祎说："第一，不能以发财为目标，一定要有某种程度的理想主义情结。第二，财散人聚，要有激励机制，把大家的利益捆绑在一起。第三，解决新老交替的问题，留一部分里利益给未来。”以此标准复盘初刻，第一点，解决了 80%；第二点，只解决 30%；第三点，没有遇到。

16 不是百米是接力赛

企业的初创阶段一般是三年，生死存亡都有可能发生。而在这三年当中很可能又要完成一个四乘一百米接力，互联网项目更是如此——时间被大幅压缩。因此，雷军总结小米的七字诀是“专注、极致、口碑、快”。

初刻的第一个百米跑得还算快，三个月时间就完成单月销售 100 万的目标。早期的意气风发也让我们忽略了潜在风险，一路快跑，只管向前。各种微创新的小招数不断，营销前端热闹得不亦乐乎，我们也沉浸在这最初的美好里，忽略了更重要的事。

第一个百米跑了四五个月，2011 年的夏天就过去了。第二棒要交给秋冬，这时潜在风险开始逐步显现：产品设计的独特性不够强，产品质量控制参差不齐，技术系统勉强沟通，CRM 体系很简陋。由此导致的最终结果是老客户的口碑并不理想。因第一棒的急功近利，并未给第二棒的接力打下坚实基础。

服装产品备货的前置性很强，传统服装要提前半年到一年下单，我们从现金流压力角度考虑，只能提前几个月来下单。因此，这场接力赛一旦起跑，第二棒的速度其实在第一棒就确定了。因此，第一棒宁可慢一些，也要为后续接力做好铺垫。创业企业之间的速度 PK，在第一棒时往往差距不大，而在第二棒就开始显现差异。

第二棒的步伐紊乱，需要调整步伐，这种节奏的改变会带来一系列连锁反应：团队士气、产品采购、成本结构、推广策略，都要做相应调整。对于实物电商类重公司项目，调整的周期比轻公司要慢得多，少则几个月，多则半年一年。

而为了融资报表好看，或理想化地认为融资没问题，原有节奏并未放缓，硬着头皮继续快跑。这并不是最大的问题，问题是：在第二棒一边快跑一边调整节奏的努力之后，赫然发现第三棒无人接应——2012 年中之后，电商融资步入寒冬。

在管理上的摸索，对于第一次创业的我同样是一个有挑战的课题，不当家不知柴米贵。从局部作战到全局思考，是一个跨越。

下面是一次管理例会上有团队分享的心得，我们都在摸索。

关于管理：20120308 例会

1. 同行圈子

职场最终混得是人脉关系，向同行学习是最快的成长手段。

要求：至少要认识10家代表公司的、与自己同级别的管理者，可以通过QQ群、微博、行业会议、私下聚会等方式。一个月之后跟大家汇报进展。

2. 建立规则

效果评估类，诸如渠道分析模型、广告评估模型、促销评估模型、微博效果评估模型等；员工评估类，诸如日报周报制度、管理层沟通制度等。

要求：这是管理手段，各部门根据情况梳理建立。无论简单还是复杂，重要的是要有，并能持续执行。

3. 轻重缓急

凡事迅速判断轻重缓急，集中资源到对销售有拉动的部分；若无法判断优先级，可与需求发出方或上级领导沟通确定，或开讨论会确定。

要求：在每周一的管理层周例会上，各自按照优先级通报自己的工作；若是跨部门配合的工作，征求大家对优先级安排的意见。

4. 小步快跑

很多事情无法一步到位，要有小步快跑的意识。在可以快速操作的事情上不拖延；在可以低成本试错的事情上不拖延；在无法评估预期的事情上先跑起来再说，等等。

要求：财务，建立财务分析模型，本周五出第一版开会讨论，从下周开始拿当周数据进行分析；技术，数据分析规划尚未有功能点、时间表规划，请最晚本周一做完，发给管理层。

5. 盯进度、盯人

每天跟进下属和平行部门的项目进展，随时掌握与自己绩效有关项目的进度，以及需要协调的事情、需要争取的资源、需要控制的风险等，如此才能最终达到想要的结果。

要求：在每周给我的工作周报中，请说明所负责项目的具体进展，并对相关同事的工作进行评估。

6. 管理层沟通

至少以周为单位相互通报各自工作进展，以及未来工作规划，并说明需要的配合。

7. 时间点观念

创业公司需要快跑，必须对每件事都有时间点控制，特别是做管理。如此各部门的配合才会以时间点相互衔接，否则可能导致整个项目因时间上的混乱而带来的节奏失控。

8. 跨部门沟通

需要遵循先通知领导再协调的原则，该部门领导同意可直接与其下属沟通的则无问题，以免打乱平行部门内部的安排；涉及到对其他部门配合的，必须对自己的工作进度及时通告给需求方。

9. 投入产出评估

每个管理层都要有财务神经，要有成本、费用、盈亏等概念，并对自己负责项目单元据此进行评估分析和调整；如黄飞所讲，我们现在做的不是有社会责任的企业，而是要赚钱的公司。

要求：市场渠道部门先做这个评估。

10. 争取资源与帮助

每个人能力和资源都有限，因此要善于利用同事、朋友和领导的资源，从而帮助自己的成长和绩效的完成。无论是招聘、BD合作、人脉拓展等，都要想办法获得他人的帮助。

11. 带人与管理梯队

中层骨干团队必须要在今年上半年带出来，要重点关注、重点培养，关心他们的个人职业规划与成长。KPI建立依然是小步快跑原则，要让下属有成就感。

12. 因地制宜，灵活调整。个人主见，承担责任。创新观念。

17 资本游戏

最初的天使融资尽管波折，还算幸运：能够在天使阶段就拿到1000万人民币的项目并不多。这也让我和团队在初刻早期没有为钱发愁，也因此可以相对野蛮地扩张，从投资方角度也希望是能够快速做大规模，而不是像淘品牌一样小而美地平稳生长。

说到淘品牌，也有很多人问过我：你们为什么不一开始就做天猫，那样盈利胜算不是更大么？这是一个好问题，若时光倒流，初刻一定会在2011年上线时同步大力做天猫。而事实上，在彼时节点上，我们所接触的投资人一致认为淘品牌依附于淘宝，未来风险不可测。因此，B2C概念是最受欢迎的。试图借助资本快速长大的初刻，无法不被投资风向所左右，迎合潜在投资方的想法就成了唯一选择。

为了能够借助资本力量加速完成项目短板的弥补，初刻早期全部精力几乎都在B2C网站上。虽然天猫店在官网上线两个月之后就开了，但并未得到重视，全网分销在当时也不是热门话题。

初刻所做的是服装自有品牌，对供应链要求很高，在规模小的初期与工厂议价能力很弱，因此我们设想的理想路径是三步走：1. 快速做大销售额和用户规模；2. 快速做A轮融资，继续做大规模；3. 凭借订单的快速增长，提高与对工厂的控制力。

始料未及的是，在初刻上线一年之后，资本市场就开始不断有融资冬天的传闻，之后半年，资本不再参与电商游戏。在对资本的迎合中，我们迷失了自我。

每个资本游戏背后，都有投资人意志的体现，而牛人可以化解这种压力保持自己的节奏，大多数人则不能。而至于资本背后那些不可公开的事，除了当事人，会是永远的谜。

18 反思：学费交在哪里

2013年初，在初刻卖给凡客之后，我给股东们写了封邮件，对初刻项目做了一个简要复盘，全文如下（隐去部分数字）。

一、概况

1. 2010年11月8日初刻正式启动，筹备5个月，融资1000万，4月6日正式上线。

2. 上线之后颇受业界关注，4月份销售30万，6月份销售接近百万。

3. 7月份开始融资，资本环境已发生变化，最终拿到三家Termsheet：K***、C**、S**。与S**签署，投资额500万美元，占股20%。DD到10月份，撤出。

4. 12月底，*总投资600万人民币；裁员一半，由60人减少至30多人。

5. 2012年，市场竞争加剧，资本环境恶化，未能达到收支平衡目标，年底做出出售决定。

二、环境与关键点

1. 2010 年 12 月，第一批货。

1） 为了能够春节后让网站上线，开始准备第一批货，需要在 12 月份下单才能保证生产进度。于是，南下广东，考察工厂几十家，最终选择几家进行合作。

2） 但由于初刻品牌新（与工厂谈判时公司注册还没完成，工商系统查不到，网站没上线，可信度不高），而高管团队有较少传统工厂人脉资源，只能依靠负责采购的同事和朋友介绍，而采购数量少、要求高，最终只有很少的工厂愿意配合生产。

3） 为确保能年后上线，不想错过春夏销售档期，被迫选择采购工厂现款，从而导致第一批货虽然款式不错，但质量不够稳定，对第一批客户造成或多或少的伤害。

2. 上线。

1） 4 月前后，网站未上线就有多家 VC 主动上门，希望投资，当时想法是先做几个月销售数据再说，当时手里也有钱，就未将融资作为重点。

2） VC 的主动令团队充满信心的同时，也催化了"无知者无畏"的心态，于是大干快上（此时未重视淘宝店，也与 VC 当时只看 B2C 项目有关，淘宝店除非已具规模否则并不被 VC 看好）。

3. 融资。

1） 上线几个月之后，融资环境已经开始有过冬迹象；L 通过关系找 **** 做 FA，开始洽谈 VC，见了有约 20 家主流 VC。

2） 拿到三家 Termsheet，签了 S**，但最终没能拿到钱。

4. 裁员。2011 年 12 月，公司开始裁员降低成本，由峰值的 60 多人裁减为 30 多人。

5. 节奏调整。

1）　2012 年底开始重视淘宝店，3 月份开始陆续投放，但没有合适的操盘人，只能内部选择，由技术副总闫晨光带队，事实证明效果并不好。

2）　全网分销也成为重点，京东、vjia、当当等全面合作；渠道价格战令毛利无法提升。

6. 质量提升。

2012 年采购全部转向原创设计 + 工厂采购，并进日资检品厂做 100% 全检，以保证质量。因此，在客服投诉中，除了尺码问题之外，质量问题微乎其微（此举全年付出了几十万的质检费）。但在 2012 年，在服装设计的个性化上，做得非常不够，这也为后续试图转型做“小而美”品牌时带来困难。

7. 2012 采购规模预测过于乐观。

为了完成年初预算的销售目标，春夏和秋冬的采购规模均据此测算；这个乐观的预测以及后续未能快速调整采购节奏，导致年底出现数百万库存，对现金流造成巨大压力。

三、经验总结

1. 定位。

1）　在上线之初能够获得广泛关注，与初刻的“慢生活”定位有很大关系，初刻也被大家看作是中国的无印良品，或豆瓣版凡客，成为电商圈小清新、文艺服饰的代表。此后的话剧、歌手、杂志等合作，也都与初刻文艺定位有关。

2）　淘品牌茵曼也在今年将定位改成了“慢生活”，木棉天堂在初刻出现之后将名字改成了“初语”，坚果品牌三只松鼠的口号是“慢活•快活”并做了一个慢生活杂志，淘宝双 12 大促以“小而美”为主题，向小清新风格转型。以上也能说明初刻当初选择的定位是清晰且有市场潜力的。

2. 视觉。

1）初刻第一版网站所采用的 Windows 8 九宫格风格的排版效果，令顾客耳目一新；随后凡客、小米等也都参照初刻网页进行设计。

2）在专题策划上的人文关怀、文案撰写的文艺风格，也成为业界学习的对象。初语在改名之后的网站设计和文案，曾经很长一段时间直接模仿甚至抄袭初刻。

3）通过模特、照片、文案、专题策划等前端包装，弥补了初刻早期服装设计风格不足的弊端，也给顾客带来较高的期待，而在产品力上的不足也给顾客带来心理落差。

3. 细节创新。

为给顾客制造惊喜，我们做了很多微创新的努力。比如将吊牌做成书签、带眼镜布的衬衫、后插兜的情侣卫衣、笑脸扣子、二次水洗标、环保设计包装、书签鼠标垫日记本赠品，等等。

4. 微博口碑传播。

初刻视觉风格与微创新点子，得到消费者的认可，他们在微博上进行晒单，官方通过互动活动等进行引导，起到了很好的口碑传播效果。

5. 数据库营销。

初刻的第一批顾客除了团购网站（当时还很火，效果也很好）之外，最大功劳来自于数据库营销，我们想办法弄到了上百万有价值的顾客消费数据，通过 EDM、短信等方式拉新，初期 ROI 非常好，能达到一比几十。

6. 团队协作。

虽然团队也经历了几轮更新，但能够在多次调整之后，核心团队不离不弃，这是很感动的一件事。

四、教训反思

1. 产品力。服装设计没有成为驱动力，供应链整合层次很低，这两个最大的短板没有补齐。

2. 核心团队。有经验的传统服装高级人才的缺失，使得团队在面临产品力挑战时无力改善。

3. 成本控制决心与能力。人员成本、办公室房租、仓储成本等，都有很大的优化空间，但决心不够，执行不够果断，总是期待明天能开源，从而放缓节流。

4. 对淘宝的重视不够。2012 年 6 月，天猫店已开，但人力和资金投入都不够，错失这个投入产出比很好的销售平台；2013 年想发力，又没有孤注一掷的决心。

5. 融资节奏与及时调整。早期融资较容易时没当回事，融资遇到困难后，未能果断地刹车到底，而是不断点刹，惯性持续周期太长。

6. IT 系统。ECSHOP 系统虽然开源，方便二次修改，但本身有很多 BUG；未能及时上线 ERP 系统，相当长一段时间内数据不准确。

7. 财务分析。第一年没有好的财务人员，数据不准确，财务分析缺失，对数字的敏感度不够；第二年理顺清楚，而大量的学费已在第一年交完。财务神经未能发挥其作用。

8. 价格的稳定性。因库存多而打折多，消费者因此受到伤害。这与先定销售目标然后再分解到采购、市场等部门的倒推式预算制定方式有关。对采购规模的控制与销售速度之间的关系，关注得不够，未能通过系统自动检测并处理。

9. 视觉质量的不稳定。早期是自己招聘摄影师进行静物模特拍摄，因每个人能力有局限，工作强度有限，视觉质量不够稳定。后转向外包，才基本稳定质量，成本也容易控制。

五、个人反思

1. 常识与犯错。在任何常识问题上都可能犯错，只有受过伤才知道痛。

2. 项目运营节奏的控制。对运营节奏的把握不够准确，经常是为了弥补此前节奏的不协调而导致后续动作继续纠结，一直在调整、摇摆中纠结，跑得很不顺畅。这种节奏既包括对外产品、视觉、推广等不稳定，也包括内部管理协调的多变，总在找路。

3. 短板补齐能力。电商的链条化特征，任何环节都可能导致链条断裂，补齐短板比发挥特长更重要；对服装设计与供应链资源整合的重视度不够高，未能全力以赴去解决。

4. 成本控制。四个字很简单，但包含太多的具体内容；也包括个人心态调整问题，能否放下身段，能否心狠，能否将职业团队迅速调整成草根团队，等等。

5. 快速调整能力。洞察问题的能力需要修炼，快刀斩乱麻的决断力要加强。

6. 资源整合能力。过度依赖自身力量的成长，而未能对周边资源下大力气进行整合。

7. 两个极端。网站上线若干月，过于乐观，大干快上，不计成本；遇到问题之后，又开始保守，不敢冒险。

8. 对不确定性的理解。曾经以为很多事有理所当然的结果，经历了很多事发现：每件事不到最后一刻，都不能算是有结果。

六、时光倒流（马后炮）

1. 定位。如果重新来过，初刻自有品牌定位做调整，走“自有品牌 + 开放平台”模式，仍然是文艺风格、小资人群方向不变，前者保证毛利和未来空间，后者弥补做货能力的不足和库存问题，全方位满足消费者对文艺产品的需求。

2. 投入产出。控制早期投入，使得投入产出比在财务风险可控范围内，小步快跑。

3. 成本控制。全方面控制成本，从房租、办公、差旅到其他。

4. 产品设计与生产。产品设计要有独特的差异化风格，生产质量宁可成本高也要可控。好产品是口碑传播的根本。

5. 团队激励。管理结构要更扁平，出让更多权益，有诱惑力的股权激励方案，让管理团队把工作当成自己的事业，设计合伙人制度。

6. 平台分销。第一时间入住淘宝和天猫，利用好分销平台快速做大销售额。

7. 供应链。尝试各种可能的方式与供应链达成战略合作，避免生产成本短板。

8. 市场推广。借助社会化媒体做口碑推广。

9. 审时度势。对资本运作的时机，要有更清晰的把握。

七、感谢

感谢2010年底L总帮我找了好朋友一起投资我、投资初刻，让我实现创业的梦想。

感谢老黄、老吴在见了一两面之后就决定投资，这份信任无比珍贵。

感谢老冯在我们还没见面就决定投资初刻，这是对老朋友的信任，也让我在当时更有信心；老冯一直以来用无比阳光灿烂的心态给我太多激励，也谢谢在新西兰的热情款待。

感谢*总在初刻第一轮融资受挫之时出手相助，至今感激。

感谢所有股东给初刻的全部理解和宽容，即使在融资困难以及出售前后，也没有给我太多压力和苛责，谢谢你们，这份包容让我更加内疚。

相信未来我会再度创业，初刻的磨练和积累的情谊，是最宝贵的财富。

期待未来能和各位再合作，以弥补今天对各位信任的辜负。

我欠你们一个好项目，来日方长……

2013 年 5 月 2 日星期四

19 必要的补充

在初刻复盘进入尾声的时候，似乎还有很多话想说，却不知从何说起。

文艺品牌的机会。

时至今日，我依然认为初刻的方向有很大机会。即便当前有很多所谓文艺品牌在做，事实上也仅仅是在视觉上做到了小清新而已，在文化内涵与整合营销上还有很多欠缺点，或者说外在的形有，但骨子里的神没有。很希望能够看到有更多魂魄丰满的品牌出现，反商业的品牌定位在浮躁年代恰恰是更商业的一种定位，就像免费大潮之后付费买优质服务的趋势必然来临。老罗对情怀与商业之关系的观点，我非常认同：**“如果我们成功，很大程度上，这是正派、体面、原则性和理想主义的成功；因为价值观方面的原因，我们得到了太多不合一般商业逻辑的支持和帮助。如果我们失败，可以肯定，这是商业能力上的不成熟，跟我们没有采取流氓手段获益没有丝毫关系，更谈不上理想主义和情怀的失败。当我们的商业能力和那些巨头没有多少差距时，理想主义将所向披靡。”**

独立判断与坚持己见的重要。

急功近利导致的动作变形，是很多创业者会做的反思。对战略方向的独立判断，虚心接受批评建议但不随波摇摆，对一个创业项目而言至关重要。尽管这有时候需要资金基础等底气，但仍要坚守自己的节奏。为了保持这种独立性，我的下一次创业，会在积累足够实力之后，让我有更从容的心态。

不要以战术上的勤奋，掩盖战略上的懒惰。

据媒体对傅盛的报道，这话是雷军说的，这句话应该装裱起来放到每个创业者的办公室。事无巨细的创业，每个人都很容易被各种具体事务纠缠，从而忘记战略上的创新。所谓格局，就是不能将战术看作战略，不能将战役看作战争——想清楚这一点的，实在不多。猎豹移动从海外业务包抄360，仅仅四年时间就成就了一家数十亿美元的上市公司，这是傅盛在战略上的勤奋。

财务知识。

初刻是我的第一次创业，最欠缺的是财务知识。在初刻之前的财务知识训练非常少，最初半年我对财务数字和三表（损益表、现金流表、资产负债表）很不敏感，自然也不会通过财务报表来调整打法和节奏。创业之初，朋友就建议我“要有个好财务”，我没听进去，心里想的是“能把账记清楚不就行了”，事实证明我错了。

方法论。

做事有方法和是否形成方法论，这是两码事，就像创新意识和创新能力是两码事。方法论是对方法的总结、提炼和系统化，是在更高层面的指导，具有普适意义。雕爷能做好牛腩有无数种方法，而背后的方法论则是做品类品牌：将品牌与细分品类合一，就有了阿芙精油、雕爷牛腩、薛蟠烤串、小丑煎饼、皮娜鲍什下午茶、三体空气净化器等。方法论像哲学，像宗教，成体系，有系统，想清楚了就能放之四海皆准，内心平和，招招掷地有声。否则，很容易自乱阵脚。后面我们会谈到雷军的方法论。

至今很多人还在关心初刻的未来，除了感谢关注并无能力再去驾驭她的前程，顺其自然。最初那一刻的美好不会忘，梦想放在心底，未来的日子还长。

第四章　方法论：牛炸天的互联网思维

关于互联网思维的论述已经太多，也有很多人在神化它的威力。在我看来，互联网思维就是一套新的思维方式或方法论，每个人都可以有自己的理解。很多人试图下过很多版本的定义，最没有分歧的共同点是“以用户为中心”。

互联网思维的各种归纳很多，下面是比较有代表性的一种（By 和君咨询赵大伟）。

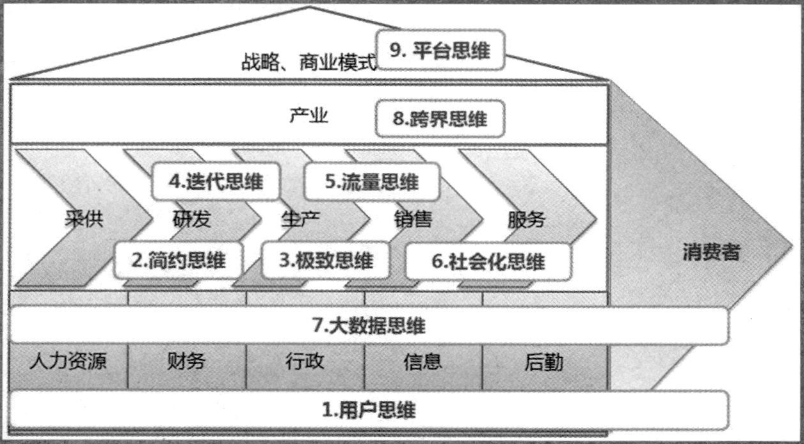

传统与互联网的界限已然模糊不清，互联网思维对任何业态都有其指导意义。跨界是趋势，特别是对于传统商业，用互联网思维的跨界改造会焕发新的生机。这个端倪在餐饮、家装、租车、洗车、家政、金融等诸多领域，已然开始显现。

1　消费环境的变化

在谈互联网思维对传统商业的影响之前，必须先看看消费环境在发生怎样的变化：商业所迎合或改变的，必然从用户需求而来（在做了几十年不同企业的口号之后，这句正确的废话近年才开始真正落地）。

消费者空前全能。

互联网出现之后，消费者有了更多的知情权与选择权，再加上便捷的网购平台，以及自媒体传播工具，消费者越来越成为全能选手。他们不仅会对商家的灌输进行解码，并根据个人学识进行整合，同时会通过微博等媒体传递出去。

曾经传统商家试图通过信息不对等来对消费者进行夸大宣传，在网民“云智商”的海量运算下无处遁形。电商是一个口碑生意，商家唯一能做的就是真正与消费者平等对话，赤裸相见，开诚布公。

表达空间空前自由。

随着互联网的普及，消费者获取资讯与表达意见的渠道日益自由。曾经的消费因物理地域的限制，很多商家凭借信息不对等就能做个轻松的生意，如今网络打破所有界限，资讯空前发达，世界变平。

随着论坛、微博、微信等新媒体应用的蓬勃，消费者表达意见的成本非常小，空间无比阔大，效率前所未有的提高。以微博为例，普通消费者若想向雷军反馈问题，只需 @ 雷军 即可完成，雷总私信开放，更可私密送达。

不仅通道直接，而且时间效率极高。

消费者个人化的自我充分表达成为可能，每个顾客都是不能得罪的，星星之火可燎原。更重要的是，消费者建立集体关联的需求也变得非常容易，正面或负面的口碑传播，都变得异常容易，特别是负面口碑天然具有自传播特征。

在社会化媒体之中，信息流和购物流正在空前融合，界限难分。这也给商家提出了新的课题，如何润物细无声地完成销售。像小米一样做公司自媒体的玩儿法，成为一种选择——赤裸裸的商业广告，越来越显得不合时宜。

互联网审美成为主流。

早期淘宝，大量城乡结合部审美的设计，但在淘宝流量红利的庇护之下，依然可以获得不错的业绩。如今，任何一个领域的竞争都是红海，精细化运营成为必需，审美设计能力也在其中。我对互联网审美的定义主要是两点：

> 1）以互联网开放平等对话为基础，主张“生活本身美”，反对过于精英化的形式。
> 2）要有“恶”趣味。特别对于新媒体传播，要能自黑自嘲，要放下身段与网民狂欢，要用网民所熟悉的术语进行对话等。

黄太吉、雕爷牛腩、罗永浩锤子手机，都是用独特的审美武装品牌及做营销的典范。

罗永浩 2014 年演讲的结尾，自黑的背后是自信，见下图。

要有性格。

这个人人不甘平庸的年代，有性格的品牌或企业最受欢迎。哪怕审丑，亦能成就一批名人。新浪微博 @ 留一手 是红人，以恶评网友照片闻名江湖，每天很多人主动发照片求虐求骂，你可以不理解，但得接受这是事实。各种用动物做吉祥物的互联网品牌，除了提高品牌辨识度之外，也是为了赋予冷冰冰的品牌以有性格的象征，比如京东的狗、天猫的猫、初语的小尼姑，都是如此。

曾经有家淘宝店，只要买家给了中、差评，店主一定给予文字上的反击。无数人蜂拥而至，不少网友为了慕名求一骂而来购物。流传最广的案例是店主回应一个连给三个中评却只写了两个字“一般”的买家，接近 500 个字的回应如下，风格很像 @ 留一手：

"你可以学四姑娘，穿着普拉达的小内内，做剧烈的娇喘状，并说：这个相架呀，比起我刚买的限量 LV 包包质量差太远了；你可以学阿娇，泪流满面，哭诉地说：从前的我，一直好傻好天真，以为卖家会给我一个五块五的绝世无双的好相架，没想到卖家好黄好暴力，伤透了俺的心；你可以学大话刘天王，一脸真诚地对大家说：我真的是单身，所以我才需要这个相架来纪念我的单身，没想到，质量太一般了……你够有面子了，两个字的评价，让我为你写了这么多。"

2 如何让产品尖叫

对于互联网思维特征的总结很多，以下两个颇具代表性：

> 1）重视用户、体验至上、简约理念、少即是多、创造参与感、快速迭代、协作平台、跨界创新、社会化参与。
> 2）用户心理与行为导向、品牌优先先入为主、杀手应用深度体验、种子用户黏度形成、口碑相传直到雪崩、开放创新产业协同。

每种定义都有其道理，核心是不变的，即以用户为中心。作为一种新的思维模式或方法论，互联网思维已经被小米手机、雕爷牛腩、黄太吉等成功验证。如果今天你还在质疑互联网思维的意义，就意味着与时代的脱节。

我认为以下两种场景都算是互联网思维的产物：基于互联网的出现而 1）新诞生或 2）被加强的思维方式。前者如电商的出现、借助新媒体的高效率传播与互动，后者如以用户为中心的体验、产品快速迭代、微创新、长尾市场的开拓等。互联网思维是对传统思维的复杂升级和加强，而非简单颠覆。

下面是黄太吉创始人赫畅认为的互联网思维核心，即改变成本结构。

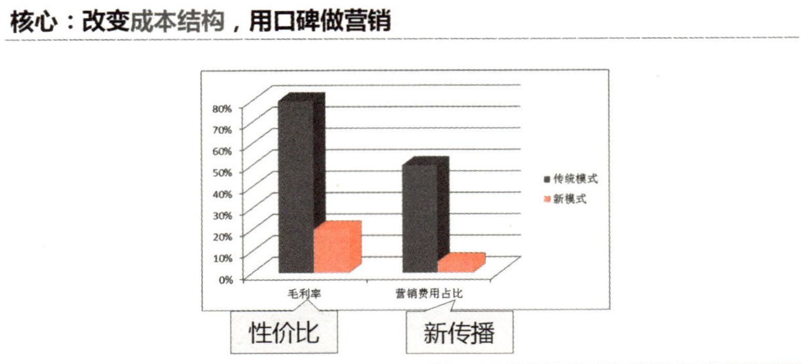

一切公司都会变成互联网公司。阿里总参谋长曾鸣曾在一个词演讲中说：**“审视一家企业在互联网时代中的生命力，有了更清晰的准绳：首先看它是否“在线”，各项业务流程中，多少项“在线”了，关键流程是否“在线”，这衡量的是企业的互联网化水平；然后看它多大程度完成了“互动”的理念，多大程度上能“遵照”用户的反馈来优化自身的产品和服务；最后，也是最关键的，要看这家企业有没有真正拥抱互联网创新带来的价值，看它在非业务线性流的其他节点上是否“联网”，是否与全网发生着互动与交换，并因此产生的新的流程和服务。”**貌似这是在谈互联网转型的必要性，其实也是在谈方法：对于传统企业来说，与其云里雾里的研究电子商务化，不如从商务电子化开始。都在说智能设备，看到一个简洁的定义，同时也是方法：智能设备，就是将产品数据化，以手机作为操作终端。

越来越多的传统行业正在被互联网所颠覆，曾经门槛最高的金融行业的壁垒也已被撬开（余额宝等）；从“以公司为中心”到“以用户为中心”，空前得到认可；粉丝参与的品牌打造是终极方向，借助互联网粉丝经济有了更多可能性。

这一切的核心必须围绕极致产品来进行，如何做尖叫的产品，我总结的方法如下：从用户需求的痛点出发，寻找能够产品化的爆点（有些痛点不能落地，比如房价很贵），结合可整合的内外部资源快速执行（羡慕小米很红，但你没有雷军的资源也不行），不断小步快跑、快速试错、迭代优化。如此循环往复，产品必然尖叫声越来越大：中国消费者被粗鲁对待久了，其实很容易被满足到受宠若惊。

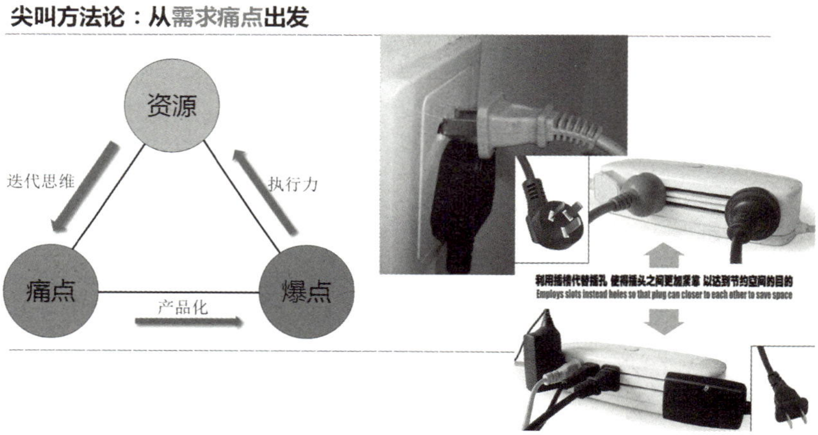

3 互联网思维的信徒们

接下来，我们看看哪些项目是对互联网思维的实践，他们都是互联网的信徒，而每个项目背后都有其所代表的商业模式创新或新方法——市场瞬息万变，了解幕后的游戏规则和方法论很重要。

代表互联网思维的产品有哪些？

每台亏1000元+生态链布局

69元发力山寨市场+国际化

小米电视与小米手机走的商业路径一样：海量出货之后的成本锐减，先亏钱再赚钱；视频内容分发赚钱。小米移动电源的意义：横扫山寨电源市场，后续还有插座、净化器、净水器等；移动电源的全球标准统一，比小米手机更容易国际化。

三里屯店铺+ 90后情趣

形式感+ShoppingMall轻奢

那个叫马佳佳的小姑娘这两年非常火，几乎不用介绍了；成人用品，美女，三里屯开店，给传统企业大佬洗脑演讲，绝对是眼球经济的大赢家。雕爷牛腩是互联网餐饮项目形式感的集大成者，没有之一；落座者为苍老师，其传播影响力你懂得。

咖啡馆氛围+加盟（火锅）

多30%润滑+单品突破

黄太吉，被人追捧也被人骂，我喜欢的是将中餐做成咖啡馆的氛围，很讨人喜欢。如果说煎饼果子不易标准化快速扩张，那么其“大黄疯”火锅店则很适合做加盟快速做大规模。大象安全套，90 后创始人，为同性恋多加入 30% 润滑，小米式单品突破，一出生就不缺乏注意力。

智能家居+创业门槛降低

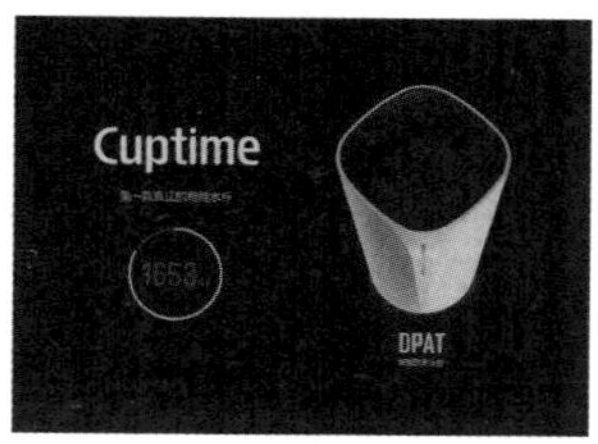

众筹预售136万+天使融资

众筹，成了商品预售的电商平台，好奇的人们总爱尝鲜。提前收钱，按订单调整生产节奏，做得好就相当于一笔天使规模的融资。三百多块钱的智能水杯，提醒你多喝水，设计体贴，功能有待丰富，比如测试水质或 pH 值。

众筹平台以智能产品居多，知名网站有京东众筹、点名时间、淘宝众筹、众筹网、追梦网等。

少农药+重现食物的美好

低姿态+阿芙式赠品营销

农大毕业、做乡土乡亲茶叶品牌的 @ 赵翼 跟我说，你每天都在喝农药，让我触目惊心。他们的坦诚在于不讲有机，不讲无农药（将自己标准和国标、欧标做对比），而是客观告诉你整个茶叶生产的全过程，还有老农详细个人信息及产品经理在田间地头整理的考察资料，让人信任。

雕爷几乎是红人级连环创业者，其发家的阿芙精油在赠品营销上下了巨大功夫，机器猫的各种神通卡他们都有，能变换出非常多的互动形式。为了测试同事买过一单，订了两瓶化妆品，送来四瓶，问客服，回答说那两瓶比正品还大的是赠品！右图是三只松鼠，坚果品牌，赠送了湿纸巾、垃圾袋、杯垫、手写信、封口夹、品牌小册子，你吃坚果要用到的，他们都想到了；而且客服还经常贱嗖嗖地说“主人，我错了，给你送货慢了”，想发脾气都不忍。

160万800万+魅力人格体+社群运营体

一个人的商学院+小而美

@罗振宇 口活儿好，学富五车，滔滔不绝，互联网脱口秀达人，做了《罗辑思维》。这哥们儿两次公开发起“求包养”，竟然收到1000万元粉丝包养费。而且，还不提供什么特殊服务，老罗说我的价值就是让气味相投的人走到一起形成社群，至于你们之间发生什么关系我不管。右图是@金错刀，资深媒体人，围绕“微创新”做培训，成了一个人的商学院；中欧商学院教授@李善友 最近也很火，几乎也可以看作是一个人的MBA了——有真手艺，就不需要人多。

情绪混合酒+设计感

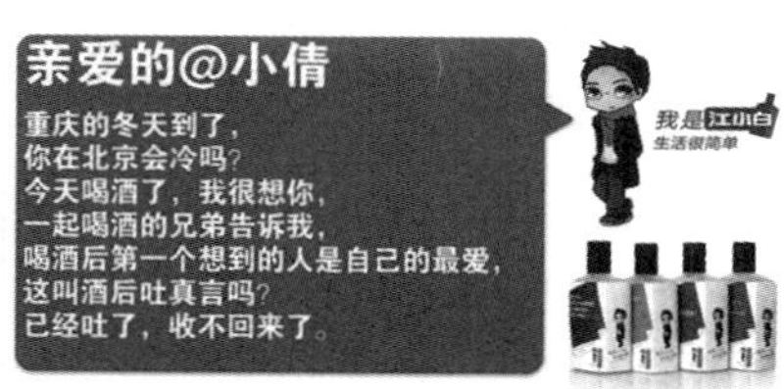

有态度的酒+90后

喝酒不就是买醉么，不喝醉那跟喝白水有什么区别呢？这是我的谬论，喝酒除了健康目的，更重要的是催化情绪。老外做了情绪混合酒，Anger还是Sad，总有一款适合你；江小白价格便宜，以各种典型喝酒场景来做推广，很适合屌丝年轻人。

Betabrand：Smart Fashion　　凡客：一件衬衫

BetaBrand，硅谷新晋时尚品牌，将科技与时尚融合，口号是Smart Fashion。典型产品是可以上班穿的正装白衬衫，具有吸湿排汗功能、后领有3D通风设计，同时适合下班骑车穿着；女士正装裤，下班可去练瑜伽，弹性足够好。凡客，在经历了大风大雨之后重新上路，高调推出一件衬衫：将小米极致单品思路用到服装行业，这是第一次，必须是互联网思维。

4　小米的秘密：产品即品牌

关于小米模式的研究分析文章，已然多如牛毛。雷军聚焦于布局做事，更多人聚焦于总结小米模式。

Community，建立社区，形成粉丝团；Beta，针对铁杆粉丝，进行小规模内测；Mass Production，进行大规模量产和预售；Connection，联结；Extension，扩展（生态）（By 黑马良驹）。

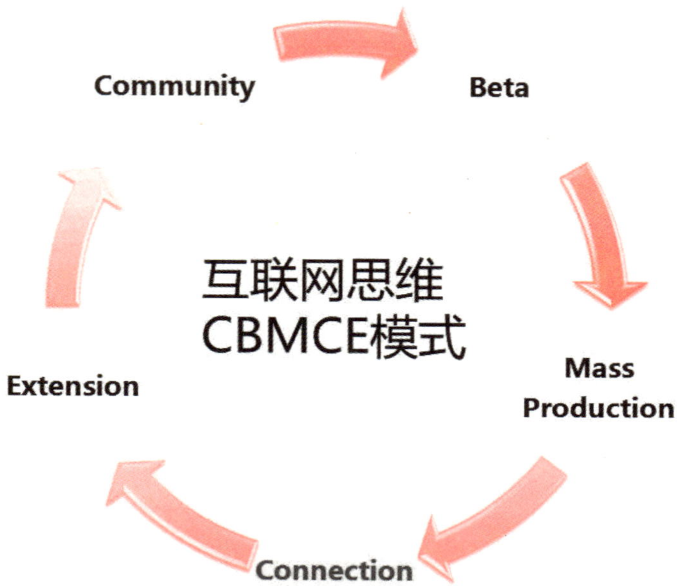

好吧，说说我眼中的小米。

话说 2007 年 12 月，感恩节前夕，雷军突然提出卸任金山软件 CEO 一职，之后的雷军成了著名的天使投资人，再之后他的又一次创业开始了。

2010 年 4 月，小米公司成立，8 月 16 日 MIUI 首个内测版推出；两年之后的 2012 年，小米手机总出货量达 719 万部，销售额 126 亿元；2013 年 1870 万部，销售额 316 亿元；2014 年预计销售 6500 万部，销售额 800 亿元；2015 年目标达 1.2 亿部，营收超千亿元人民币。

凭借狂飙突进的高速成长业绩，以及在单品突破、新媒体营销方面的创新，雷军成为中国最红的创业者，没有之一。这位 IT 劳模在打造小米过程中体现出来的全新打法，一度被业界戏称为雷军“重新刷了 ROM”。

对于小米“奇迹”背后，我认为关键点是三个：1. 一切以产品和用户体验为中心。2. 全产业链的生态矩阵布局。3. 雷军的管理方法论。第 2、3 部分后面讲，这一节只说 1。

互联网思维的核心是用户中心，小米从 MIUI 开始就一直贯彻这个理念。产品即品牌，这是小米最核心的方法论。

首先是痛点思维的运用。

找到并放大用户痛点（现实生活中简直太多了），将之产品化成产品爆点，激发消费者解决痛点的需求。就小米手机而言，速度快是第一需求，所有跑分基本都是围绕速度来进行的；然后是性价比（往往体现为低价），这在中国电商市场永远是最有效的卖点。

其次是做顶级配置的单品。

集中优势资源，只做少量单品，将其做到极致。不仅生产成本随着规模优势而降低，更重要的是让用户无选择焦虑，更容易决定购买。同时，也有机会借助顶配产品制造稀缺性，有意或无意的饥饿营销也就成为可能。

第三是迭代更新和用户参与感。

MIUI 开发版的迭代周期是以周为单位，每周五发布一个版本。MIUI 让用户参与产品设计的方式有两种，一种是每个开发版公布后都会随机发布调研问卷，让用户对新功能做评价；另一种是将消费意见社区化，通过小米论坛实时捕捉用户需求，让用户参与创造。这种参与感很像是歌手选秀节目，能够左右一个人的命运或一个产品的功能所带来的成就感与荣誉感，是无与伦比的。小米论坛通过积分等机制，对忠实用户辅以优先购买、1 元公测等特权，更加强化了全民参与的热情。

第四是粉丝经济与归属感。

2013 年 8 月小米 3 发布会，我在现场看到这样一个场景：很多学生蹲在地上，在往本子上盖各地粉丝会的印章，互相提醒着还有哪些章没有盖，并互相帮忙寻找。这让我想起去厦门鼓浪屿，很多游客在特色小店门口盖章的情景。小米打造粉丝经济的努力是全方位的：产品过硬是基础，新媒体互动必有响应，论坛与同城会加深感情。

每次小米发布会，各地民间粉丝团都会齐聚。

第五是用谈恋爱的心态做用户体验。

小米新媒体团队有四十多人，要求每个接触到用户问题的人必须负责到底，不能转给其他同事处理。他们能对微博上的用户意见在 15 分钟进行响应，在微信上也有专业客服团队对售前售后问题的处理（据说 3/4 可通过系统自动化处理，1/4 需要人工介入）。互联网是体验经济、服务经济，品牌的终极是信任。基于信任的品牌口碑一旦建立，卖什么东西都成为可能。

在一次内部分享会上，小米联合创始人黎万强曾介绍说，当初做 MIUI 时刻意提高了刷机门槛，目的是为了吸引极客粉丝，他们是有话语权的人。当 50 万极客种子用户积累完成，小米手机的推出就迅速通过口碑打开了市场。

品牌传播路径的改变。

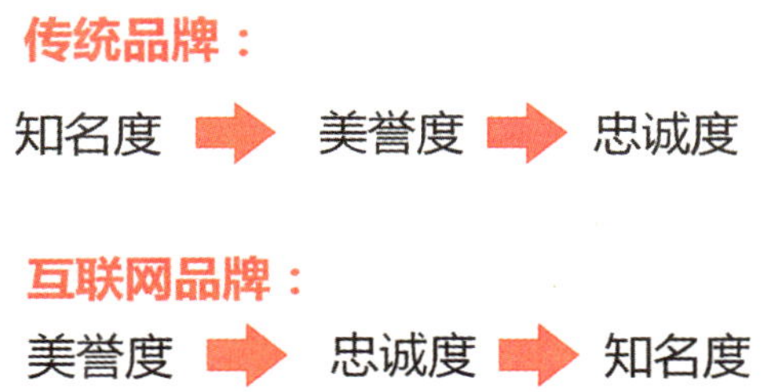

这是小米在营销上的创新，打破传统品牌传播从知名度、美誉度到忠诚度的线性发展，而是从美誉度入手（用好产品实现）随后忠诚度（用好服务实现），通过互联网快速口碑扩散成知名度。这也是黄太吉煎饼创始人赫畅所说：互联网思维改变了成本结构。

以电商直销及新媒体口碑传播降低营销成本，以高性价比顶配单品赢得用户，“产品即品牌”也就成为可能。

5 小米的秘密：生态体系

雷军将小米的产品模式概括为“软件 + 硬件 + 互联网”，即“铁人三项”。在这三项中，软件即操作系统，是唯一需要由小米独家控制的环节，而硬件、互联网都可以用“生态链”的方式实现。除了 MIUI 和部分核心硬件之外，小米最想做成一个移动互联网平台，这是最有想象力的生意模式。

雷军很清楚今天的互联网可以单点突破，但没有互为护城河的生态体系布局很难壮大。因此，雷军在每个环节都是在打组合拳，并通过小米和关联公司，以及顺为基金的投资项目，共同组成了一张生态网，既自成一体，又具备开放平台的格局去整合更多资源，最终目标显然是希望成为继 BAT 之后的第四支力量（最近两年 BAT 凭借超强资本实力加速圈地，通过投资或收购生态链上的好项目来实现）。

硬件产品组合拳。

小米手机，覆盖中低端人群；红米手机，覆盖低端人群；小米电源，清洗山寨电源，进入容量巨大的配件市场；小米路由，智能家居的入口；小米电视，布局客厅娱乐。据说，还在做空气净化器、插座、手环等新产品。在这个层面，小米越来越像一个生活方式品牌，日常生活中常用的 3C 数码产品基本都会逐步涉及，并以单品突破方式迅速引爆一个市场。

软件服务组合拳。

MIUI，目前看这是小米非常核心的竞争力；多看阅读，卡位移动阅读市场；小米互娱，以开放的手机游戏平台做娱乐生意。小米还通过投资或收购形式实现快速布局：麦外迪，商用 WiFi 领导者，使用 MIUI 用户可无须输入 WiFi 密码自动连接；迅雷，小米作为大股东，可借助其在下载、云播放、片源等领域的优势为用户提供更好的体验服务。

流量组合拳。

无论任何互联网项目，最终都是流量生意，小米几乎在不花一分钱的情况下实现了流量汇聚的组合。小米“饥饿营销”的直接结果是其脉冲式流量吸纳能力很强，手机硬件的销售就成为最重要的流量来源；而 MIUI 则凭借数千万装机量承载了大量的日常流量；微博、微信、Qzone、贴吧等新媒体，能够瞬间覆盖数千万用户；小平米论坛将所有站外流量集中起来，做站内黏度。

营收组合拳。

大家都知道小米手机硬件本身在价格大战的格局里很难赚钱，只是为了做用户规模。据了解小米在追求高速增长的圈地阶段仍然是盈利的，仅凭配件销售的利润就能养活整个公司。在雷军的产品布局里，配件带来的收入是米粉给小米的“小费”。这些“小费”数目并不小，据报道 2013 年小米网出售配件的收入超过 10 亿元。此外，还有小米应用市场和游戏中心，其成熟的广告与联运模式，可将小米生态系统所吸纳的流量快速变现。

媒体组合拳。

小米的新媒体营销的新打法，为业界津津乐道。用黎万强的总结就是：“微博拉新、论坛沉淀、微信客服。”微博的强传播性适合在大范围人群中做快速感染、传播，获取新的用户；论坛适合沉淀、持续维护式的内容运营，保持已有用户的活跃度；而微信则是一个超级客服平台。

粉丝组合拳。

谈到粉丝经济，最典型的案例是两个：一个是苹果，很难复制；另一个就是小米，已成为粉丝经济最可参照学习的典范。我将米粉分成三类：极客米粉、活跃米粉、跟风米粉。从做 MIUI 开始积累的极客粉丝，不仅早期参与 MIUI 及手机的设计，在后续的迭代更新中也成为很重要的参与者，对新产品有很强的建议能力。如果说极客粉丝更像“编外产品经理”，那么活跃粉丝则通过参与粉丝团的建设而获得了参与感的满足。无论是官方的“爆米花”同城会，还是各地粉丝团自己组织聚会，总会有很多活跃粉丝参与。大量的普通米粉主要在微博、论坛等媒体上跟风互动。或许还可以增加一类，黄牛米粉，虽然他们是为了赚钱，但在这过程中也为小米粉丝经济起到了推波助澜的作用。

投资组合拳。

小米有专门的部门在像各路 VC 一样找好项目，触觉敏感，最重要的原则是新项目要和小米生态能够起到相互加强的作用。投资迅雷，就是这个部门力推的一件事。

在投资布局方面，雷军做创始合伙人的顺为基金也是重要力量。目前的投资项目包括专注于移动零售服务商的耶客，做儿童教育的 Babybus，做中小学教育的一起作业网，做体感追踪技术的以色列公司 Pebbles Interface，做医药健康社会化媒体的丁香园等。能够看出，以上项目都与小米生态体系有紧密关联。

雷军天使投资的项目以及金山软件投资的关联公司，都正在成为小米生态的组成部分。前身是金山毒霸的猎豹移动在安全领域的四年厮杀成就了一个市值四十亿美元的公司，凡客在网购服装品牌当中仍是第一，UC 浏览器被阿里全资收购，从事游戏娱乐及在线教育的多玩已接近百亿元市值，金山游戏在这几年重新焕发生机有望分拆上市。

2014 年 12 月 5 日，金山软件发布公告，宣布其全资子公司成都互动娱乐与小米旗下投资公司金米、北京智谷等签订协议，合伙成立投资基金，规模为 2 亿元人民币，主要用于开展知识产权相关的投资活动。这是雷军在投资布局上第四支队伍。

雷军的生态布局或许是这样的：根基于移动互联网，以小米手机为核心，向机顶盒、电视、PAD、阅读器等更多智能硬件延伸；以小米网为平台，整合社会化媒体，借助小米之家的线下布局，形成流量导入、销售与服务 O2O 的电商闭环；通过各种软硬件入口，整合视频、音乐、游戏、教育、安全等产品与服务；从而构成庞大的“小米生态链”，互为护城河，彼此加强。

如此庞大的生态布局需要资源、人脉与时间的积累，这也是今天华为等手机厂商与小米进行单点 PK 时很难获胜的原因。

6 小米的秘密：雷军方法论

雷军是一个善于总结方法论的人，在金山时期就通过各种训练营、干训班来传授自己的经验。在打造小米以及改造金山过程中，雷军的方法论与管理体系更加成熟。

先说如何改造金山。从结果来看，2011 年 7 月雷军重返金山任董事长之后，其市值（香港主板）由 50 亿元增长到 300 亿元港币。对于改造金山的步骤，雷军曾自己做过详细的总结：包产到户、关停并转、放水养鱼、腾笼换鸟和筑巢引凤。

“包产到户，也就是外面看到的子公司概念，更重要的是决策权下放，让一线的指挥官指挥战争，让邹涛、葛珂、傅盛走到前台，他们不用每做一件事情都要打报告了，除了大战略决策需要跟我和集团 CEO 张宏江博士商量，其他的他们自己就可以决定。我们鼓励管理层去 MBO（管理层收购），也就是利益配套，在这样文化特点下激励发展。

到了第二个阶段，我开始对金山业务做梳理，把那几年扩张带来的问题进行重新聚焦，也就是关停并转，通过各种各样的机制进行处理了不少子业务、小业务，而且在几乎没有负面报道的情况下就完成这个波澜壮阔的改革，是一件很不容易的事情，同时也感谢这几年我们被边缘化，不关注给了我们机会去完成关停并转。

上面的事情做完了，接下来需要放水养鱼。原来我们很在乎财报，但后来我们跟投资者和股东沟通，我们需要让金山恢复活力，所以不能在意眼前的财报，而是要下决心加大投资，包括做好自己的产品以及投资并购。

我自己还有一个小小的遗憾，就是三个子公司业务都是十几年前做的，比如毒霸是 1997 年，游戏是 1995 年，WPS 是 1988 年，能不能做一个 2010 年以后的事情？所以集团决定再做一项新业务，我们选择了金山云，这招叫“腾笼换鸟”。至于为什么要投这个项目，因为云是未来核心，集团层面赌未来十年的，就是金山云。

我们还大力吸引人才，包括集团 CEO 张宏江、CFO 吴育强以及金山云各个层次的人才。这就是“筑巢引凤”。其实在过去一年里面，我们已经能够提供不亚于同行的薪酬，像张宏江愿意担任金山 CEO，都是大手笔地吸引人才，如果没有这样的气势我们怎么说服那么多人。”

尽管在 MBO 这件事上雷军着墨不多，但我认为这是最有杀伤力的金山改造杀手锏，没有之一，其背后是对人性的把握。就像毕胜曾对雷军评价：“他以前是朱熹，现在是王阳明。”朱熹讲客观唯心，存天理灭人欲；王阳明讲主观唯心，天理即人欲。MBO 给予管理者更多自主权，有机会直接参与拥有、运作及经营公司，能最大程度上激励团队积极性。

在小米这个项目上，雷军的心态更加开放。小米采用合伙人制，除雷军外还有六个创始人，都是股东。拥有金山软件、欢聚时代、猎豹移动及迅雷四家上市公司的雷军，深谙财散人聚的道理：据报道雷军个人目前持股比例不高，只有 30% 左右。

在团队组建之外的业务层面，雷军最常讲的方法论是七字诀：“专注、极致、口碑、快。”善于总结，打法有章可循，有体系，有信仰——这就是今天的雷军。

2007 年，我在写金山企业史时问雷军书名怎么取，雷军反问我：如何用一个词概括金山二十年？我没有答案，雷军说是“梦想”：金山是中关村最有梦想的公司。于是，书名最终定为《梦想金山》（写了这本书以及有一年半时间直接向雷总汇报的经历，一度是我职业生涯非常重要的背书和“吹牛”的资本，可见跟对老大是多么重要啊）。内心有梦想，这是雷军文人气质、书生意气的体现，做小米也是他真正实践梦想的平台——这一次终于顺应了内心。

听小米的朋友讲过一个雷军的设想，目前貌似没有实施，却是一个很好的凝聚员工的方式。内部成立了一个基金，每个员工都能入股，五年成熟之后大家按比例获得基金投资收益，若中间退出则按最低保底收益率（7%）赎回。不论这基金最终能否赚钱，投资“参与感”所带来的对公司的忠诚度会空前巨大——利益的捆绑是最有效的管理。

跟传统手机行业的人聊天，深刻感受到小米的确颠覆了一个行业。核心是一点，雷军开创了“硬件不赚钱”的互联网手机模式，让习惯了直接在硬件上赚差价的传统手机厂商无所适从。通俗讲，这是一种“羊毛出在猪身上”的盈利模式，需要靠生态组合而非单点去赚钱，这就需要厂商有更长的产品链来打组合拳，竞争难度自然更加惨烈，且需要很长时间的积累，需要更开放的心态——最后一点是传统企业基本不具备的。

总有人说小米会不会是昙花一现，我说不会，因为雷军方法论中有两点极其关键：击中人性根本的利益驱动，极致单品的高性价比。前者解决了团队组建及激励问题，人人都会为自己玩儿命；后者深度满足用户需求，至少在电子相关行业能屡试不爽。这两点不变，小米的根基就会非常稳健。

7 "饥渴营销"的秘密

小米最常被人诟病的是，饥渴营销。我认为这种营销方式分两个阶段：早期的确是货少，生产和品质爬坡需要时间，因此只能控制放货量；后期是在积累了一定经验值后，有意控制销售节奏，并在预约之外增加预售、开放销售等多种组合方式，以及做双 11 特供版等，以保证销售节奏，既能保持适当的饥渴度，又能与供应链生产周期相匹配。

与其说是饥渴营销，不如说小米在销售节奏的把控上的确高人一筹。在签约爱施德、天音等国代做线下销售之后，小米的线下销售又成为了新变奏曲的组成部分。基于对产品生命周期、渠道分配以及营销节奏的深刻理解，小米的波段性操盘思路基本上各手机品牌厂商都在学习，大致可分成六个关键节点。

小米产品在线下销售有超强的溢价能力，比如官网直销价是 1999 元，批发价 2050 元，线下零售价 2450 元，凭借溢价模式传统分销与零售渠道有利可图，又不影响线上直销的价格体系，至此线上线下互为托盘的联动模式初步建立。

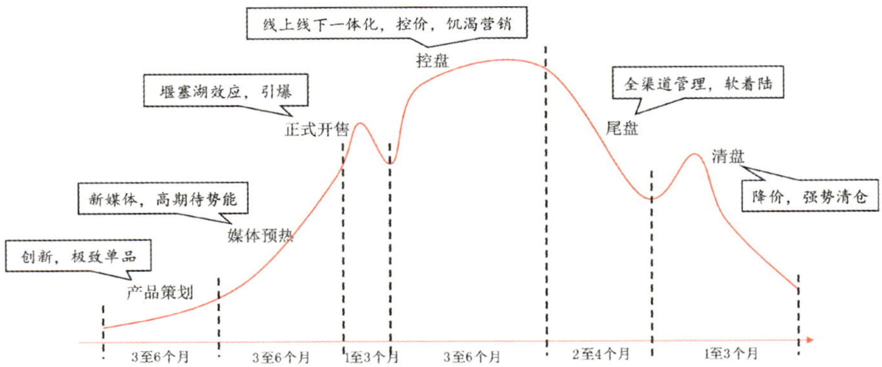

1. 产品策划。这个阶段基本上会在年度新品发布前后，就开始做下一代产品的策划研发了，近年普遍趋势是做极致顶配，减少款数，并做差异化创新（比如荣耀 6Plus 的后置双摄像头），营销策划及传播团队同时介入，参与卖点制造。考虑电商销售的特点，还需做特定版本的规划，比如 2014 年双 11 小米 4 推出的 1799 元定制版。

2. 媒体预热。以泄密、曝光、价格猜测、上市时间猜测等内容，不断营造热度、释放卖点，将用户期待值不断拉高。产品上市前，往往以一场大型发布会作为预热阶段的高潮。在乔布斯风格带动之下，国内手机厂商以小米雷军为代表，基本都是一个人的脱口秀，没有传统发布会浮华的形式。

3. 正式开售。媒体铺天盖地报道各种产品细节或吐槽之际，产品正式上市，堰塞湖爆发，第一批商品基本上都会瞬间抢购一空（即便没有抢完，官方也会主动停售，以制造一机难求的饥渴）。

4. 控盘。根据前期销售，供应链能力与销售节奏的匹配成为关键，既要保持饥渴营销的节奏感，避免价格快速下滑；又要保证商品的供给，以不错过销售机会。即使互联网手机品牌，也开始在线下大量铺货，某些品牌线下销售已经超过线上。这对其线下渠道的控价能力要求很高，小米一类强势品牌往往能溢价几百元甚至上千元进行销售——互联网造势能力越强，线下溢价空间越大，渠道不再是靠批零价差赚钱，而是靠溢价获取利润，这在传统手机分销时代是不存在的。线下护盘的作用很大，既能维持线上饥渴销售的波段性小高潮，同时又可大量通过线下出货，做大规模。

5. 尾盘。产品生命周期在经历了半年到一年时间后，消费者开始审美疲劳，竞品频出。这个阶段的全渠道管理核心是避免价格出现雪崩，在放货节奏上往往加以控制。

6. 清盘。厂商往往会做一轮大幅度降价，以更高性价比再拉一个销售小高潮出来。

一个产品的全波段操作难度很大，在任何一个环节的节奏失衡，都可能导致整个链条运转不畅，从而导致或预热势能不够销售疲软，或渠道价格混乱失控，或是尾盘库存过多。期间太多不确定性，比如华为Mate7上市之后，其高配版3699元竟能溢价两千元销售，核心原因除了产品本身品质之外，三星在高端机市场的快速下滑让出了市场空间，这是难以事先预料的。

8　参与感三三法则

黎万强是小米的联合创始人，也是我在金山软件的同事。2004年我到金山做无线业务时候，就认识了阿黎。那时他在负责KOL（Kingsoft Online）部门，负责公司网站的运营管理。2006年，我再回到金山的时候，他开始做金山词霸，打交道更多一些，因为我的处女座特性决定了会经常给词霸提问题。

阿黎给我印象最深的是两点，一是产品的交互体验做得很好，二是内部管理的企业文化做得很棒。这两点在小米期间也都得到了充分体现，而且还随着小米的升级把自己ROM也重新刷了：在新媒体环境下的市场营销方面，不仅有高大上的方法论，而且落地执行也非常强悍。小米在整个互联网营销上的典范意义无须赘言，阿黎是关键操盘人。

套近乎完毕。谈我眼中的三个小米之前，先简单看一下阿黎对小米经验的总结。在他撰写的畅销书《参与感》中，我以为最核心的是“参与感三三法则”，这算是小米营销操盘人对其打法的总结，必须参考。

> 构建参与感，就是把做产品做服务做品牌做销售的过程开放，

让用户参与进来，建立一个可触碰、可拥有，和用户共同成长的品牌！我总结有三个战略和三个战术，内部称为“参与感三三法则”。

三个战略：做爆品，做粉丝，做自媒体。

三个战术：开放参与节点，设计互动方式，扩散口碑事件。

“做爆品”是产品战略。产品规划某个阶段要有魄力只做一个，要做就要做到这个品类的市场第一。产品线不聚焦难以形成规模效应，资源太分散会导致参与感难于展开。

“做粉丝”是用户战略。参与感能扩散的背后是“信任背书”，是弱用户关系向更好信任度的强用户关系进化，粉丝文化首先让员工成为产品品牌的粉丝，其次要让用户获益。功能、信息共享是最初步的利益激励，所以我们常说“吐槽也是一种参与”，其次是荣誉和利益，只有对企业和用户双方获益的参与感才可持续！

“做自媒体”是内容战略。互联网的去中心化已消灭了权威，也消灭了信息不对称，做自媒体是让企业自己成为互联网的信息节点，让信息流速更快，信息传播结构扁平化，内部组织结构也要配套扁平化。鼓励引导每个员工每个用户都成为“产品的代言人”。做内容运营建议要遵循“有用、情感和互动”的思路，只发有用的信息，避免信息过载，每个信息都要有个性化的情感输出，要引导用户来进一步参与互动，分享扩散。

“开放参与节点”把做产品做服务做品牌做销售的过程开放，筛选出对企业和用户双方获益的节点，双方获益的参与互动才可持续。开放的节点应该是基于功能需求，越是刚需参与人越多。

“设计互动方式”根据开放的节点进行相应设计，互动建议遵循“简单、获益、有趣和真实”的设计思路，把互动方式要像做产品一样持续改进。2014 年春节爆发的“微信红包”活动就是极好的互动设计案例，大家可以抢红包获益，有趣而且很简单。

“扩散口碑事件”先筛选出第一批对产品最大的认同者，小范围发酵参与感，把基于互动产生的内容做成话题做成可传播的事件，让口碑产生裂变，影响十万人百万人更多地参与，同时也放大了已参与用户的成就感，让参与感形成螺旋扩散的风暴效应！

扩散的途径，一般有两种，一是在开放的产品内部就植入了鼓励让用户分享的机制，类似2013年现象级的休闲游戏“疯狂猜图”和“找你妹”就做得非常好，每天都有几十万条信息是从产品里简单就分享到微博微信等社会化媒体里；二是官方从和用户互动的过程中，发现话题来做专题的深度事件传播。

9 社会化传播的逻辑

社会化营销已经成为一个热门词汇，几乎每个互联网品牌都想借助新媒体获得用户的青睐。曾经在2010年风靡一时的“凡客体”是社会化传播的典型案例，核心是用户深度参与内容创造的病毒式传播。

而小米的社会化传播则使用了一套全新的逻辑，一句话总结就是：利用微博、微信等新媒体，做社会化CRM。特殊的是，这个CRM系统中不仅有老用户，更多是潜在新用户。

1）内容，有温度。

黎万强说：“在碎片化的移动互联网时代，每个公司都应该迅速转型做自媒体。”做自媒体的核心，我认为是有温度的内容，要有能够真实、坦诚与用户沟通的心态。在信息空前对等的互联网媒介中，口碑传播成为最重要的营销方式，核心还是好内容。

好内容的标准，无非两种：有用或有趣。前者是知乎、果壳、心灵鸡汤，后者是娱乐、八卦、段子。对于企业的社会化传播来讲，最建议做的是将商业内容趣味化。比如小米手机为了传达包装盒结实这个细节，就发动粉丝参与两个胖子站在盒子上的PS活动，内容很商业，形式很有趣。

小米盒子兄弟PS活动，左为原图，右为网友作品。

将用心做产品的过程，通过感性的图文视频方式呈现，就是最好的传播素材。只要认真挖掘，可以有很多故事可讲，让用户潜移默化感受到一个品牌的努力态度。

2）话题，有争议。

每个做新媒体传播的人，都希望做事件、做话题，都希望复制“凡客体”，但这又是最难的课题。在2010年之后，所有模仿凡客体的品牌，只有聚美优品是唯一的成功者。在帅哥CEO陈鸥和“少妇杀手”韩庚的联袂带动下，“我为自己代言”一度被恶搞成了“我为自己带盐”，话题热度持续数周。

CEO是企业最好的代言人。

凡客在推300支衬衫时，也将话题主战场选在了微博。300支面料的选择，迅速被业内人士所抨击——在全球可量产的高支面料中，300支就是顶级，且国内很少有工厂能做；因此，很多人质疑凡客到底能否做出300支衬衫。在争议性的热烈讨论中，以话题带动传播的目的已经达到。此类例子不胜枚举，无争议，不话题。

3）细节，微创新。

并非每个产品都具有颠覆性创新，因而通过细节层面的微创新努力就成为最具可操作性的卖点挖掘方式。以凡客爆款产品为例，深挖原产地与生产过程是最重要的创新内容来源。重点是围绕原料、工艺难点、利益点进行最细节层面的挖掘，并适度与同行进行对比，突出传递深入一线做好产品的用心与努力。

为做好一件白衬衫，陈年数次带队到日本和越南工厂，现场照片与视频通过微博直播呈现给用户，自然会成为一个好产品的有效背书。

此外，针对传播素材的创新也很关键，无论是文案、设计、排版、字体等，都要在经过一次次不同方案的比较之后，才能找到最佳选择。

4）互动，参与感。

参与感的重要性，已经被小米教育得差不多了，无须赘言。参与感有很多种，产品的参与，管理的参与，服务的参与等，这里只谈谈如何营造营销的参与感。

首先是内容要“接地气”。传统营销往往是高大上的，将品牌立于一个有光环的制高点，下面是欢呼雀跃的芸芸众生，这种膜拜式品牌包装方式在互联网时代完全失灵。今天我们要提供的是放下身段、接地气地与消费者平等对话，因此在内容上就要有人情味、有亲和力、不装。比如小米手机青春版推出时所做的海报，内容很容易唤醒无数人的青春记忆。

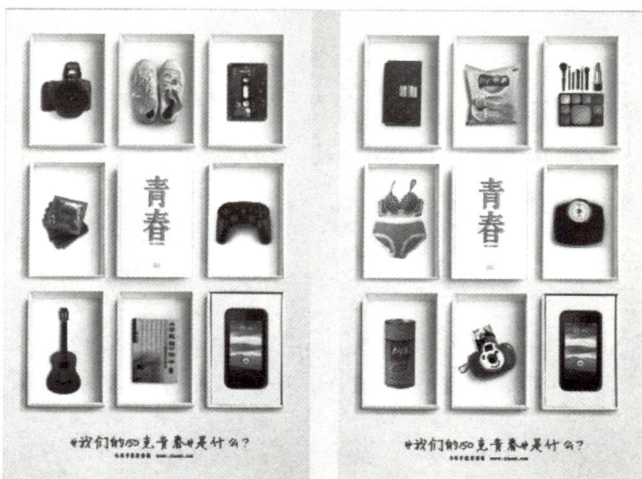

比如凡客为了将冲锋衣的风雨透湿特性表现得真实可信，让CEO陈年亲自前往工厂的气象实验室，在狂风暴雨的模拟环境中实测冲锋衣的表现，全程用视频、照片记录下来，非常具有说服力。

其次是互动。同样是凡客冲锋衣，在做气象实验之前，在微博上征集了四名热心粉丝全程参与现场活动。真实用户的亲历见证，要比官方的记录更有可信度。从粉丝征集到名单公布，再到飞赴现场的亲眼所见，并通过他们的方式讲述出来，这就是最完整的一次互动。曾鸣在讲互联网对传统企业的意义时提到：互联网 = 在线 + 互动 + 联网。

陈年到东丽实验室测试冲锋衣防雨效果，微博征集多名网友到现场参与。

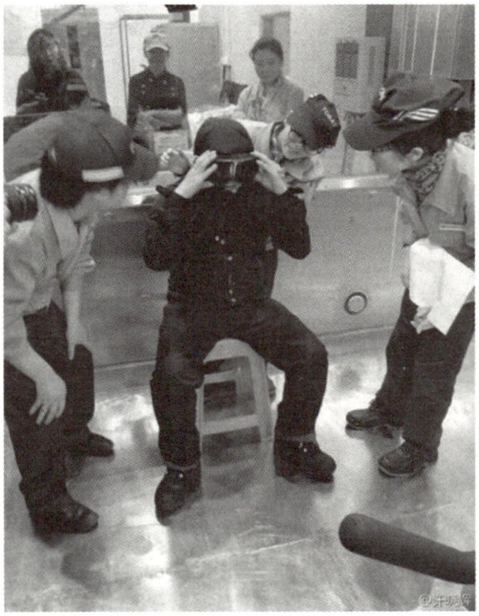

没有双向互动的活动，就又回到了传统媒体时代。在微博上不断赠送各种产品给顾客试穿评测，这是凡客在与顾客互动诸多方式当中用得最多的一种。至于话题互动、线下互动等，都是在这个逻辑上展开的——互动体现的是平等对话的公平，是把对方当回事的尊重。

5）传播，有节奏。

小米预热一款新品的时间一般超过半年，从最初谍照到卖点逐一释放，波段起伏，小高潮不断，直到用户对新品无比期待、欲罢不能，最后公布一个极有杀伤力的价格，于是排号购买的盛况就水到渠成。

雷军在微博上预热小米空气净化器，关注者众，最终定价 899 元。

为了达到顺势而为的堰塞湖效应，传播时间表的系统规划就非常重要。对于通常传播来讲，提前 1 ~ 2 个月预热是必要的，期间要有节奏地对产品或事件进行全方位立体包装，将用户渴望拥有的心理势能不断拉高，持续累积，这样才能达到产品正式上市的瞬间爆发。当然这种波段性传播的前提是，产品要具有足够制高点、爆点充分。

6）口碑，要放大。

口碑和口碑传播是两码事，前者是素材、基础，后者是放大手段。

若品牌或产品本身具有粉丝效应，还可通过针对粉丝的内测、公测等方式做证言式传播，这是最容易操作的口碑传播素材。若能找到雷军、李开复、韩寒等有影响力的精英作为口碑传播节点，更能迅速扩大影响力。

尚雯婕分享小米路由器，转发量接近 2 万。

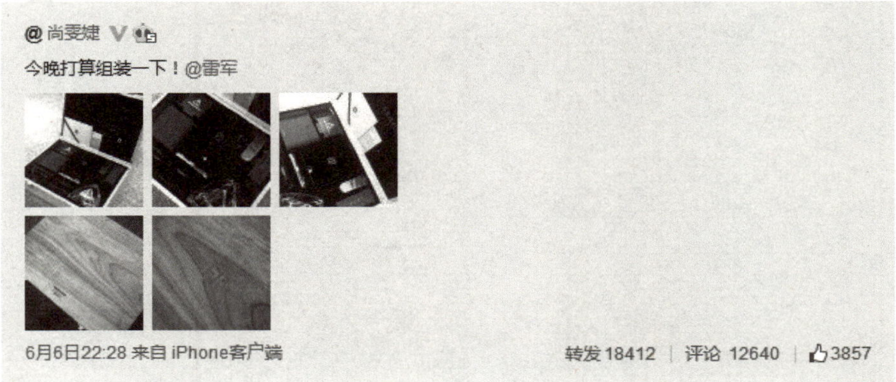

大 V 传播固然重要，但往往有官方操作的痕迹。于是，粉丝的口碑素材就显得更加真实可信和日常化。吸引粉丝晒单是最常用的传播方式，黄太吉在门店里放置各种拍摄道具，初刻在包裹里赠送折纸教程或手写信，目的都是为了让用户拍照到微博或朋友圈晒图（给顾客一个晒单的理由），官方账号再做转发放大，形成口碑传播。

纸张类印刷品最适合做赠品，成本低，变化多。初刻做过笔记本、明信片，折纸做过飞机、小船、青蛙等多个版本，六一时收到的朋友说：仿佛回到了童年。

7）账号矩阵，精准覆盖。

此前已提到小米在新媒体组合上矩阵布局：微博做传播，微信做客服，论坛做沉淀。仅仅是微博传播，也需要各种账号来组合传播、联动呼应。

一般来讲需要有以下几类账号组成传播基础网络：官方微博、股东、创始人、核心骨干（如产品经理、客服经理等）、产品或服务子账号。官微是使用最多的账号，其商业属性也相对较强，一般用来发官方正式消息、有奖互动活动等，做得好的官微也可以具备独特的个性，比如杜蕾斯、可口可乐等；股东微博，适合在重大事件上请来捧个场，算是资本层面的助威；创始人微博，是必须要好好经营的，因其真人属性，比官微更鲜活、有趣，也更有可信度——罗振宇所谓“魅力人个体”是新品牌必备属性之一；产品账号，可以讲得更专业，可以产品经理的风格相契合；服务账号，做好及时响应就好了，如果能做到有个性就更加完美。

小米微博矩阵中，创始人微博 9 个，公司微博 21 个。

账号矩阵的意义就像是打群架，要的是在传播上相互帮衬，用不同个性吸引不同用户。小米的账号矩阵就非常清晰，一旦有新品发布之类重大事件，小米各类账号的发帖就几乎可以刷屏了，自然可以带来巨大的影响力。

8）覆盖，精准与海量。

DSP 时代，所有投放与传播都强调精准，每个企业都希望不再买广告位置，而是买人群，通过大数据标记用户之后做定向跟踪投放。但是，这一切都太理想了。首先，大数据在中国基本都是各大平台私有，轻易不会拿出来共享，能用于定向的用户占比可能只有不到 10%；其次，愿意做定向的媒体资源往往是剩余流量，质量不高；最后，除了要 ROI，规模也很重要。

新媒体传播过程也是同理：1. 我认同精准的意义，比如在微博上一个有影响的大 V 比几万个普通粉丝的传播更重要，这是节点的意义。2. 即使 @ 徐小平跟你互粉，也不能指望徐老师每次都能转发你的微博，节点的意义只能偶尔体现。3. 还是要有海量覆盖，在微博就是大量直接关注你的粉丝，他们的转发覆盖半径虽然短，但却是最容易引导的。

比如小米，借助新媒体传播的即时性特点，拥有数千万粉丝的小米新媒体账号矩阵可瞬间将消息推送出去，所能带来的曝光和流量都是巨大的。因此，小米可以不用投放线上广告就能吸纳海量流量。

9）服务，必有响应。

念念不忘，必有回响。所谓互动，是必须有来有回的双向传递。小米在微博的服务标准是，要在 15 分钟内对私信、转发或评论内的有效请求做出响应。

特别是微博上的投诉，要及时处理，避免扩散。而微信更适合充当客服的角色，互动机制可以是一对一的，不容易扩散。

10）系统，自动与智能。

内容。原创内容是最好的，也可通过时光机之类工具软件检索符合需求的内容。

监测。这类软件很多，也相对成熟，监测逻辑大同小异。就微博而言，传播路径分析、粉丝质量评估、账号质量评估是最基本的功能。比如 @ 知微 @ 独到等。

传播。能对传播进行自动化甚至智能化处理的系统，几乎没什么靠谱的。主要原因在于各新媒体平台不开放接口，避免对用户造成骚扰，影响体验。

11）微博还是微信。

这部分算是额外加上的，因为今天有个朋友问我：人手有限是应该先做微博还是微信？

这个问题的答案没有对错，只有可投入的资源和目标能否匹配的问题。

这个朋友公司的情况是：移动互联网项目，初创期，公关 3 人，技术开发重点做 APP，策划能力一般。于是，我给出的药方是：重点突破微博，暂时搁置微信。我思考的逻辑是这样的：

1. 初创期的项目，推广的核心，知名度的扩散，转化率之类的美誉度、忠诚度则要靠产品和服务说话。这是企业初期最重要的事情。

2. 微博。转发的机制适合快速扩散消息，这是微信所不具备的。微博商业化很多年，成熟度和对商业信息的容忍度都很高，适合通过做有奖活动等快速拉高粉丝数量，从策划和工具角度，可借鉴使用的方式成熟。微博是媒体属性，新浪也是媒体基因，重大新闻事件的传播，微博仍然是最具影响力的社会化媒体，没有之一。

3. 微信。适合点对点沟通，适合做客服，可以做 CRM，可以做销售。但快速扩散通道有限，主要两种：自媒体大号，朋友圈。前者需要好的内容，后者需要优秀的互动策划，多需要技术支持。微信官方为用户体验考虑，比较排斥商业信息的蔓延。如果是将微信服务号做成轻量 APP，这就是另外一个话题了，与信息扩散无关。随着微店、口袋通等产品的日益成熟，以及微店买家版的推出，微信的电商属性也在加强，未来或许有机会成为社会化电商的淘宝。

4. 至于贴吧、Qzone、微视、人人网等，若无精力偶尔维护下即可。小米在几乎所有新媒体渠道上都下了很大的功夫，值得学习，模仿请量力而行。

无论使用哪种媒介，最重要的还是内容策划，媒体只是手段和扩散通路，不能本末倒置。

10 传播效果如何评估

从2004年开始接触媒体传播，彼时平媒还是主流，工作套路也比现在简单：每周找选题写稿，给稿费平媒发稿，找第三方公司定期做个剪报，不像现在老板都自己玩儿微博了；重大事件开个高大上的发布会（通常用冰雕、辉光球做个启动仪式结束），不像现在都是秀PPT和演讲；年度搞个答谢聚会，邀请记者到郊区度假村吃喝玩乐，不像现在都出国游了，东南亚都显得Low；平时过节送点儿礼、日常吃个饭，圈子很小，大家都很熟，彼此互助（经常还能贡献选题给记者或做个线人透露紧俏消息）；难搞的媒体，投点广告，交点儿保护费，也就相安无事、歌舞升平。

自从新媒体风行、手机普及，舆论环境也愈发复杂，只能顺势做传播。产品即品牌的时代，传播也是内容为王。因此，必须要有好的创意、策划，以好内容驱动粉丝自发传播，这是最有效的公关手段。

老板还是会像十年前一样问：传播效果怎么评估？这个问题复杂到难以准确回答，毕竟传播的效果更在于品牌，很难量化捕捉其优劣。总还是要正视问题，我试着总结一下个人理解。

1. 传统媒体。依然是互联网时代最重要的新闻源，其深度非网媒能比。因此，平媒的发稿数量与质量是可以评估的。说数量，发布五家媒体比一家有意义，千字文肯定比豆腐块更有意义，毕竟编辑也不会天天放水给枪稿；说质量，《三联生活周刊》比报纸更重要，头版头条比广告版里的角落更重要。

2. 网媒。门户再衰落，各门综合与垂直门户依然是网媒核心阵地。在平媒大稿发布之后以网媒做二次扩散，是非常重要的传播路径。这部分的数量评估，百度新闻的收录量可做参考，如果连货架无限的网媒都不愿给你一个 URL，就不必谈效果了。至于质量评估，两个指标：在各网站首页或频道页一二三屏出现的位置，被用户转发到新媒体的数量。

3. 新媒体。两个战场，微博和微信。企业基本都要做个官微，粉丝数和转发量、评论数是关键指标。即便有水军僵尸粉这件事，粉丝数也是要做大的，真假是一个人气的体现。当然有第三方工具去评估真粉数量，新浪官方更清楚但不会告诉你，有关系是另外一回事。有人会反驳，节点比粉丝数量重要，这句话的意思是 10 个大 V 比 1000 个脑残粉重要，这个问题太复杂：10 个大 V 可能常年不互动，而粉丝则可能会参与活动常购物。所以，还是不讨论这个话题了。转发量，也能作弊，但不能因噎废食。还有一个阅读数，这是微信传播最直接的参考数字，每篇文章都有阅读量，最最关键的是，这是官方提供真实数字（我相信没兑水）。

百度指数。这是一个好东西，传播有效果，必然会体现在品牌词及相关词的搜索上，百度指数功能已经很强大，可以按照 PC 流量、手机流量、关联搜索、用户属性等各种维度提供趋势参考。

百度指数，可以客观反映基于品牌词的搜索热度。

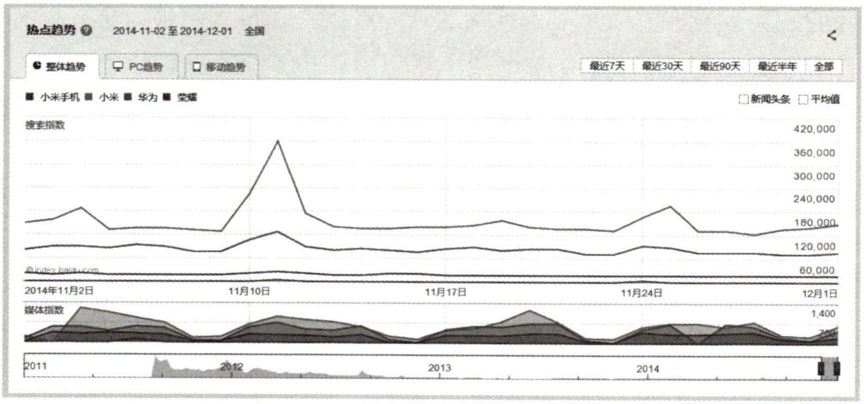

以上工具基本够使了，如果还不满足，那就主观判断吧，好的传播总能让人感受到。

11 互联网品牌打造的七个密码

做了很多年品牌，看了很多书，越看越困惑：因为大部分品牌书是老外写的，发现并不适合中国的国情。品牌打造的模型有很多，比如这个奥美的360度，结构清楚，虽然看上去比较复杂。

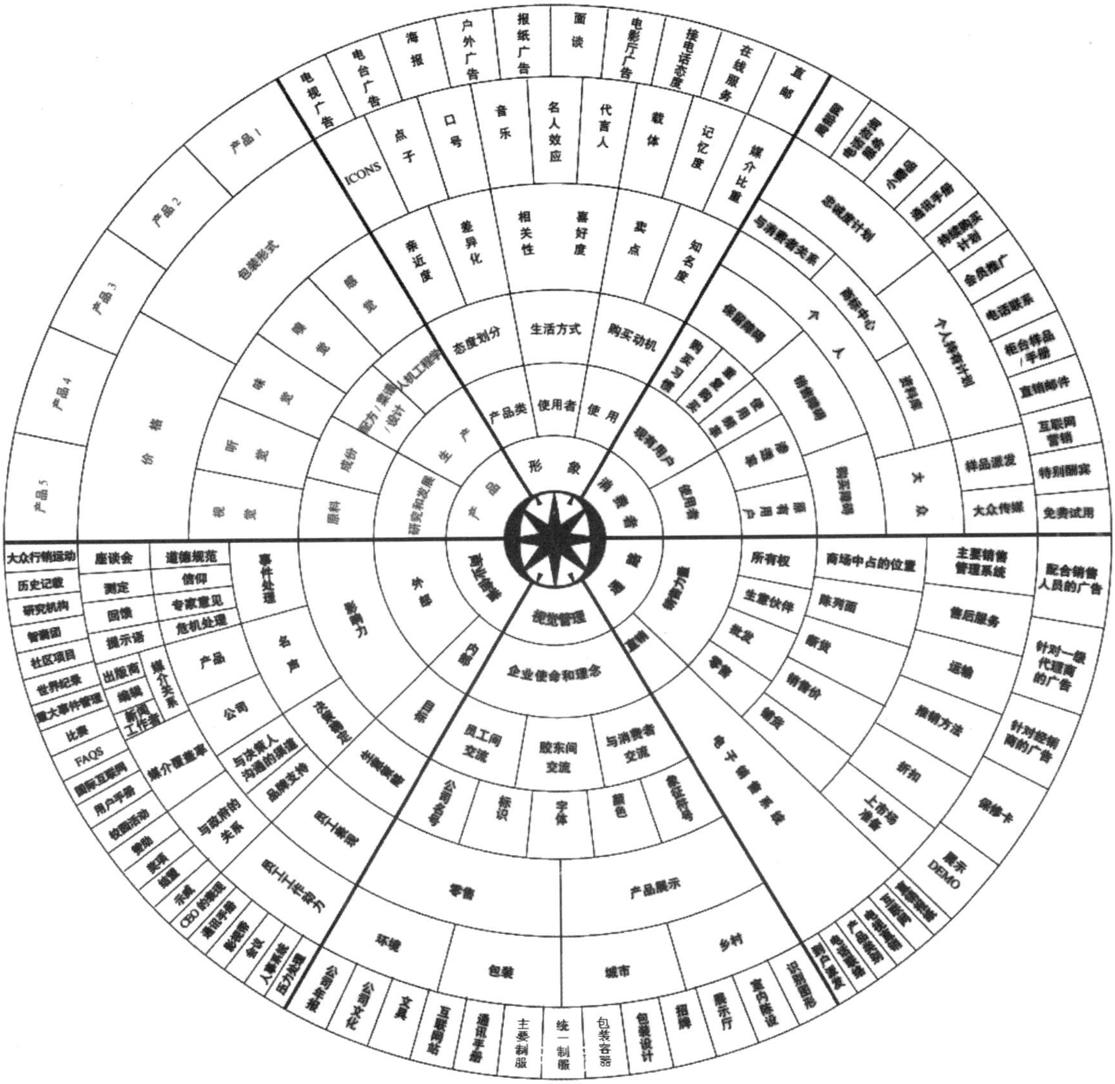
电视广告
电台广告
海报
户外广告
报纸广告
面谈
电影厅广告
接电话态度
在线服务
直邮
ICONS
点子
口号
音乐
名人效应
代言人
载体
记忆度
媒介比重
亲近度
差异化
相关性
喜好度
卖点
知名度
态度划分
生活方式
购买动机
产品类
使用者
使用
形象
产品
研究和发展
现有用户
使用者
忠诚度计划
与消费者关系
个人
大众
小赠品
通讯手册
持续购买计划
会员推广
电话联系
柜台样品/手册
直销邮件
互联网营销
样品派发
特别酬宾
大众传媒
免费试用
个人持续计划
产品1
产品2
产品3
产品4
产品5
包装形式
价格
听觉
视觉
原料
成份
所有权
商场中占的位置
主要销售管理系统
配合销售人员的广告
生意伙伴
陈列面
售后服务
批发
新货
针对一级代理商的广告
零售
销售价
运输
促销方法
针对经销商的广告
折扣
上市场准备
保修卡
展示DEMO
电子销售系统
视觉管理
企业使命和理念
员工间交流
股东间交流
与消费者交流
标识
字体
颜色
零售
产品展示
环境
包装
城市
乡村
公司文化
文具
互联网站
通讯手册
主要制服
统一制服
包装容器
包装设计
招牌
展示厅
室内陈设
外部
影响力
名声
产品
公司
与决策人沟通的渠道
品牌支持
与政府的关系
事件处理
大众行销运动
历史记载
研究机构
智囊团
社区项目
世界纪录
重大事件管理
比赛
FAQS
国际互联网
用户手册
校园活动
赞助
奖项
示威
CEO的演讲
通讯手册
影响带
会议
人事系统
压力处理
座谈会
测定
回馈
提示语
出版商
编辑
新闻工作者
媒介关系
道德规范
信仰
专家意见
危机处理
媒介覆盖率

后来我发现一个老外的书写得不错，叫《品牌密码》，逻辑简单清晰，不搞品牌神秘主义，书中提到的七个密码分别是：创业历史（CreationStory）、信条（Creed）、徽记象征（Icon）、仪式（Rituals）、对立阵营（Nonbelievers）、神奇术语（ScaredWords）、领导者（Leadership）。一目了然，一看就懂。

1）创业历史

每个企业，任何阶段，都需要对顾客讲述历史，其根本意义在于：通过企业历史的讲述，使得人们对公司和品牌产生信赖和崇敬，并最终萌生一种信任。

这里有两个要点：创业故事一定要引人入胜，要不断重复。重复的意义很重要，勒庞在《乌合之众》中说“重复，断言和传染”是领袖说服、动员群体的重要手段，“得到断言的事情，是通过不断重复才在头脑中生根的，并且这种方式最终能够使人把它当作得到证实的真理接受下来。”之后就可以凭借“传染”形成流行意见，从而让更多人接受某些意见和感情模式。虽然商业与政治不同，而传播逻辑则有异曲同工之处。

很多品牌故事被津津乐道，成为了品牌传播的重要组成部分。比如马云在洗手间就搞定了孙正义 8000 万美元（画面感太强了），星巴克创始人舒尔茨最初想融资 100 万美元被 200 多个人拒绝，小米手机的奇迹崛起等。这些故事讲述创业者的执着与传奇，从而潜移默化中传递了品牌精神。

在讲述企业历史时，互联网品牌和传统品牌会有区别：1）前者更强调发展速度的快、融资的传奇、创始人的个人魅力、行业大势的敏锐捕捉、用户中心的互联网思维等；而后者则更多讲述历史的悠久、历程艰辛的苦大仇深、文化的稳重；2）前者更强调真实、不装，网民“云智商”不可挑战，后者往往要把自己包装得财大气粗、高高在上；3）前者更愿与顾客平等对话，以互动参与作为常识性沟通手段，后者往往靠代言人、电视广告等推送一个品牌的光环，试图描绘高大上的远景。

显然，在今天这个高速发展与焦虑的时代，互联网品牌故事更轻盈的讲述方式，更容易俘获年轻网民的芳心。

2）信条

谈到企业品牌或文化，通常会讲到以下三原则：愿景（Vision）、使命（Mission）、价值观（Values）。信条即相当于这其中的“使命”，其定义就是：你信仰什么，你希望别人相信你什么，你的使命是什么。

而且，你要用一句话把使命讲明白，这一句话基本就是品牌 Slogan，是广告语。比如宝洁“让我们生活得更美好”、美特斯·邦威“不走寻常路”、Disney“给人们带来欢乐”、Google“不作恶”、阿里巴巴“让天下没有难做的生意”、小米“让每个人都能享受科技的乐趣”，初刻当年的信条是“发现日常生活之美”。

信条的意义相当于信仰，让消费者在品牌上找到精神归属，这是一个品牌打造的至高境界。传统企业往往用明星、电视广告等方式，简单粗暴地推动一个信条的快速传播，而互联网品牌则更强调以网络新媒体为载体，关于草根，重视顾客的互动参与，全方位而非单一形式的贯彻信念。

3）徽记象征

最典型的，说到苹果手机，每个人都会想到那个被咬了一口的苹果。除了直观形象，苹果意象还会带来很多联想：牛顿的苹果，伊甸园智慧之果，残缺美。再比如耐克那一道飞驰的闪电徽记、可口可乐的包装设计，都是经典的品牌视觉设计。

徽记象征，就是能够集中体现产品或服务、使人一接触就能联想到品牌价值的东西。最简单的徽记象征是品牌 Logo，但不局限于此。事实上，一切都可以成为徽记象征：QQ 的敲门声，亚马逊包装盒上的笑脸，Apple 的白颜色，川菜的麻辣，天猫的那只猫，京东的那只狗。

若要对比互联网品牌与传统品牌，根本上并无多大差别，只是互联网品牌的 Logo 设计要更简洁、更形象、更有亲和力。

4）仪式

重点来了，这是七个密码当中我认为最重要的一点，特别是对于互联网品牌。

传统是仪式是指按照程序进行的礼节，这里的仪式是指顾客与品牌间相互影响、相互作用的行为或过程，它包括很多接触点，目标是提高客户的消费体验。

是自己煮咖啡，还是到星巴克？这两者的仪式感明显不同，前者的乐趣在于自己动手的成就感，后者的重点在于到星巴克体会另一种生活方式。在咖啡香味蔓延的温暖空间，点一大杯拿铁，不加糖，找一个安静的角落，打开电脑，听音乐，上网，读书，或等人，这是我到星巴克通常的过程。去泰国清迈，发现很多咖啡馆有喷水雾的管道，阳光斑驳中的水汽随着音乐舞蹈，氛围感极强。

回到互联网，面对越来越挑剔、越来越不容易惊喜的消费者，品牌必须从全方位设计与消费者所有接触点的仪式。比如到京东调戏客服 MM（小米也学习了这一点），阿芙精油派出各种穿着海贼王、机器猫服饰的 Cosplay 去送货，初刻给顾客的手写信，到“无跟帖不新闻”的网易去跟帖盖楼，都是仪式感的体现。

Cosplay 送货，也是口碑传播的重要素材。

品牌仪式强调是交互行为与影响，是双向的，而不是单向的，特别是对于互联网品牌；而传统品牌更多的是单向地在推送。《互联网思维的企业》一书中提到，“服务需要客户的参与，这会增加复杂度和变数，而且很难预先做好计划。企业必须找到方法来适应这种变动性，并直接和客户、合作伙伴以及供应商进行互动。”

这种新的互动要求，对传统企业来讲是一个挑战。与其说这是企业的自主选择，不如说是被消费环境的改变所“逼迫”，“我们的客户正在相互联系，形成一个网络社区，他们可以迅速分享信息，并自我组织，形成了一个强大的兴趣团体，如果企业想要生存，就必须迅速地对客户需求做出反应。”

初刻在仪式感的制造上，也做过一些探索。七夕，数十名员工每个人写了十张贺卡，“有情人终成眷属”之类，并在贺卡上写上自己的名字。随机放到订单里，顾客收到会觉得温暖，这是仪式感第一重；收到我写的十张贺卡的客户，可以全部免单，这是仪式感第二重；最后是在微博搞晒贺卡活动，再抽奖，这是第三重。

小惊喜带来的感动，见下图。

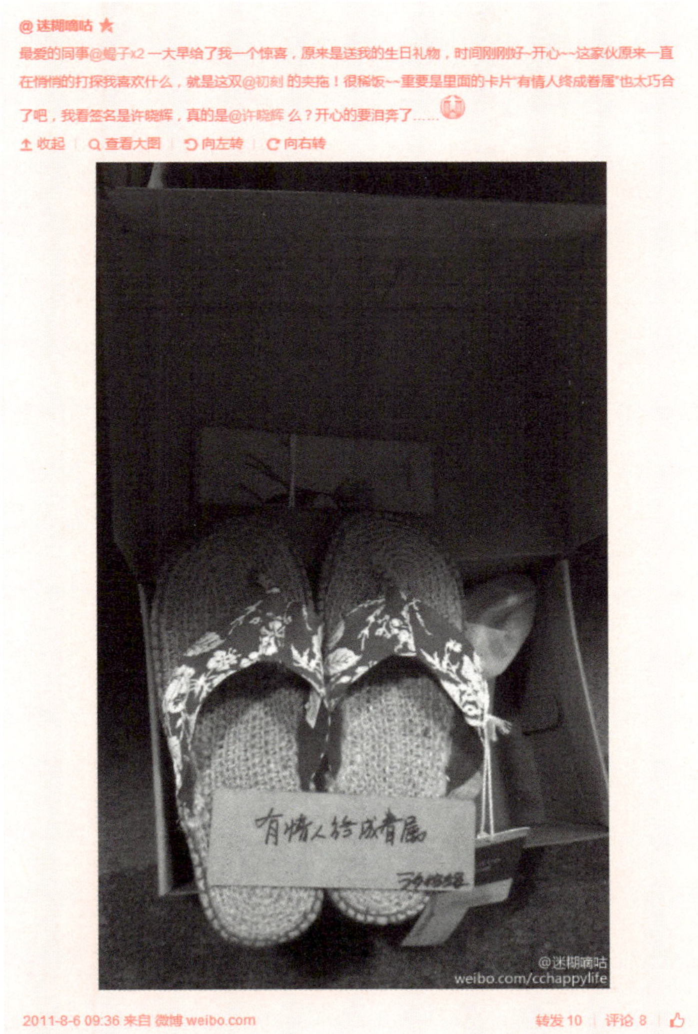

如果要针对仪式感做规划，最简单的方式：1）先对消费者与品牌接触的所有环节先做梳理，按照重要性排列优先级。2）针对每个接触场景设计交互仪式，原则是从用户视角出发，以加强体验、制造惊喜为目的。3）具体方法每个人都能想出很多，只要真正从与用户谈恋爱的心态出发。

5）对立阵营

对立阵营的歌词大意是：任何品牌拥有一批忠实的粉丝，也会拥有一批彻底的抵制者。

不要忽略这些抵制者，要研究他们，这样做的目的是清晰自己的品牌定位，以及更深刻发现自己客户的需求。七喜最早的概念是“非可乐”，五谷道场是“非油炸”，王老吉是“不上火”，加多宝是“正宗凉茶”，都成功地在红海市场里通过差异化定位脱颖而出。

对立阵营为什么对于互联网品牌更加重要？因为对于传统品牌来说，还是商业地产模式，有客流量就有商机，受限于物理时空的局限，消费者选择余地不大；而在互联网，只有一家店，24小时不打烊，而且全球可以瞬间访问，竞争空前激烈。因此，互联网品牌就更加需要通过对立阵营建立自己的差异化定位和独特卖点，从而快速占领消费者的心智。

由对立阵营往基于品类的定位方法做个延伸，绝不跑远。在红海市场，打造一个新品牌的捷径就是开创细分新品类，以品类需求驱动品牌快速成长。比如，小米手机，开辟了“互联网手机”这个新品类，雕爷牛腩定位做“轻奢牛腩”，黄太吉成了“煎饼”的代名词。

谁都知道品类品牌好，怎么找到呢？这个问题确实很难回答，以我的经验就是做逆向思维（作为一种方法论，逆向思维适合几乎所有需要创新的环节）。初刻最初定位是做白领棉麻服饰，感觉太中庸，只能冥思苦想祭出逆向思维大法：2010年的中国服装电商，以凡客为代表，遍地都是快时尚，于是就想出来“慢生活”定位，这是焦虑都市人普遍的内心需求。

如果这招不好使，只能再编造几个小方法论：

1）找到一个大品类当中已经存在的小品类，然后放大它，比如雕爷牛腩，把小小牛腩一道菜放大到极致单品的地位。同类还有伏牛堂米粉、西少爷肉夹馍。

2）找到当前品类当中没做好的因素，强化之。一个朋友做“谷养康”定位纯粮酿造酒，就是因为当前白酒大部分为勾兑，诚信度普遍不高；薛蟠烤串也是同样的逻辑，现如今太多羊肉串不是羊肉，这是现实世界的“荒谬感”。仅以诚信打造新品牌，就有很多机会，食品、地产、保健、医疗等诸多领域都有被诚信品牌颠覆的大把空间。

3）跨界杂糅一个新品类，跨界的内容不局限于不同品类，也可以是审美、设计等不同领域与品类的融合。黄太吉，相当于“高大上星巴克＋路边煎饼”；车库咖啡、3W 咖啡，相当于“创业者交流社区＋咖啡馆”；极草，将冬虫夏草的形态做了变化（最近有关于诚信的负面报道，这是另外一个问题），做成了片剂，成就了一个大生意；易拉罐红酒等也是这个逻辑。

6）神奇术语

这一点在网络世界体现得尤其淋漓尽致，不了解虚拟空间的叙事术语，常与新新人类无法对话。比如这些新成语自测一下你能解释几个：绝处逢生、人艰不拆、包治百病、不堪一机、物是人肥、撸撸无为、点赞之交、还是醉了。

无论是个性隐喻还是反讽自黑，都是网民反精英话语的一种方式，他们更希望与品牌平等对话。而神奇术语体系则是粉丝之间相互交流的符号，一个真正拥有信仰系统的品牌，才会有自己的神奇术语。它能够帮助区分群体的不同，培养起用户在消费中的归属感。

最著名的网络术语应当算是淘宝的“亲”文化，亲、包邮等术语已经出现在任何场合，甚至成都、杭州等地的交通信号指示体系中，都有了“亲，请按交通信号灯通行哦！”这样卖萌又有亲和力的标语（见下图）。“凡客体”也是一种术语体系，其句式至今被广泛使用。

最容易被制造的术语是粉丝名字，最初是明星粉丝，比如玉米（李宇春粉丝）、凉粉（张靓颖粉丝）、钢丝（郭德纲粉丝）等，之后各品牌特别是互联网品牌纷纷给粉丝取名，以此来营造品牌归属感，比如果粉（苹果粉丝）、米粉（小米粉丝）、花粉（华为手机粉丝）、煤油（魅族粉丝）。

在小米的营销实践中，还诞生了"F码"、"米粉节"、"爆米花"等术语，是米粉之间交流的日常用语，不懂者即非我族类。

7）领导者

领导者是组织的催化剂、风险承担者和远景设计人。具备领导才能的人很少，而失去领导的企业就像没有头脑的大象，定会六神无主、摇摆不定。

一个好的品牌，背后都会有一个无可替代的领导者，就像马云之于阿里、雷军之于小米、陈年之于凡客、任正非之于华为、张近东之于苏宁、张朝阳之于搜狐、李彦宏之于百度。

一个品牌的格调必然与领导人气质紧密相关，这也是很多传统企业无法玩转互联网审美的重要原因。乡镇企业家做出来的品牌，一般也很乡土，这与审美积淀有关系。很难想象一个品牌的创始人可以允许跟自己审美风格迥异的产品出现，这和管理的“一言堂”没有关系，而是说作为决策者要面对各种不确定的选择，没有其他人可以去承担由此带来的风险。因此，创始人必须以自己认为正确的逻辑和审美，去操控一个品牌，往往到最后人和品牌合二为一。比如裂帛的大小风，两姐妹本身即是品牌风格；比如罗永浩的锤子手机，逼格十足充满老罗情怀。

我个人认为传统企业很难玩转互联网，即是因为这些显然不是互联网风格的大老板们，很难认同审美及其游戏规则。而他们用传统审美去做互联网生意的时候，就会面临很大的障碍，比如基本不上微博与粉丝互动，自黑精神基本欠缺，不善于利用网络媒体造势。曾经有朋友出过“馊主意”，让传统企业的富二代来做电商可能会更好，不无道理。

一个互联网公司的朋友问我：老板没有独特喜好、没有传奇经历，公司品牌还要通过 CEO 品牌来传达应该怎么办？这的确让人头疼，确实总有部分创业家没有雷军、周鸿祎一样鲜明的个性，很容易制造媒体关注的选题。我的建议是：

a. 不要考虑公司品牌需要什么，而是尊重 CEO 个人特征，比如 3G 门户张向东，对他品牌的包装基本围绕自行车文化，虽然与公司产品关联度不太高，文艺风格 CEO 对 3G 门户也是很好的加分。

b. 老板若喜好不明显，先了解其兴趣，帮他一起强化某项具有普遍意义的爱好，比如喜欢电子产品的极客风格、热爱旅行的文艺青年等。

c. 外形好看，就学学聚美优品 CEO 陈鸥，通过上《非你莫属》等电视节目，成功将自己包装成偶像。此外通过与韩庚同台为聚美代言，带动陈鸥个人影响力的快速传播，最终成为公司可常年使用的“免费代言人”。

d. 插播：职业生涯，选择老板比选择公司更重要，这和投资看人是一个道理。当然，CEO 也可能成为一个公司发展的最大障碍。

8）小结

七个品牌密码能帮助打造一个顶级品牌，但并非一个顶级品牌必须全部具备七个密码。七种密码是任何品牌都适用的普泛原则，但互联网品牌自有其特殊性。品牌不仅是产品，其最高境界是建立一个信仰系统，这一点上苹果是典范。当果粉疯狂追逐苹果的每一款新品时，苹果已经成为一种宗教。这种境界所有品牌都是虽不能至、心向往之。在国内，小米试图在打造这样的品牌信仰系统，还在路上。

第五章　方法总比问题多

关于B2C、初刻与互联网思维的系统评论，基本告一段落，接下来进入散文时间。总还有一些没有涉及到或点到为止的问题，这里可以再花点篇幅凑个字数。偶有桥段上的重复，纯属巧合。

1 所谓形势比人强

雷军讲顺势而为的风口飞猪论被人津津乐道，出处在这里："金山就像是在盐碱地里种草。为什么不在台风口放风筝呢？站在台风口，猪都能飞上天。"

"任何企业都可以找到最强的竞争对手打，但有一个对手你是打不过的，那就是趋势。趋势一旦爆发，就不会是一种线性的发展。它会积蓄力量于无形，最后突然爆发出雪崩效应。任何不愿意改变的力量，都会在雪崩面前被毁灭，被市场边缘化。"（周鸿祎）传统企业必须互联网化，这也是趋势，不可逆转。

定战略，听上去很务虚，其实就是站在明天的大潮之上看今天，捕捉或制造那些有机会燎原的星星之火。趋势之上，随风飘扬，会被时代大潮裹挟向前，比逆风做堂吉诃德似的抵抗更容易成功。

看到过这样一句话，不知出处，很正能量，我认为同样适用于谈趋势和战略：**"每当我遇到自己不敢直面的困难时，我就会闭上双眼，想象自己已是一个 80 岁的老人，因为人生中曾放弃和逃避过的无数困难而懊悔不已。当我进入到那个老人的心态中之后，我会对自己说：'我现在最希望的，就是可以再年轻一次。'然后我睁开双眼……砰！我已再一次年轻了。"**战略，就是那些不能放弃的希望、不能逃避的困难。为了不让自己若干年后后悔，今天就要调整步伐向着目标前行。

在对未来形势的捕捉上，大多数人都能想清楚，比如移动互联网化、时间的碎片化、智能设备的颠覆、去中心化、渠道扁平、高性价比单品、个性化服务、以用户为中心、生态圈布局，等等。而在落地到自身项目时往往面临两种挑战：

> 1. 重视现在，忽略未来。在细分市场，用户质量往往比用户规模更重要，我看到有些项目在盲目地做数量而非关注质量，因为前者更容易做大销售额，后者会更慢。但从趋势来看，低质量客户会在精细化运营及有盈利需求阶段被放弃掉，这之前相当一部分拉新的费用就打水漂了。出发之时，就忘了初心。
>
> 2. 没有勇气和决心顺应趋势。很多传统企业转型基本都会面临这个挑战，老板很清楚趋势是扁平化、互联网化的，要精兵简政、架构扁平，但会因为畏惧面对人情包袱、转型镇痛而拖延时间，最终导致逐步衰老。

嗯，知易行难。

2 品牌营销的极简攻略

互联网品牌的核心是信任，传统品牌的核心是溢价。小米通过好商品和优质服务与粉丝建立了信任纽带，它生产任何商品都有人抢购，并且不会担心质量是否可靠、价格是否合理；淘宝通过支付宝和评价体系建立了商家与消费者之间的信任。

关于品牌营销，即便熟悉了七个密码，依然还会有很多朋友觉得这个答案很玄乎。

2011年4月初刻上线之后，在官网开通了CEO信箱，目的是收集用户意见，但几乎每天都会收到顾客来信表达喜爱之情。其中多是对初刻品牌内涵及视觉的溢美之词，比如这一则：**“你们的慢生活定位很棒，我每天都会情不自禁想看看有什么新专题，漫步其中，仿佛心也安静。今天忽然发现增加了音乐播放，So Cool。”**

这是对初刻网站的一个典型评价，而很多电商新晋从业者也会问你们的品牌是怎么做到的。常有大师给创业者一堆玄而又玄、高屋建瓴的理论，令本来懵懂的创业家更加一头雾水，被“品牌”二字折磨得晕头转向。好了，干货来了，说说我的品牌打造极简攻略：

1）定位。总要有情怀、有使命，如果没有明确想法，就先从美好生活、发现爱之类的人文情怀入手，找到你的产品受众乐于接受的情感诉求。与创始人风格、喜好一致很重要，否则之后就会持续纠结拧巴，特别是在创业初期，没有人能把一个自己无法判断甚至不喜欢的东西做好。

2）找个好文案，找个好摄影，再加一个好设计，品牌打造的工作就完成了大半。文案将品牌定位描述文学化，此外就是产品描述、专题策划文案等琐碎活儿，将文字诗歌化、文学化；摄影师自然是将静物、模特、外景照片拍得漂亮，拍出格调；设计师将优美的图片和文字拼接到网站上，尽量精致。

“私人城市”系列算是初刻专题的代表作，表达人在城市里的寂寞、挣扎与拼搏。

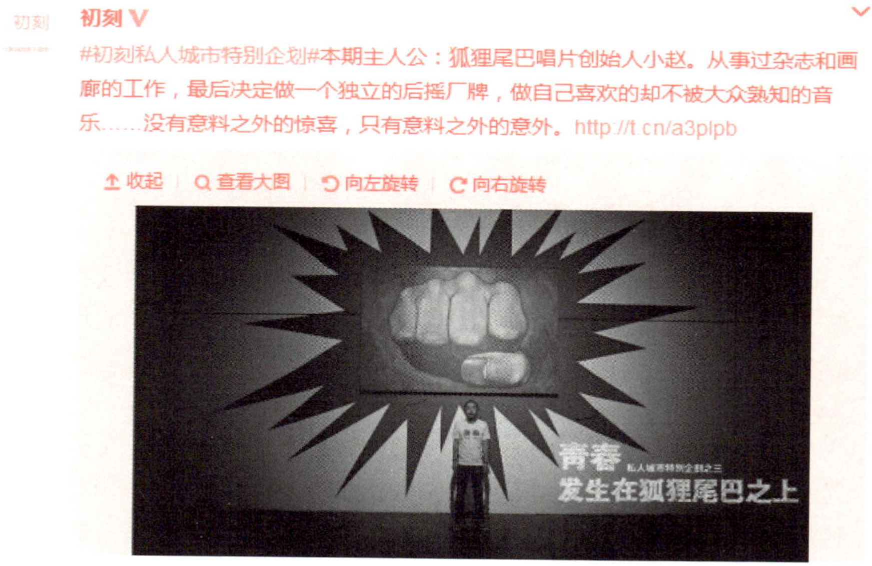

3)在网站、客服、物流等所有与顾客的接触点，对品牌定位全方位贯彻实施。这部分内容可以参考前面“品牌营销的关键时刻”，建议：找到互联网上做得最好的对标品牌三四个，全程体验他们的产品与服务，先模仿，再取长补短，最后形成自己的风格。比如淘品牌初语，在命名(最初叫木棉天堂)、文案(至今还在用我的座右铭“世界是我的想象”)等方面，都模仿学习了初刻，但必须承认他们做得更好。拿来主义，对于创业公司很实用。

4)时间是个好东西，它可以抹平历史伤痛，也可打造美好未来。一个品牌的塑造，无论怎样巧妙设计，都无法跨越时间这个纬度。因此，要有耐心。若坚守10年，你将不会再问品牌是什么，时间给你答案——这恰恰是最难的。

3 总得有点人文情怀

张向东是校友，是文艺男青年，骑行五大洲最美路线，用好文笔记录有趣的历程。在更多人视线里，他是3G门户的总裁，是上市公司的创始人（如今又成了三次创业者，进入最喜爱的自行车领域）。我更喜欢前者，不迎合，做自己。

做品牌同样如此，总要有点情怀。

几年前读《史蒂夫·乔布斯传》，书很厚，500多页，在忙碌生活中，这是一本需要很长时间才可能读完的书。有朋友建议说先读518 ~ 521页，我听从了他的建议。

在传记最后这部分口述文字中，乔布斯谈到希望自己留下什么样的遗产。我对其中一句印象颇为深刻：**“苹果之所以能够与人们产生共鸣，是因为在我们的创新中深藏着一种人文关怀。我认为伟大的艺术家和伟大的工程师是相似的，他们都有自我表达的欲望。事实上最早做Mac的最优秀的人里，有些人同时也是诗人和音乐家。”**

这是让我产生共鸣的话，因为我们正努力为服装植入人文精神。将初刻与苹果对比，我深知这是一件多么招人骂的事。但初刻的确是企图做一个有人文关怀的品牌，倡导一种慢生活方式。初刻如此初级和弱小，而苹果则是灯塔，尽管我们永远只能仰望其辉煌与伟大。

在一个迷茫大于希望的年代，每个人都渴求找到某种心灵归属的载体，那些文化品牌所倡导的精神正是情感避风港。文艺青年显然是内心最敏感的群体，对世界万物有自己的理解方式，他们所喜爱的生活方式与品牌成为研究对象。他们中一部分人也被称为小清新，忽然开始有很多媒体开始关注这个被称作小清新的群体。

《新周刊》曾有封面报道名为《重口味与小清新》，其中提到：“‘重口味’们追求猛烈、怪异、繁复、躁动，想把现实世界剥去伪装。‘小清新’们追求淡雅、自然、朴实、静谧，想在精神世界自我陶醉。更多人属于一人分饰两角，工作‘重口味’，生活‘小清新’。晚上‘重口味’，白天‘小清新’。欲望‘重口味’，理想‘小清新’。现实‘重口味’，幻想‘小清新’。每个人都是自己的潮流口味，但跟现实相比，一切‘重口味’都算‘小清新’。而我们多么希望，现实世界能真的‘小清新’。”

文艺小清新，不再是一个小众话题。

《第一财经周刊》曾经做过一个主题为《小清新制造者》的封面，报道了八个小清新品牌。幸运的是，初刻与无印良品、雕刻时光、光合作用等并列。文中提到小清新的说法来自英国音乐派别 Indie Pop（直译即小众流行乐），曲风随意清爽。在焦虑匆忙的城市生活中，这种悠闲自在的生活状态，并非一个小众群体的偏爱，而成为大众需求。

志同道合的人总会相聚在一起，越小众的品牌越具有这种力量（图为初刻慢跑 Tee）。

喂找谁啊

看到鲜花了，看到钻戒了（小了点，哈哈）！你懂的！谢谢帮忙的兄弟们，也要谢谢当天在海边过七夕的很多陌生人送来的尖叫声和掌声！三年间，经历了很多的愉快、难过、挣扎、分离、痛苦和幸福，但我想未来是很明晰的！@初刻 也见证了我们人生的一次重要事件！谢谢所有人！

收起 | 查看大图 | 向左转 | 向右转

2011-8-7 18:43 来自 微博 weibo.com

同样是《新周刊》，之后一期封面是《小日子》，写得实在太好，忍不住大段摘抄：**“热爱生活有很多种方式，最简单直接的就是：过小日子。在精彩刺激也急功近利的大时代，你焦虑又亢奋，忙碌又疲惫，难得偷得浮生半日闲，每每忽略了自然的四季、内心的风景和生活的本来面目。在北上广和二线城市，你见惯了‘急之国’里的‘穷忙族’和‘橡皮人’，把欲望当成理想，不满于当下，每天过得苦逼兮兮的。只要把场景切换到小地方，你就能见到睽违已久的生活四季：有山有水有人情；钱不多，心满意足；事不多，有滋有味。乔布斯说：‘我愿意用我所有的科技去换取和苏格拉底相处的一个下午。’而怀抱对生活的热爱，你能与充满质感的‘慢生活’相处无数个下午。不管什么时代，能过小日子，就是好日子。”**

仿佛报刊一览，我不厌其烦地引用了太多文字，除了他们的文笔比我好，更重要想论述的是：小清新文化必将大行其道。而将商业植入小清新的格调，会给这个浮躁时代增加更多人文关怀与宁静氛围，让我们的生活减减速，在匆忙赶路之余也有片刻闲暇欣赏路边风景。

将小清新具象到商品上，也并非难事。文案、视觉，是最容易体现清新格调的途径。无论你卖的是什么，总要和一种生活方式对接起来。在电商经过野蛮生长之后，精细化运营阶段必将到来，在品牌格调上植入小清新的文化感会成为趋势之一，这是我的判断。

以上是初刻时期的文字，尽管今天的初刻依然物是人非，但不是情怀错了，是其他环节没有把握好。就像老罗的锤子手机暂时失利，也并非情怀错了，是供应链、性价比的问题。

4 视觉与文案的玄机

电商就是卖照片，这话虽然偏激，也不无道理。

在消费者拿到实物之前，只能通过照片来感知一件商品的优劣，因此摄影在电商行业是一门显学，也诞生了一批像广州新青年广告一样的网络视觉品牌策划机构，致力于电商品牌的视觉创作。具体讲，就是做店铺的视觉规划、产品及模特摄影、图片后期处理等。新青年服务的茵曼、初语，在视觉体系上甩开同行几条街。淘品牌里裂帛的视觉表现也非常值得倡导，从业绩上这几家也都是天猫系服饰品牌的前几名。

视觉体系的规划无非两个层面，一是产品、受众、媒体，这是出发点。什么产品、受众是谁、发布在什么媒体上，这三点必须先想清楚，才能落地执行。当然，还与品牌定位有关系，最终体现的是创始人的审美。二是人物、场景、情绪。以服装为例，模特几乎都是品牌风格的代言，初语用小尼姑即是他们要传递的品牌个性，而场景则是烘托氛围，两者共同决定了视觉内容所要传递的情绪——一个好的品牌，必然是有性格与情绪的。

再说文案。这个话题太大，理解各自不同，找大师作品参考是最简单的方式。我总结的电商文案三要素是：文学上陌生化，卖点上量化细节，情绪上内心共鸣。

1）文学上陌生化。

李欣频是台湾诚品书店的御用文案，是文艺小清新文案的大师，生产了大量经典作品。在读她的《诚品副作用》时，陈刚的前言有一句话代表了我各位初刻友人：

今天是初刻网站2.0版上线的日子，感谢新老朋友与我们共度这快乐时光。"那是我一生中最幸福的时刻，而我却不知道。如果知道，我能够守护这份幸福吗？"这是帕慕克作品《纯真博物馆》的第一句，我很喜欢。

土耳其作家帕慕克90年代末买下伊斯坦布尔Cukurcuma街上一栋老房子，只是因为喜欢这个街区，且价格便宜。人们不知道房子要做什么，到开始收集一些伊斯坦布尔的小东西，到以这些物品和房子为依托，他想像出一个男人、一个女人和他们的故事，《纯真博物馆》就此诞生。

时光喧嚣，我们常常需要凭借想像来美化现实。"世界是我的想像"，这是我的座右铭，也是初刻的理想。在一个浮躁时代，你无法改变的东西太多，而在内心营造一个理想主义世界，就显得异常重要。

回到一个品牌必须有的追问，初刻是什么？从上线那天起，我们就坚定做一个生活方式品牌的理想，用产品、视觉、服务立体诠释"慢生活"理念。在快时尚当道、忙碌到焦虑的城市生活，初刻推崇慢生活节奏的企图如此明显，而这个品牌的清新文艺，或能触动你柔软的内心，这正是我们的期盼。

很多东西无法定义，就像你对初刻的看法并非谁能强加。有人说她很文艺、很豆瓣，有小清新之美，有真实的情绪与性格；有人说她可能是中国最有文化的电商，既有小文艺的直白，亦有大文艺的忧伤。所谓诗无达诂，初刻并不担心你把她解构或重构成什么样子，她原本属于你。

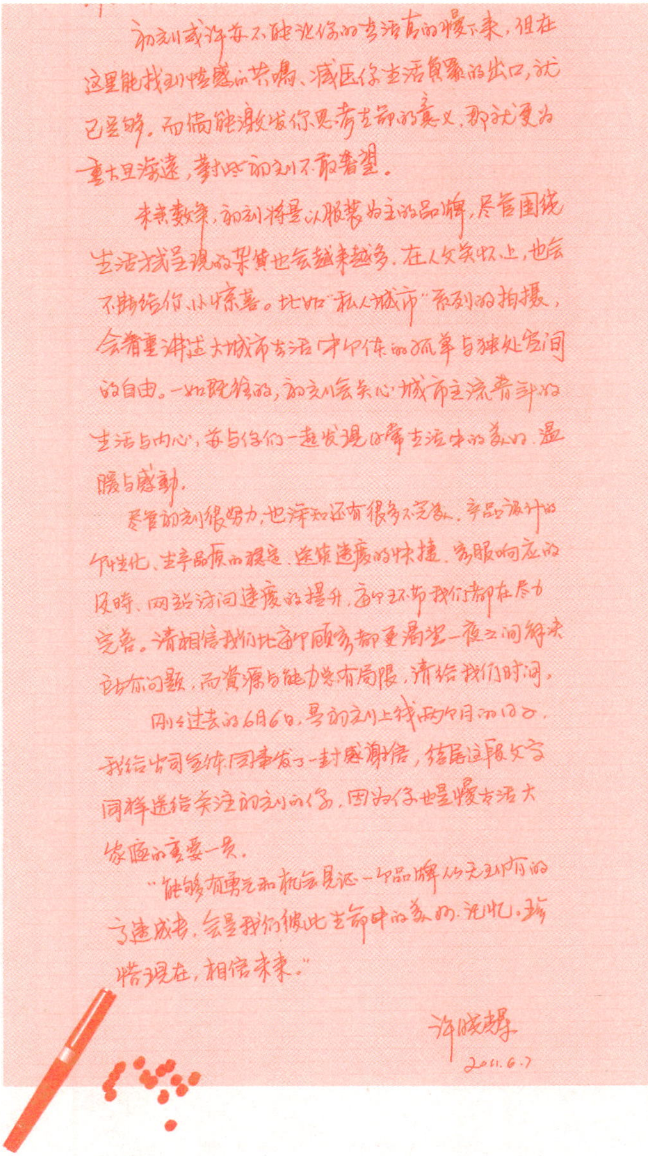

初刻或许并不能让你的生活真的慢下来，但在这里能找到情感的共鸣、减压你生活负累的出口，就已足够。而倘能激发你思考生命的意义，那就更为重大且深远，彼时初刻不敢奢望。

未来数年，初刻将是以服装为主的品牌，尽管围绕生活方式呈现的架构也会越来越多。在人文关怀上，也会不时给你小惊喜。比如"私人城市"系列的拍摄，会着重讲述大城市生活中个体的孤单与独处空间的自由。一如既往的，初刻会关心城市主流青年的生活与内心，并与你们一起发现日常生活中的美好、温暖与感动。

尽管初刻很努力，也深知还有很多不完美。产品设计的个性化、生产品质的稳定、送货速度的快捷、客服响应的及时、网站访问速度的提升，每个环节我们都在尽力完善。请相信我们比每个顾客都更渴望一夜之间解决这所有问题，而资源与能力总有局限，请给我们时间。

刚刚过去的6月6日，是初刻上线两个月纪念日，我给公司全体同事发了一封感谢信，结尾这段文字同样送给关注初刻的你，因为你也是慢生活大家庭的重要一员。

"能够有勇气和机会见证一个品牌从无到有的逐渐成长，会是我们彼此生命中的美好记忆。珍惜现在，相信未来。"

许晓辉

2011.6.7

@初刻

weibo.com/cruccostyle

对文案写作的最重要理解："广告文案的语言表达必然具有某些反日常语言的特性，只有对语言的陌生化，才能让语言本身的力量充分显现。"

陌生化，是文案写作的至高境界。在初刻的文案写作中，我更愿意叫作文学化，因为我们面对的是文艺小清新消费者，必须用他们喜欢的文字风格去传递品牌感。比如发货短信的后半句是："快递员正风雨无阻奔向你，到初刻发现日常生活之美。"有顾客留言说，我们会对快递员好一些，这是文字的力量。比如小米 4 手机的钢板被叫作"奥氏体 304 不锈钢"，在真实客观的前提下表达更加文学化，品牌格调更凸显。嗯，不明觉厉。

初刻的每一则与顾客接触的文案，都要文学化。

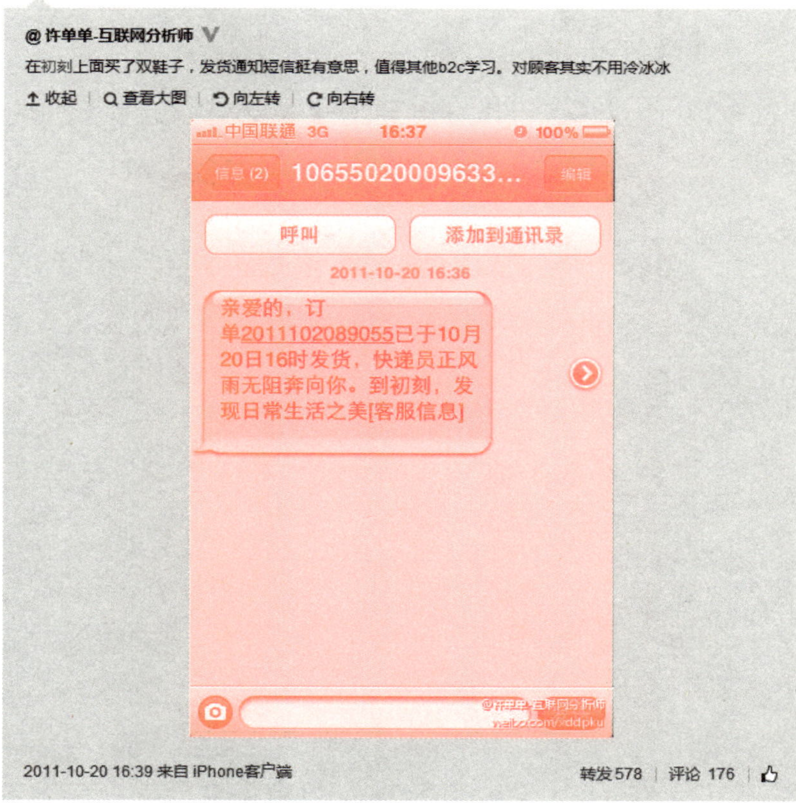

2）卖点上量化细节。

最近两年电商文案写作的另一个特征是对细节进行量化描写，引领者是小米，“不服跑个分”即是对此类描述的概括。比如对小米 4 后盖的描写：**“全新 IMT 内膜转印技术，将 9 层膜材融合，形成一片仅 0.8mm 薄的精致后盖，厚度仅有传统工艺产品的 66%。在这纤薄的后盖中，我们加入了光栅效果的纹理，每条纹理由细至 0.06mm 线条组成，纹理层叠有序、连续细腻。”**这些曾经不被厂商和消费者关注的细节，被量化表达之后呈现出被信任感。

量化，并非只是数字化，这里还包括深入源头的具体化。比如凡客 80 支免烫衬衫，“新疆阿克苏全年日照时间 3000 ~ 3500 小时，棉纤维长达 38 ~ 40mm，纺出的线强度高，毛羽少，光泽度高”，这仅仅是对棉花的描述。

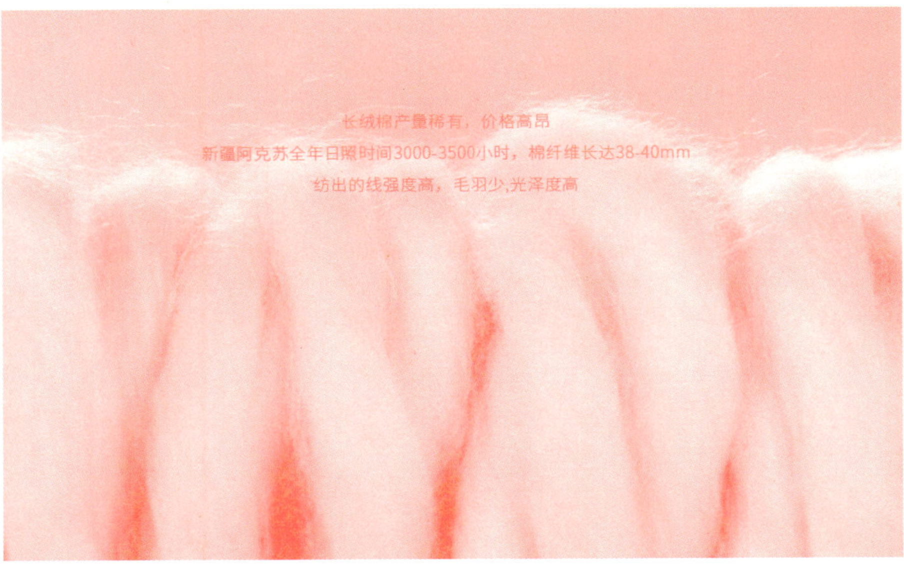

3）强调需求场景而非功能。

从用户视角出发，关注产品所解决的场景痛点、带来的好处。请自行举例说明。

4）情绪上内心共鸣。

这是文案写作的至高境界，消费者若被打动内心，价格就不再那么敏感。

在初刻专题里，我最喜欢“私人城市”系列。我们试图在对一个人和一座城之关系的讲述中，找到打动城市青年人的共鸣点。共鸣和情绪，是我最喜欢的两个词。这两个词正是初刻品牌打造过程中的灯塔，是成就互联网品牌的关键。打造品牌不能“平平淡淡才是真”，一定要找到那个令人内心一颤的契机。

“忘记销售额，忘记文档，忘记还款日，忘记减肥药。我们来谈谈吃喝，还没成行的旅行，不放映变三的电影院，排行榜外的民谣歌手。热爱三块钱一碗的热干面，就像热爱一种不着四六的生活。酷热仲夏，开心就会凉快。慢号外是个什么？我们说好了不谈主推新品也不谈绩效考核的，只说我们喜欢的各种慢生活，音乐、电影、旅行、吃喝。”

几乎每个专题都是杂志化的。

这不是某个杂志专栏的文字，而是初刻某个专题的开篇，为展现初刻人的慢生活方式而开设。这就关系到品牌打造的另一个层面，在与顾客接触的所有环节，你是不是都在将品牌内涵具体贯彻。

知易行难，执行力是关键。我们会发现很多品牌 Slogan 想得很好，而在贯彻途中却南辕北辙：若是一个倡导精致生活的品牌，没有人会愿意接纳包装箱的粗糙。仔细观察会发现，初刻在很多细节上都对慢生活理念做了呈现，无论笔记本、文件夹、明信片等周边赠品，还是包装设计、产品风格、吊牌创意等视觉体系。

5　如何做个小而美的淘宝店

梁宁，是我很佩服的一个创业者，曾在四年前创建了绿人网，做在线旅游网站，后被腾讯收购，如今成了投资人。更重要的是，她的文笔我很喜欢：仅从文字本身就有阅读快感，这种感觉就像读冯唐、许知远或张向东。

我跟她说在试图写一本书，名字暂定《一个人的电商》，她误解了，称赞这个伟大的时代让一个人做电商成为可能。在做初刻期间，为开卷有益多学习，我走访了很多淘品牌，大部分是小而美。说一个人在做电商的确有些夸张，但人数实在不多。好吧，说案例。

三个人的电商。

一个女人，有了孩子时候开始关注童装，全职太太之后没有继续去打工，而是开了个淘宝店，只卖儿童羽绒服。上半年休息，准备货，下半年开工干活儿。三个人分工是这样的：老板负责上货，有的来自批发市场（买手审美很重要），有下单到南方工厂做的货，一半一半；一个人负责拍摄外包，页面编辑；一个人负责发货及客服。每年做将近 1000 万的销售，老板大概赚 100 到 200 万。一张一弛，自得其乐。

一个人的代购。

这次真的是一个人，做某韩国女装品牌的代购。该品牌商场专柜价格几千元，通过商场团购部拿到折扣，自己带个普通数码相机拍衣服照片，然后挂到淘宝上销售。用户通过商品款号直接搜索到店铺内，单品页无须美观，能展示服装全貌让用户确认和在商场看到的是同款即可，无须细节图，无须华丽的文案，与专柜价格差价在 1000 元左右，这个生意就成立了。每年做 600 万左右的生意，几乎没什么成本，毛利即净利。好吧，其实家里人也会帮忙发货。

某棉麻服装品牌。

夫妻二人，毕业后就做淘宝，在某个老国企工厂找了办公室，400 平方米，办公仓库一体。员工 20 人，月工资支出 6 万，无公积金保险个税；办公室租金每平方米每天一块钱，400×365=14.6 万；年销售 1800 万，毛利 60%；以天为单位，从几个固定的供应商采购成衣。我大致算了一下，净利率 18% 左右。

某中高端女装品牌。

这是我认为比较理想的小而美样板。定位中高端欧美轻奢风，春夏装客单价 300 元，秋冬客单价 400 元；版型直接抄欧美一线大牌，尽量统一用少数几种面料，便于供应链快速反应；自己有一个 40 人左右的小工厂，小单生产，日常库存几千件；卖得快、有爆款潜力的款式，外发周边工厂生产；成本控制非常精细，员工使用自来水需刷卡；不加班，到点儿下班；不为冲规模而引入低价用户；通过投放找到精准人群，靠用户口碑做老客转化；

为降低快递费，自己申请一个圆通快递加盟站点，只接自己的订单。年销售1亿元，净利率15%。

就服装而言，若想小而美、快速反应，设计和供应链是关键。若能有个小厂配合快速迭代，是最佳路径之一。没有快速反应的小而美，只能看上去很美。

或许，小而美这个词应该是窄而美，貌似小众的市场放入中国大人群，并不是一个小生意。细分市场越来越多，一定是这样的。

6 文化氛围很重要么

朋友创业在P2P租车领域，问我，如何传播企业文化吸引人才。我说，每个面试者来，不论是否录用，每人送个车模（嗯，是模型，不是真人），彼此都会温暖。尊重每个人的体贴事儿做多了，自然会有口碑。

对于日常工作而言，比使命、愿景、价值观更重要的，是办公环境与工作氛围。在我创业初期一度忽略了这件事：工作的成就感是第一位的，是否有免费饮料和生日蛋糕不是很重要。我以为即便在Google，每天免费吃吃喝喝还能打包，时间久了也不会生发太多优越感。

后来，我发现自己错了。每个人在公司的时间，几乎都比家里要长，是否有温暖的氛围对普通员工来讲很重要——没有人希望在公司只能像牲口一样地干活儿，而是期待有舒适的环境和可爱的人。为此，我们开始有了周五下午茶，有了生日会，有偶尔的产品拍卖，把墙上贴满海报，给每个人做印上名字的水杯。时至今日的回望，依然有太多遗憾，我们能做的还有太多，却无力倒流时光。

初刻下午茶，每人送两张彩票，貌似都没中过大奖。

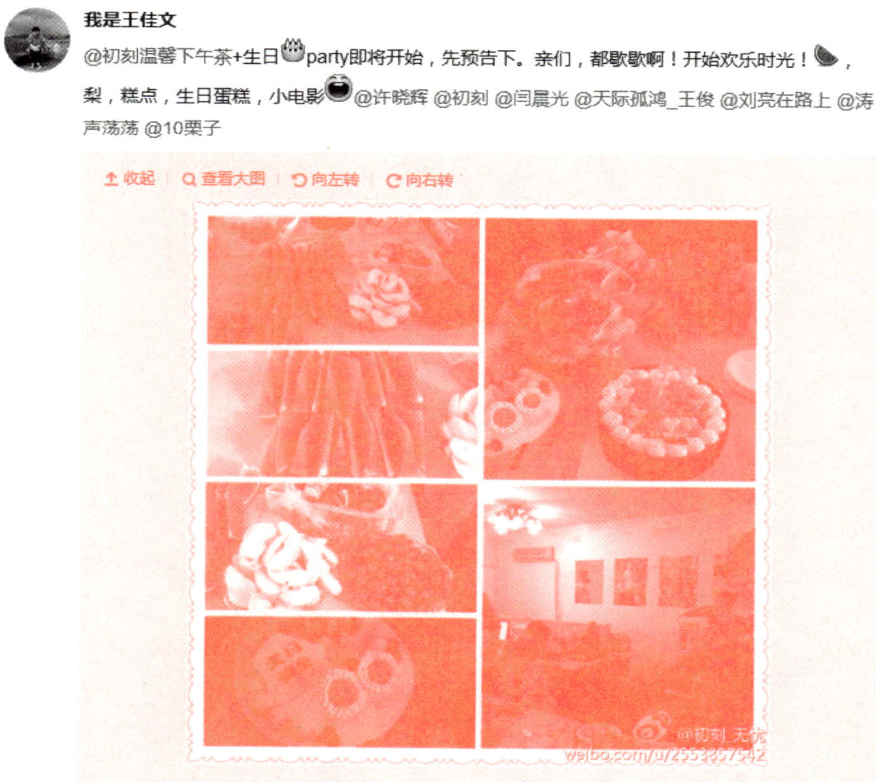

文化氛围的营造，不仅让员工心情愉悦，同时也是企业文化传播的内容。初刻生日会的照片会发到微博上，顾客能够看到一个品牌背后真实的人，会增加对一个品牌的亲近感。员工心情好，自然会传递给顾客，最终让品牌有温度。

电商圈内的企业文化样板公司，相对了解的是两个，阿里巴巴和金山软件。

2006 年在雅虎中国的半年，是片段感受阿里文化的 6 个月，彼时的雅虎中国已是阿里旗下。到杭州开年会公司包了专列，出站之后即有条幅“欢迎回家”，感觉很温暖。

阿里在文化上有一整套的“形式”体系：员工的花名、帮派/家族积分榜、倒立墙、革命圣地般的湖畔花园、“遵义会议”、鸡毛信、飞鸽传书、作战室、阿里学院、六脉神剑、九阳真经等。雅虎中国纳入阿里系之后，入乡随俗地没有要求每个人取花名，但部门所在区域改成了“绝情谷”。这些形式并不能直接带来经济效益，但能影响员工的工作心态。

阿里还有独特的多层级“政委体系”，政委们不仅负责薪酬、绩效、人才培养，还可以帮助决策者审视自身的组织能力、观察队伍是否有高昂士气、员工状态上是否有不足。

在雅虎北京的办公区，经常能看到马云在工位之间溜达，手里拿着一个小木棍转来转去，似乎是当老师留下的习惯。所到之处，随口聊聊业务，跟大家开开玩笑，没有很多企业家高高在上的姿态。而在很多公司，除了年会，普通员工基本没机会在平时看到大老板“微服私访”。

金山软件，强调的是家的文化、大四文化。在珠海办公楼下有球场，北京也在几年前开设了食堂，一日三餐免费。我在市场部时，还组织过一次全北京公司的工位装饰大赛，公司提供部分费用，员工各自实战设计装饰才华，进入游戏办公区仿佛进入武林大会，有兵器、彩旗、人物模型，词霸办公区则星辰满天。如今，这些装饰都保留下来，成了企业文化的一部分。

最近去参观过的是阿芙精油和小米网。雕爷的风格很多人已经了解，其办公环境之体贴直追谷歌，下楼方法就有三种：爬杆、滑梯、攀岩（可以自行百度其办公环境照片）。并设有首席惊喜官，为员工和消费者时刻制造小惊喜。小米网，俨然一个大师名作主题画展，扑面而来的艺术气息，办公区散落台球桌、桌上足球供娱乐，门口会客小木屋的旁边还有收留的小流浪狗“旺财”。

小米网的装饰，像个世界名画展。

临渊羡鱼之外，如何退而结网，即文化氛围如何打造？

1）自上而下。独特文化氛围的构建，创始人的风格是关键。和品牌定位一样，企业文化基本都是创始人个人文化的投射。只有高层重视，不断重视总结与提升，才能营造出适合品牌风格的文化氛围，最终将文化系统化，成为团队战斗力的最佳辅助。

2）刷墙，贴海报。1 万元的办公椅、随处可以涂鸦的玻璃板、免费的吃吃喝喝、能坐能躺的布艺沙发，公司装饰可奢侈可简约，量力而行，贵在用心。北大校友、伏牛堂米粉的创始人张天一，在采访中提到他花 1000 元装饰店面的技巧，我觉得也同样适合初创公司：“百装不如刷一墙，摆设不如贴海报。快速改变一个店风格的最简单方式就是两个：大面积纯色刷墙，张贴海报。”

3）那些温暖的小事。雨伞、口罩、水杯、常用药，只要细想，很多改善员工体验的环节能够微创新。勿以事小而不为，执行很重要。到某公司，厕所里有个小便池非常高，上写“期待姚明”，此所谓幽默；又到某公司，墙壁上都是员工摄影作品，此所谓荣誉；再到某公司，新人入职都送一盆小花和有名字的水杯，此所谓温暖。

初刻复古杯，每个同事都有，不同版本。

7 仅有兄弟情是不够的

这部分内容其实一个词就能概括：财散人聚。从这个前提出发，财怎么散得有效率、如何聚集到适合的人，这是可以探讨的。很多创业公司，恰恰在前提问题上达不成共识，简单讲就是：出于各种可言传或不可言传的原因（要相信的确有很多资本幕后的东西是不能对外说的），创始人不能出让股权期权给团队。

心态。

创业除了成就梦想，就是要赚钱的（特别是在财务自由之前），这一点无可厚非。而无论创业公司还是成熟大企业，都很难通过现金年薪的方式满足团队经济需求（嗯，主要是城市房价太贵了），于是期权股权的长期激励手段就成为主流。

从创始人心态而言，无非有以下四种情况：1）我一个人操盘就够了，其他人做执行就好，这种情况股权基本一人独吞；2）团队很重要，也觉得需要激励，给你们 2 个点吧，这种情况基本属于抠门或有难言之隐或受体制所限；3）创业犹如解放战争，既要有打土豪的使命感，也要有分田地的实惠，于是大家把股份几乎平均一分，保证其中一人相对更多能控股即可；4）全员持股，人人都是主人翁，真是理想世界大同社会；5）至于说完全平分股份，以至于不能分出座次的情况，估计已经很少了。

很显然，第三种最佳，第一种最差。据业界传说，小米是第三种，华为是第四种。还是据传闻，小米每次融资都给高管团队套现一小部分的机会，既能阶段性改善生活，又能对正在高速生长的整片森林充满期待。

制度与团队。

凡是游戏都有规则，发钱的方式千万种，最好就是根据出资额、职位、年限等诸多属性，制定一个大多人能认可的规则即可。绝对的公平是没有的，关键是要透明。有个朋友的公司，在新人入职时在合同里有非常详细的期权兑现条件，不像很多公司有意模棱两可，以便在后期灵活调整。

有了好制度，自然有机会吸纳好团队。即便牛如雷军，也需要一帮兄弟打群架。时空高度压缩的移动互联网时代，几乎没有一个领域可以称为蓝海，个人英雄主义并不能完成一艘大船的高速航行，唯有协同作战。

8 传统企业转型这件事

几年前，传统企业转型的必要性是讨论的热点，这个问题今天已经不存在了。如果还有在纠结这个问题的企业，基本上半个身子已经退出历史舞台了。所以，只谈怎么做。

1）顺势而为。消费电商时代终结，产业电商时代开启。虚拟经济逐渐从个人转向企业，意味着制造、医疗、农业、交通、运输、教育等行业的全面互联网化，跨界机会更多属于资源、资金实力雄厚的传统企业。

2）思维洗脑。传统企业完成第一波试错，牺牲了人和资源，初步被互联网思维洗脑。但是，还需要继续洗脑，因为战略洗脑只是第一步，接下来还有策略战术层面与互联网的冲突，企业领导人须以放空自己的心态沉浸到客户一线去。

3）团队与机制。传统企业转型关键是高效团队与激励机制，两者互为加强或牵制，激励与资本机制革新是普遍短板。既然要借助资本力量与互联网模式做转型，就要尊重其游戏规则，所谓入乡随俗。

4）四个步骤。很多传统企业认为做下微博微信，或到天猫京东开个店，就算是转型互联网了，其实这只算两个初级层次。更重要的，是供应链与价值链的重构。

第一、第二步做起来不难，但更关键的第三、第四步只能是一把手工程，思维与体制的变革是根本（By 和君咨询赵大伟）。

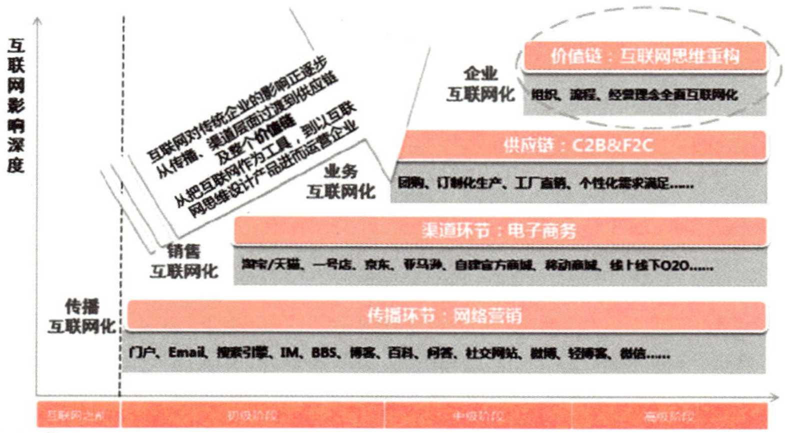

互联网移动化之后，各种 O2O 解决方案涌现，线上线下的无缝互动成为商家追求的目标。1. 万达等大型传统卖场，正在通过免费 WiFi 收集用户数据、APP 做销售及服务的 O2O 基础场景，对传统生意做优化和升级。银泰则通过商场统一收银的移动端系统，将每个店员发展成店主，与顾客实时互动，并可销售整个商场的商品。2. 微店、口袋通等技术系统提供商，则试图以"O2O+C2C"的社会化电商方式，以基于手机的零售界面，拓展零售边界。

这两种方式都可以让传统零售迅速完成互联网转型的布局，对线下业务做改造，并从中衍生出分期付款、导购社区等周边业态。

补充一点，很多传统企业想做 O2O，看上去很美，需要前提：线下是否有足够的客流，线上是否有大流量。如果这两点不具备，所谓的 O2O 其实就是一个 CRM，无非将会员体系做到数字化、可追踪，这当然也是有意义的。如果具备这两点之一，就可以线上线下相互倒流，提升各自的转化率、优化用户体验。

对于传统企业的互联网化，周鸿祎给出的药方是“四化”：1）商业模式互联网化，比如硬件零利润、软件增值收益的免费模式；2）产品体验互联网化，几乎任何产品都能数字化、数据化，物联网或智能硬件即是代表；3）市场推广的互联网化，基于新媒体的口碑传播是重点；4）产品销售的互联网化，将渠道扁平化。

阿里总参谋长曾鸣也给过传统企业药方。“对绝大部分传统商业来说，一旦‘在线’，它们就进入到了互联网时代；而只有‘联网’，它们才得以融入互联网时代，在数据价值的聚变中，获得更宽广的商业空间。”这里的“联网”指的是：“从点对点的链接，变成了互相关联、互相影响的网状结构。从点出发、走上链、最后走向网的过程，即是从传统的、线性的、控制的供应链模型走向协同网络的过程。”听上去很宏观，而能听懂的基本都在路上了。

9 酒仙网转型启示录

最早认识酒仙网的郝鸿峰是在派代商学院，2009 年的我当时还在凡客，好为人师地去给传统企业的各路老板们去讲课。郝总在山西已经做了很多年的传统酒类销售，是山西酒行业最大的品牌代理商。电商的火爆，让所有传统行业蠢蠢欲动，酒仙网在 2009 年 10 月创建于山西太原，为了更靠近互联网的心脏，酒仙网随后搬到了北京。如今，酒仙网已经是年销售额数十亿的垂直电商样板，在酒类 B2C 行业一枝独秀。

作为一个传统企业转型互联网的典型样本，酒仙网带给我的启示意义很大。

第一，决心，倾力投入。

传统企业向互联网转型的过程中，常陷入“两不靠”的境地：传统基础业务没做扎实，未能用互联网工具改造，去实现商务电子化（这是我认为传统企业必做的一件事），让所有环节联网；新兴互联网业务的探索，步履迟缓，游移不定，不敢投入，于是错过最佳时间窗口，等想明白如何做之时，已被竞争对手全面包围，突围代价更加巨大，于是将互联网项目做成了鸡肋，骑虎难下。

2008 年，郝鸿峰对着兄弟们说出了自己的豪言壮志：要在 2018 年突破百亿元的销售额。那一刻，很多人做起看客，以为这是一句玩笑话，根本没放在心上。就是在这样的情况下，郝鸿峰带着兄弟们“拼杀”上了电商这条路。

在酒仙网案例中，郝鸿峰亲自带领高管参加各种培训班，自我洗脑，更“奇葩”的是所有高管住宿舍，晚上也经常讨论业务，像极了大学宿舍。所有转型几乎都是一把手工程，老板的决心是一个企业能否快速转换赛道的根本心力。

第二，务实，执行力。

电商，从来没有高大上的深奥模式，无非就是卖货、卖服务，赚取差价或增值收入，最核心的是务实的执行力。见过很多传统企业，一直在焦虑地寻找商业模式的接近，不停地调研和徘徊，企图找到一招制敌的武林秘籍，白白错过好时光。

在酒仙网诞生之时，也买酒、酒美网等基本只卖红酒，酒仙网上来就是卖白酒，我问过郝鸿峰为什么只有你们做这个品类，他说：我们原来最懂白酒，这是惯性；很多互联网创业者觉得白酒比较土，不如红酒洋气，我们做白酒也是差异化；最重要的，市场规模巨大，白酒消费超过八成。我们开玩笑：白酒是唯一一个不怕库存的品类，越久越值钱。

酒仙网的大会比较多，这让我印象深刻。我曾经做过几次嘉宾，帮他们一起给传统酒厂“洗脑”。他们的会主要针对供应商，官方提供食宿，邀请酒厂老板和操盘手们来听，既联络了感情，同时也为他们提供互联网思维、开店专业技能的培训，帮店铺做诊断。这种扎实的基础工作，真正做到的电商并不多。

我第一次拜访酒仙网是到亦庄五环路大羊坊桥附近的一个巷子里，办公和仓库在一起，整个办公区很简朴，但仓库却是井井有条，像仓储式超市。门口还开了一家专门收买包装残次、不能二次销售的白酒零售店，据说每天有两三万销售额。现在酒仙网总部已经搬到了高大上的北京电子商务中心区（简称“北京 CED”）。

如今，酒仙网在上海、广州、天津、武汉、成都等地都开拓了子公司和订单处理中心，仓储面积由去年的 10 万平方米增加到近 20 万平方米。同时，酒仙网在技术革新方面也有很大的投入，开发出“A+X”系统，投资过亿引进传送带、电子枪等智能化设备，运营能力得到了极大提升。目前，酒仙网实现了 52 个城市次日达、134 个城市三日达的配送速度。

第三，回到生意本身。

每个生意都有其核心，对于平台型电商来讲就是销售，酒仙网的全员销售意识非常强。在我关注的微信朋友圈里，酒仙网员工的各种促销消息非常多，而且都留自己电话，如果交几个酒仙网的朋友，你基本就可以知道所有销售信息了。

据郝总说，他们员工有不少人能拿到百万级年度奖金。我很好奇的是，其他员工会不会不平衡。郝总的回答是：每个人都可以竞聘去做销售，有能力者也可以拿高提成。顺便了解到他们一个很好的人才选拔方式：总监级等核心岗位，会有竞聘机制，先是总裁室海选，然后候选人发表现场竞选演说，评委投票做表决。

在传统属性极强的酒类行业，一个年轻人要想在短时间内有所成就，是很难的。酒仙网敢于给年轻人挑战和试错的机会，据说名为“三人炫”的一款酒的项目运营就交给了一个90后的小姑娘全权负责。郝总说，在酒仙网，很多工作一两年表现突出的都提拔做了总监。我也曾见到一个90后部门总监，有活力，但待人接物干练成熟。可见，人才选拔的透明机制与系统化培训，是任何企业成长的核心要素。

第四，学习能力，吸星大法。

酒仙网很多人是销售出身，大部分都很有亲和力，学习能力很强。早期是高管走出去参加各种培训班，快速获取互联网思维的打法；针对中基层员工，内部培训很多，学习氛围浓郁，我做过的唯一一次超过500人听众的报告，就是在酒仙网，在一个未竣工的半成品写字楼里，夏日傍晚的蚊虫肆虐，老板们亲自全程参加——这事看上去不大，但能做到的老板寥寥无几。

2014年8月，酒仙网推出“三人炫”品牌，用84天销售了100万瓶，计1000吨白酒。这一瞩目业绩，让“入冬”很久的白酒业惊艳不已。三人是指泸州老窖集团总裁张良、著名白酒包装设计大师许燎源、酒仙网董事长郝鸿峰，三人共同合力打造了这款互联网专销酒。

酒仙网的学习能力在这里得到充分体现：1. 玩互联网“公测”，营造参与感。先通过小包装、相对低的价格让消费者试喝，然后鼓励他们进行各个方面的反馈，几轮公测后，推出1.0版本。之后在微信做“我为三人炫代言”活动，两千多名员工与无数酒友，纷纷在朋友圈分享手持“三人炫”的代言照。2. 做发布会，学习凡客“一件衬衫的发布会”，做一瓶酒的发布会，现场试喝，现场订货，网络二次传播造势，口碑由此扩散。

第五，生意组合，建立生态。

酒仙网核心是自营加开放平台，很像酒行业的京东。而另外三块生意值得关注：一是代运营，二是O2O，三是自有品牌。

酒类品牌在各大平台几乎都有旗舰店，但具备日常运营能力的酒厂不多。于是，这就成了酒仙网的一个生意。不仅仅是代运营的服务费收入，更重要的是掌握了线上六七成酒类销售的运营权，这种与厂商的深度合作是其他大平台无法比拟的。

O2O项目“酒快到”，囊括了线下各酒类专卖店和烟酒店，除了向品牌商收取部分费用之外，不对零售店收佣金，交易也都是通过电话完成的，无须线上下单——好处是容易快速开发系统和赢得零售店支持，坏处是服务质量不易监控。我在山东济南曾经测试过最快的一单，手机电话订酒之后，一分钟之内就送到了——小店就在饭馆楼下。

组建生态体系，必然要做自有品牌。酒仙网做自有品牌有两个目的：高毛利商品的探索，给传统企业做样板。后者的意义更加重大，因为传统企业既没摸清做互联网品牌的路径，也在内心里犹豫不决，酒仙网只能自己做出样板来推动整个行业的品牌互联网化。

10　O2O混战：规模是唯一门槛

O2O（Online to Offline）这个词太火了，几乎是2014年以及可预见的2015年，在互联网圈会被最多提及的词，没有之一。有人说2014年是中国O2O元年，而2015年则是混战O2O元年。O2O是未来几年最大的风口，这一点已无人质疑，而生意模式之清晰也没什么秘密可言，于是几乎所有O2O一上来就是“军备竞赛”，市场占有率是唯一的目标，补贴是最重要的推广手段。由滴滴打车与快的打车的对决，可窥见市场竞争形势之惨烈。

很多人，特别是传统企业的人在遇到O2O这个词时，很像当初遇到互联网和电商，轻易将之神秘化，这个“天地相连”的图景听上去实在完美，完美到很像一个酷毙的商业模式。O2O这个词所涵盖的范围实在太广了，简单讲无非是一种线上线下互动的商业场景，并不能算是一个独立的商业模式，需和B2C、C2C、B2B2C等业务模式结合才能完整。

O2O的互动分为两类：有些生意天生就是Online到Offline的正向O2O，比如生活服务类团购，线上订票、线下看电影，线上订位、线下就餐；至于在商场里扫描二维码获得优惠的场景，则是Offline到Online的反向O2O。

在O2O大市场里，有几个不同的切入路径：

1. 综合平台类，比如京东、淘宝等。大平台有两件事必须借助线下完成，一是以社区为覆盖区域的生鲜配送（因其冷链物流成本与时效问题），二是农村市场的覆盖（因其农村市场的教育及快递成本等问题）。因此，京东、淘宝都将渠道下沉、农村市场覆盖作为未来两三年的核心战略。

2. 社区类，比如社区001、爱鲜蜂等。未来线下商圈无非三个人流聚集地：ShoppingMall，综合体验消费；社区，人流最密集，高频消费最多；写字楼，白领密集，订餐等刚需消费多。而大多数路边零售店将无生意可做，规模大大缩小。于是，社区类O2O项目就蜂拥而上，试图以先发优势与规模经济实现早期圈地，再进行精细耕耘——线下商业的马太效应也会越来越强，集中度也会越来越高。

3. 系统解决方案类，比如微店、有赞、微盟等。以微信开店为基础的各类解决方案非常多，目的都是为给线下商家提供转型移动互联网的工具，如收集消费者信息的WiFi系统、打通上游进货的B2B系统、维护客户的CRM系统、多级分销体系、各种营销推广插件等。比如拉卡拉小店，在提供水电煤刷卡设备之外，还有开店宝系统帮助进货，特别是生鲜等供应链的整合，并协助在小区做路演推广。

4. 行业垂直类，比如河狸家、品胜等。在各细分领域做O2O的项目最多，特别是基于C2C的O2O模式最受追捧——去掉传统消费领域的B环节，让能够凭借个体提供服务的泛手艺人直接面对消费者，比如家政、快递、厨师、美甲、按摩、司机、导游、理财、维修、心理咨询、医生等。

线上与线下的双向倒流能力的打造，是形成O2O闭环的关键。很多传统企业往往只具备线下流量或客户，而不具备线上流量的捕获能力，因而天生瘸腿，只能补短或与有流量的平台合作。而互联网项目则只是具备线上倒流与运营能力，而线下资源整合能力较弱，因此，传统与互联网的彼此尊重与协作尤为重要，也是最难的，因为双方的思考常常不在一个频段上，积极地说需要时间打败这隔阂。

此外，快消品行业的O2O天然有“高频打低频”的逻辑，高频词消费的拉新成本低、复购率高，很容易覆盖掉低频应用——这很像互联网电商的平台型与垂直型B2C之争，结局是除了唯品会、聚美之外，垂直B2C几乎全军覆没。这也是传统企业转型O2O时，必须考虑清楚的一点，婚恋市场再刚需，大部分人一辈子也就结婚一次。

11 居然之家：低频高价O2O怎么玩儿

最近一年，低频高价领域的O2O创业开始崛起，如汽车、房产、家装等。接下来以居然之家的O2O策略为例，聊聊“重型”O2O的玩法。

2013年天猫双11前那场家装O2O之“战”，想必让很多关注传统企业转型的人们以及家居行业从业人员印象深刻。当年10月，由天猫发起的“家装O2O活动”因严重侵犯到诸多家居卖场的权益，而受到了以居然之家等国内家居行业最大的 19 家全国连锁或区域大卖场的联合自卫反击而中途折戟，这也使家居建材行业成为几乎唯一一个当时互联网无法迅速侵入和颠覆的行业。

相对于图书音像、服装、3C 等品类，家居建材类进入网络销售的时间相对较晚。

各品类进入电商的难易程度和进入时间

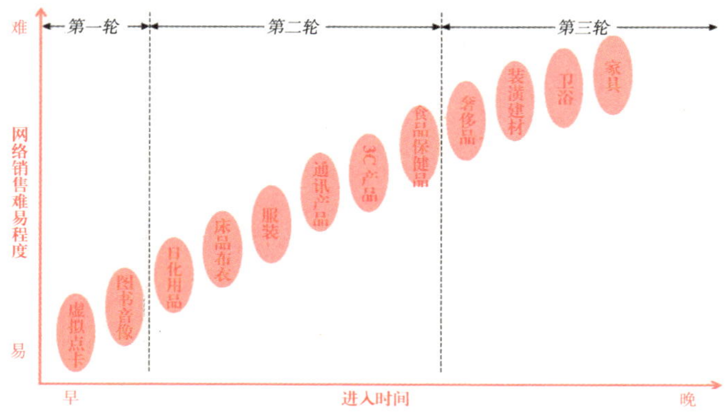

究其原因，主要是由于建材家居这个行业比较特殊，具体表现在：首先，家居几乎都是大件商品，产品高度非标准化，难以规模化生产，在物流、安装等方面容易产生各种问题；其次，家居建材行业市场规模大，但是品牌众多且高度分散，十亿规模以上的品牌不多；第三，家居建材传统经销渠道难以突破，主要以区域代理商运营为主，地区价格存在差异；第四，消费者购买频次低，决策周期长，且决策者众多；最后，多数产品需要线下售前售后服务，用户体验度非常高。总之，以上这些家居流通行业及消费的特点，决定了该行业的电子商务终极化贡献的价值只能在 30% ~ 60% 之间。因此，虽然近两年众多传统家居企业、家装公司纷纷投入到互联网大潮中，但是，到目前为止，基本都只是在摸索中前进，正是“理想很美好，现实很骨感”。

作为家居建材流通领域的领军企业，居然之家的电商布局开始得不早不晚——传统企业转型互联网，太早容易夭折，太晚容易错过时间窗口。2013 年 11 月 11 日，“居然在线”正式上线，算是家居建材流通行业最先开展中高端 O2O 模式的平台电商。

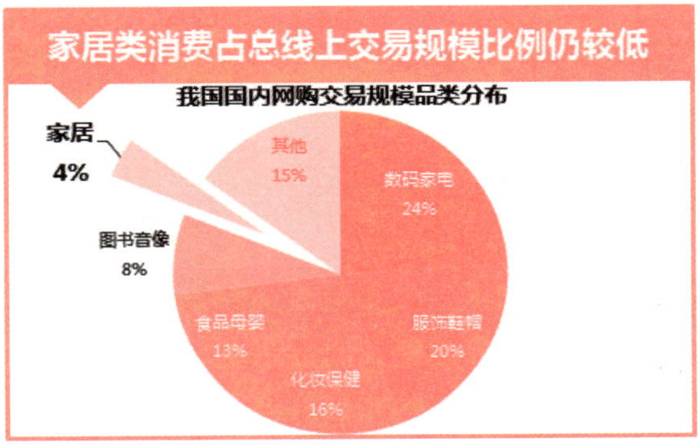

几乎所有传统企业都是带着历史包袱在做转型的，必须解决很多问题才能步入互联网快车道。思维与基因层面的冲突就不多讲了，必须适应新的游戏规则，这是一切转型的前提。

第一，要解决渠道冲突问题。

家居传统的大卖场想要做电商平台可谓步履维艰，如果线上线下经营主体不同，就会导致线上线下的利益冲突，而且价格也很难统一，售后服务也很难得到保证——这是无数传统企业转型互联网所面临的共同困惑：线上线下的利益争夺、渠道冲突如何解决？

据居然之家总裁汪林朋介绍，为解决这些难题，居然在线定位于做建材家居垂直领域的平台型电子商城，依托现有商家渠道资源发展线上业务，在明码实价的基础上，以 O2O 的模式切入，按地区设立分站点，贯彻“同一经营主体、同一产品、同一价格、同一服务”四同原则，让消费者在任何时间、任何地点都能享受到最合理、最公平的产品和服务，初步实现了线上线下协同发展的模式。

更重要的是，这个生态圈是共赢的，在满足消费者需求的同时，将设计师、施工方、商户及居然之家等各利益方整合在一起，通过设立合理的规则和激励机制，促进各方积极合作。

苏宁等传统渠道商，也是采用这种模式来规避渠道冲突的。

第二，要找到用户痛点，构建差异化服务。

对于设计师来说，销售任务压力大、缺乏客流来源、效果图制作耗时长、真实性较差以及沟通成本高等问题，成为困扰设计师发展的障碍，导致设计师始终无法专注于设计、为业绩所累，极大阻碍了国内装修设计业的发展。而对于消费者而言，信息严重不对称、价格不透明以及行业标准不规范成为其在装修时面临的最重要问题，同时，装修的周期长、过程复杂、需要实时监管等问题，无不令消费者苦恼不已。

面对用户的诸多痛点，2014 年居然在线对平台进行改版，以家装设计为核心，涵盖材料采购、施工等服务，为设计师提供一键生成施工图、一键式清单报价等便捷服务，让设计简单化、装修透明化、施工标准化，让设计师成为更受尊敬、更加独立的自由职业者。以此，进一步为消费者提供一站式家的解决方案，以及周到的线上线下一体化服务，让消费者更便捷化、个性化、全渠道化地享受居然之家的产品和服务。

第三，低频 O2O 如何推广。

与高频低价的社区类 O2O 相比，低频高价类消费必须通过组合拳实现布局：以社区或信息服务来增加与客户的接触频次，降低拉客成本，以高价消费获利。

据居然在线总经理汪小康介绍，居然在线的营销推广就是“两板斧”：1. 通过设计效果展示吸引用户，以社区和互动带流量，将低频交互变成高频交互；2. 利用社交网络拉动口碑传播，所有推广形式中口碑传播是性价比最高的手段，对于大额消费来讲基于信任口碑的传播比广告更重要。这既提高了消费者的关注频次，也自然降低了获客成本。这两招几乎适用于所有低频高价 O2O 的推广，也决定了产品生态组建的逻辑，最终形成流量闭环。

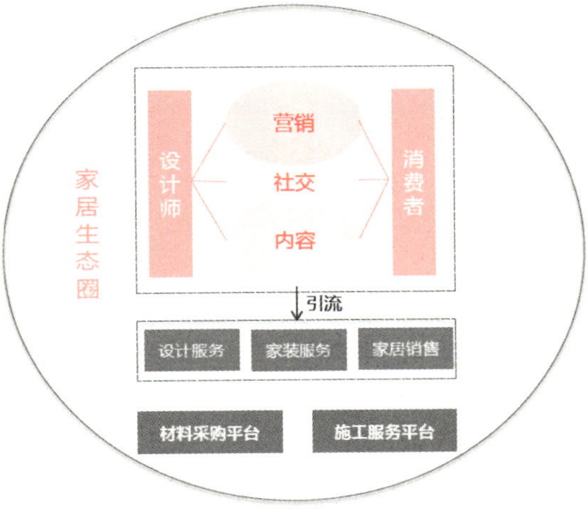

12 工欲善其事

必先利其器。工作中经常鼓励同事分享自己的经验，三人行，取长补短。在工具使用层面，每个人都有高效率工作的习惯方式。这里也做个分享，虽然小儿科，或也有用。

1）微博、微信，最常使用的工具，不用细讲了。微博是我的消息源，微信几乎替代了电话，有了微信群连同事之间的工作交流都搬上来了。

2）Word 文档备忘录。虽然很原始，但记录各种事项还是很方便的，尤其是 WPS 手机版能够支持文档漫游，可以云端同步文档，非常方便。备忘录的格式，分为重要和紧急两项，一句话写清楚待办事项要点、负责人、时间表，好记性不如烂笔头。

3）思维导图。最好用的是 Mind Manager，也有手机版和 Pad 版，适合发散思维时梳理逻辑，做 PPT 也常用之做素材。

4）云笔记。最常用有道云笔记，国产软件好处就是速度快，不用翻墙；随时图文声音记录，多屏查看，便于检索。最近开始用 iPad 上的 Notability，很有在纸质笔记本上写字的感觉，切换笔芯颜色、插入图表、排版布局等功能非常简洁，却极其好用——当初上学时有这样的产品就好了。

5）多看 + 微盘。喜欢读书，纸质书买得多看得少，电子阅读更适合差旅。多看的排版，迄今仍是最舒服的风格，没有之一。新浪的微盘，则有海量文档可以下载，你懂的。两者配合，堪称电子阅读最佳拍档。

6）涂书笔记。读纸质书，要记录优美词句，可以不用录入了：相机拍摄，OCR 识别，准确率很高。

7）36kr、新浪封面、知乎、果壳。总要保持对资讯和知识的敏感，有些网站每日必到：36 氪有最新的国内创业项目，或许下一次创业梦想会在阅读中萌发；平面杂志仍有其深度报道的意义，特别是封面专题，新浪封面频道对主流平媒的封面报道一网打尽；还算是伪文艺青年，知乎、果壳必须常看啊，豆瓣仅在查找图书电影评价的时候会打开。

8）百度搜索风云榜、百度指数。做互联网、市场、公关、创业，要时刻关注网民动态，捕捉热点，百度搜索风云榜是必看的；百度指数则是非常好用的搜索行为数据分享平台，基于品牌关键词可与竞品进行比较，做到知己知彼，其专业版则集成行业趋势研究、市场需求挖掘、受众定位、效果监测、竞争分析和品牌诊断于一体，做互联网调研的公司基本可以退役了。

看看百度风云榜，经常感慨未知的东西太多了。

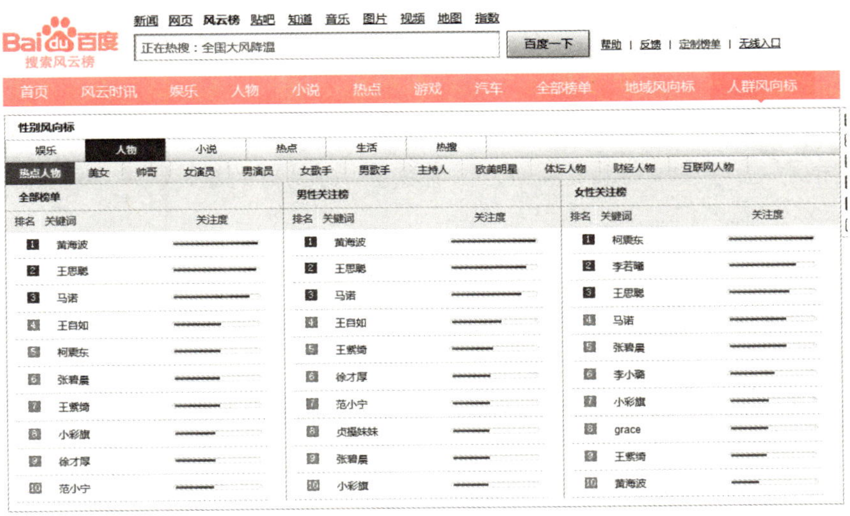

冯唐从金字塔模型到麦肯锡之后学到的“最宝贵、最有用的玩意儿”参见下图。

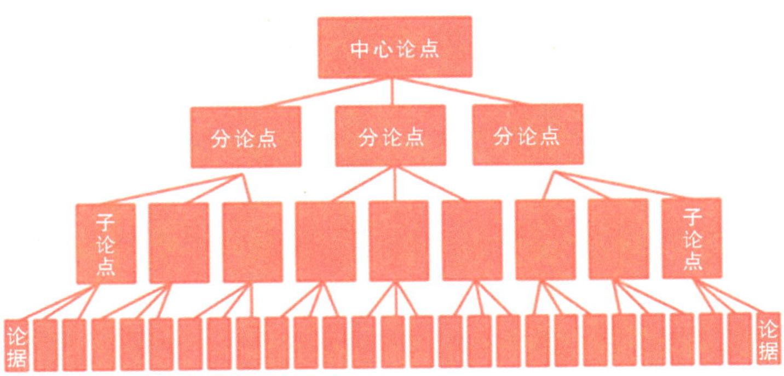

9）麦肯锡金字塔模型。这是一种层次性、结构化的思考方式，沟通、写作、项目规划都用得上，是非常有用的工具。关于此方法论的阐释常常复杂化，@冯唐 专门写过一篇文章：

> “用一句话说，金字塔原则就是，任何事情都可以归纳出一个中心论点，而此中心论点可由三至七个论据支持，这些一级论据本身也可以是一个论点，被二级的三至七个论据支持，如此延伸，状如金字塔。……对于金字塔每一层的支持论据，有一个极高的要求：MECE（Mutually Exclusive and Collectively Exhaustive），即彼此相互独立不重叠，但是合在一起完全穷尽不遗漏。不遗漏才能不误事，不重叠才能不做无用功。
>
> 金字塔原则看似废话，但确实是一个伟大的原则，一个伟大的方法论。
>
> 伟大用途之一，解决问题：当你尝试解决问题时，你从下到上，收集论据，归纳出中心思想，从而建造成坚实的金字塔。有了这个大致的目标，问题解决起来最有效。
>
> 伟大用途之二，管理手下：如果你是领导，有经验，有手下，对于某个问题，你根据经验提出假设，迅速列出第一级三至七个支持论据，分别交待给不同的手下。两周后，手下提交报告，你汇总排列，从而建造成坚实的金字塔。有了这个原则，管理起来最有效，领导做得最轻松。
>
> 伟大用途之三，交流成果：问题已经解决，金字塔已经建成，需要交流的时候，你从上到下，从金字塔尖尖向领导汇报。过去皇帝早朝殿议，给你三分钟，现在你在电梯里遇到领导，给你三十秒，你只汇报中心论点和一级支持论据，领导明白了，事情办成了。如果领导和刘备一样三顾你的茅庐，而且臀大肉沉，从早饭坐到晚饭，吃空你家冰箱。你有讲话的时间，他有兴趣，你就汇报到第十八级论据，为什么三分天下，得蜀而能有其一。有了这个原则，交流起来最有效。”

附录　我们终于可以老得谈谈青春

在创业期间，为了宣传初刻不得不“卖字为生”，给杂志写文章，在网站开专栏，写博客，写微博，就有了下面的文字。之所以附录在这里，是希望读者能从中看到一个品牌及其创始者如何思考这个世界与生意，这些文字本身也是初刻品牌不可或缺的一部分。

1 B2C 荒原万物生长

“我抬头，就看见我的初恋向我走过来。她穿了一件粉色的小褂，白色的裙子，黑色的布鞋，头发散开，解下来的黑色发带松松地套在左手腕上。看到她的时候，一只无形的小手敲击我的心脏，语气坚定地命令道：‘叹息吧’。我于是长叹一声，周围的杨柳开始依依，雨雪开始霏霏，我伸出手去，她的腰像杨柳一样纤细而柔软。”最近在读冯唐《万物生长》，男女主人公的相遇仍如初见般美好，于是发生了本该发生的故事，缠绵委婉，青春四溢。

高晓松在 2010 年 3 月出版过一张专辑也叫《万物生长》，鉴于我的文笔早已不再青春，请允许我引用高晓松的前言：“坐在丽都对面的一间咖啡馆里为这张数字唱片写前言，耳机里听的是老狼十几年前唱的歌《月亮》《模范情书》《久违的事》，那张唱片叫《青春无悔》，写的是我人生的前三个九年，少年恣意，顾影自怜。从那之后，十四年过去了。我像龟兔赛跑里的兔子，沾花惹草，周游世界，娶妻生子，定居他乡，没什么进步。但没进步也有好处，就是有大把时间想想。想着想着，就老了。乌龟变成了海龟，兔子夹起了尾巴。大家或早或晚，都体会了平凡，所以这张唱片就叫《万物生长》。”一个老文艺青年对过往生活的总结，看上去还算真诚。

冯唐的文字与高晓松的民谣，都是我所喜爱的。他们的才华充满游刃有余的洒脱，令我极度艳羡垂涎。于是，自惭形秽之余，我只敢将文字当成爱好，斗胆进入了 B2C 领域寻一条生路。我对“万”字情有独钟，在创业项目取品牌名“初刻”之前，我最喜欢的一个名字是“万象”。或许是大学时代读《万象》杂志对我潜移默化的影响，或许是我希图在大都市的逼仄生活中寻找辽阔感，然而我最终没用这个名字：这个商标被人注册了。

初刻，是我在某个夜晚苦思冥想之际脑海里闪现的名字，没有明确的缘由，就像两个人的相遇，爱就爱了，没有道理可讲。在有了这个名字之后，我才开始逐步清晰自己想做的事情该是什么样子：此前对项目和资金的寻找，更像是为了创业而创业，自己喜欢不喜欢似乎并不是最重要因素，生意能做才是关键。

2010 年 6 月 18 日，在凡客忙碌了一年零一个月之后，我选择了离开。或许，每个男人心中都有一个创业梦，有的被现实诸多顾虑压抑到几乎消失，而有的在诱惑与机遇面前这个梦想被无限放大，以至于像有命运之后推你前行、身不由己。我属于后者：B2C 行业高速成长，凡客每年五倍增长，大量热钱涌入，市场空白无限；于是，你被这个时代的梦想劫持了，你会认为自己如果不做一番折腾，似乎对不起这 B2C 滚滚大潮的来袭。结果，你就走上了创业路。

B2C 商业尽管如火如荼地发展，而在我看来仍有荒原之感。仿佛在苍茫大地之上，只有凡客、京东、当当、卓越、麦考林等稍具规模的几栋大厦巍然矗立，周围就是淘宝那个乱哄哄的集市。3C、图书、服装之外，皆为正在野蛮生长的新物种，或是等待耕耘的荒原。B2C 领地之内，机会仍然很多，取哪瓢饮是选择的艺术。

新的行业机会在哪里。大量的传统企业尚未进入电商领域，当下观望者居多，未来的新可能性自然不少；就细分市场而言，特型服装、童装、中老年服饰、校园服饰、保健品、生鲜食品、旅游用品、文化产品、运动器械、化妆品、农业用品等，均待深耕细作，尚无绝对领导者出现，大家都还在赛跑阶段，不到最后一圈所有人都有机会。

我创业起初的项目计划，是做针对校园群体的休闲服饰品牌：这个市场很多品牌有覆盖，但做得不够精准；有潮牌与学生群体很契合，而定价一般颇高。因此，凭借 B2C 方式、做一个平价的学生潮牌，是一个迄今为止我认为都还不错的想法。然而，我最终还是回到了白领休闲服饰市场，如果说大众、小众是相对论，那么白领与学生相比显然是大众市场——中国 B2C 大众市场还有很多机会的情况下，前面提到的细分市场尚未有更多人关注也在情理之中；而随着占位者雨后春笋般登场，行业缝隙也正在被逐步填满。

好在，我们在快时尚当道的服装 B2C 领域找到了“慢生活”定位——当大多数城市年轻人每天在拥挤、焦虑、浮躁、迷茫中机械而快速地运转，对慢生活的渴求就成为一个梦寐的童话、一个寻求逃避的梦境。于是，初刻就开始天真地打造这个梦，让你在无法逃离的城市生活中找到一丝安慰和寄托。怎样的一生不是一生？你怎能忙碌到忘了自己想要的生活是什么。若只如初见、回到基本回到最初、纯真博物馆、爱和那些美好的事，这些是网站专题的名字，其实你应该看到了这群年轻人所希望传递的情感和精神：发现当下的美和感动，为自己营造一个可蜗居理想的童话世界。

无数人想要逃离这个城市，却没有与现实决裂的真勇气，于是我们唯有尽力发现生活在当下的美。即便不能去托斯卡拉艳阳下沐浴、无法像行者一样浪迹天涯，依然需要在内心描绘一个理想世界，从而得以短暂逃避现实的庸碌嘈杂，就像我曾有的那句座右铭：世界是我的想象。

创业是一条艰辛的路，都是现实，无从逃避，在不断试错中蹒跚前行。首先，用人试错。在创业公司价值观和能力同等重要，有些人无法接受创业公司的辛苦而选择离开，有些人在遇到新的诱惑时离开，有些人跟不上公司高速发展对个人能力成长的要求而选择离开；每个人都有选择未来的权力，找到最适合的创业伙伴需要磨合，尽管人才试错的代价很大，但也必须如此，别无捷径。其次，是产品的试错。什么样的设计容易找到供应商，什么样的工厂最愿意配合，哪类商品最容易得到消费者的认可，在价格与品质的折中上该偏向哪一方，所有这类问题都要通过实践去摸索。最后是市场推广的试错。在广告成本暴涨的今天，通过对各种媒体、销售渠道的小规模测试，来获得经验值积累，从而确定未来大力投入的方向，此所谓小步快跑，用低试错成本获得经验值。创业本就是一条不断修正错误的路，谁修正得越快谁就能跑得更远。

初刻已然诞生半月，对于视觉上的文艺风格，有人喜欢、有人质疑。我在微博上这样回答："同事说在策划城市与人文主题的拍摄，听完描述我很期待。那种喧闹与或孤单的缠绵正是我想要的，初刻要有自己的情绪。关于品牌与文学、音乐、文化、怀旧、城市、幸福、温暖、忧伤、流浪等主题的嫁接，一定会开出美之花。既然已选择，那就让文艺来得更猛烈些吧：你总得做件自己喜欢的事。"

一个创业公司的诞生，必然是在苛责大于赞扬的氛围中长大的。作为创业者会深知人力、资源、经验、时间不足所带来的艰难处境，尽管你可能有无数想法想去实现却不能，你比其他人更了解项目背后的不完美，然而，你并非一个超人、可以解决所有问题。而大多数消费者并不理会因种种现实局限所妥协出来的结果，他们并不会因为你的幼小而降低要求。于是，坦然面对一切，然后督促自己快跑、快跑。

春天已经来临，B2C 大地万物生长。而我却徒生身处荒原之感，日益强烈：或许是整个 B2C 的竞争如此粗放，或许是铺天盖地广告的打法过于简单，或许是很多产品如此没有格调却卖得很好令人不解。我们渴望改变，希望品牌可以有一诞生就有格调，期待口碑可以转换成销量，努力做些好玩的事。荒原之上或许可以开出小小花朵，迎风舞动，茁壮生长，初刻在努力。

荷尔蒙过剩的冯唐在文字中宣泄着自己，终究也有不自由，就像《万物生长》的出版被二十多家出版社拒绝说："想骗成太监都不行，浑身都是小鸡鸡"。

而创业初刻亦是如此，在理想主义和商业之间，你必须学会玩平衡木；否则不是憋成内伤，就是被现实打成外伤。好在，初刻诞生之初就赢得了很多人的爱，我们也要做个有爱的品牌。在春天上路，未来的日子很长。

2011-5-10

2 我的名字叫文艺

1

“尼姑玄机问禅宗第五代祖师弘忍：‘你想看我的裸体吗？’这是唐高宗龙朔元年，西元六六一年。” 作家冯唐在作品《不二》中如此开篇，让读者颇不淡定。然而，抛却佛家背景，这场景描述的却是男女间最基本的物理需求，尽管很多人羞于启齿：我们常常有意无意地忽略某些东西的根本所在。这样的文字，算不算重口味，其实很难判定。

2011 年 9 月，《新周刊》做了一期封面《重口味与小清新》：**“重口味们追求猛烈、怪异、繁复、躁动，想把现实世界剥去伪装。小清新们追求淡雅、自然、朴实、静谧，想在精神世界自我陶醉。更多人一人分饰两角，工作重口味，生活小清新。晚上重口味，白天小清新。欲望重口味，理想小清新。现实重口味，幻想小清新。”**

对于两者之间的暧昧关系，这段话已然说得很清楚，恰似孪生兄弟不能分家，口味轻重只是相对论。

2

初刻最近上了许多款 tee，和《三联生活周刊》主笔王小峰合作，算是小小地跨界了一次。小峰江湖人称三表，京城文化圈达人，女粉丝众多，既写博客也写书，偶尔拍个小电影儿，日子过得特立独行。在微博碎片乱飞、约炮利器横行的网络当代，三表依然发扬着博客这门古老艺术的超强影响力，颇为罕见。以个人经验判断，删掉各门户力推的博客，表叔在独立博客领域流量一定最高，没有之一。

三表从前两年开始鼓捣 tee，自己不设计，全部从被称为黑猩猩的粉丝当中征集。民间智慧无穷，佳作不断。尽管三表尽力克制冲动，不去选那些擦枪走火的设计，有些图案仍然显得有点重口味，比如爱的符号，比如地铁门。

好在大部分都比较清新，即便反抗，也是温柔扭捏、含情脉脉，偶尔剧烈一些，只是为了多点儿刺激。这口味的咸淡，是我们尚且能够把握的，而不敢真的当街撒泼，因为我们都很清楚：Big brother is watching you。

注定无法让每个人成为英雄，于是，我们成了坐在路边鼓掌的人。

3

再说说小清新这件事。

我曾在微博上做了一个调研，问大家理解的初刻定位，结果小清新名列第一，其次是文艺、慢生活。并未出乎意料，小清新几乎成为初刻的代名词，尽管这并不是我们最初的设定，只是木已成舟。其实，我们真正在做的是文艺风格，而小清新只是文艺一种。因此，当有人看到初刻有重口味风格出现时，也不必觉得我们在纠结或是迷了路。

去年《第一财经周刊》做了一期封面《小清新制造者》，以无印良品、雕刻时光等八个品牌为例，初刻忝列其中。小清新之备受关注，其实是我们内心对美好的向往使然：无法拥有的，方显可贵，恰如初刻慢生活定位所能引发的共鸣。毕竟我们并未沐浴在托斯卡纳艳阳下，或是迷醉在普罗旺斯的花海中，抑或是在夜色巴黎掩映下聆听吉他的和弦、遭遇一场艳遇。

时代的山乡巨变，没有让我们变得更强大，而是更脆弱。凭借想象之力建构童话般的美好、抚平内心无法自愈的痛，成了生活在当下要修炼的基本功。如此矫情营造自给自足小宇宙的，定是文艺男女吧。

那么，你所理解的文艺是什么。

4

> “许多年过去了，人们说陈年旧事可以被埋葬，然而我终于明白这是错的。因为往事会自己爬上来。”
>
> “毕竟生活并非印度电影。阿富汗人总喜欢说：生活总会继续。他们不关心开始或结束，成功或失败，危在旦夕或柳暗花明，只顾像游牧部落那样风尘仆仆地缓缓前进。”
>
> “在阿富汗，结局才是最重要的。每逢哈桑和我在索拉博电影院看完印度片回家，阿里、拉辛汗、爸爸或者爸爸那些三教九流的朋友——各种远房亲戚在那所房子进进出出——想知道的只有这些：电影里面那个姑娘找到幸福了吗？电影里面那个家伙成功地实现了他的梦想吗？还是失败了，郁郁而终？”
>
> “我跟荷麦拉对抗着整个世界……到了最后这个世界总是胜利者……”

近日看完《追风筝的人》，并非新书，以上是部分章句（请默默诵读），没有剧透。读过文字你心如止水，抑或有所触动，这是我分辨文艺青年的方式之一。

有面试者说，看了我某篇文字，很好奇一个商人的文字能清新得如此另类，就想来初刻。没错，这也一定是个，文艺小青年，年轻的，有冲动的。

5

很多人问我怎样定义文艺青年，我说：广义论，文艺全称是文学和艺术，每个人都不会与之绝缘，因而你们全家都是文艺青年；窄义讲，所谓文青就是内心敏感、质地柔软的人，能细腻洞察周遭世界，对生活永远有欲望、有热情。因此，初刻的性格不该只是小清新，而会更加立体丰富，呈现文艺的多样性，只要慢生活之灵魂不变。

“我们都体验过这种情形：有时候我们一个星期又一个星期，一年又一年地抱着幻想，以为想得很有逻辑，有一天我们看见某样东西，一张脸，一件衣服，一个快乐的人，然后陡然明了，我们的梦想永远不可能实现。” 这是帕慕克作品《我的名字叫红》，他的文字总有淡淡的伤愁。五味杂陈的，才是人生。

2012-5-22

3 电商是件简单的事

最近电商没有大新闻，只有小道消息。比如百丽投资电子商务，原京东副总徐雷加盟，据说某 VC 正与百度洽谈，希望共同入股百丽电商，又据说网站 7 月份就上线了。比如依然有贴身内衣项目在酝酿，尽管这市场已有多家（梦露时尚、兰缪），但大家似乎还觉得有机会。比如那些默默无闻做了几个月的项目，仍在默默无闻地耕耘，貌似诚恳耕耘，其实内心忐忑。比如某中高端服装 B2C 倒闭，企图靠模仿跟进的日子并不好过。

尽管很多人在说泡沫，也确实有个案不够坚挺地倒下了，然而电商大势所趋无人可挡。当中国互联网仅有30%渗透率，当数万亿的传统服装市场在互联网上只有1000亿的时候，整个行业的高速成长是必需的。今年和明年，针对各细分市场的电商创业项目还会层出不穷，B2C市场的容量足够大。

电商的运营逻辑很简单，无非是做好产品和服务，和传统商业并无二致。电商是个口碑生意，做好产品、提供便捷购物体验、快速送达、及时退换，如此就不愁没好生意做，而营销推广只是加速器而已。

当有人把电商看得复杂的时候，要么是他并没想踏踏实实、认认真真做生意，要么只是觉得电商环节多而已。就像初刻从诞生之初，我们就希望顾客给我的评价是“你们很用心地在做”，事实上我们做到了。尽管每天忙碌，我依然在新浪微博上充当客服角色，回复各种问题。尽管一个品牌的诞生之初会有各种瑕疵，当你认真去解决所有问题时，绝大多数顾客都会原谅你的不完美。

2009年之前，尽管身处互联网，却始终没有找到自己未来的方向。当我进入凡客，继而在2010年创建初刻的时候，内心有个声音告诉我：这就是你最值得从事的事业，呵护好顾客对一个品牌的喜爱，遵从内心对健康生意的热爱，做一件你喜欢的事，简单、快乐、有成就感。

文学就简单的世界变得复杂，我们需要将复杂的生意变得简单。如果你还没想好从事什么行业，那就投身电商吧。

2011-6-15

4 回到童年

忙碌于各种事务，在被同事数度催促之后，我才开始补这篇迟到多日的周记，很抱歉。

今早坐地铁，没有空调的逼仄空间人头攒动，汗流浃背。按照惯例，我选择在读书中迷失掉这一个小时的路程，以分散这一路无风景可看的辛苦。《明日风尚》是我近期常读的两本杂志之一，另一本是《城市画报》。在时间碎片的路上，翻阅杂志是最适宜的，尽管书包里还有一本柳井正的《一胜九败》。

本期《明日风尚》有篇文章我很喜欢，关于新加坡，《城市不可以忘记游乐园》。对成年人来说，游乐场是休闲、是童年快乐的延续；对孩子来说，是快乐、是健康成长的营养来源。休闲设施理论家 Lee Hamner 说：“今天的游乐园就是明天的共和国。如果你想二十年后的国家有强壮而有用的男女国民，一个正义且公平的国家，今天就要从只供儿童玩耍的游乐场开始。”与经济利益相比，游乐场无足轻重，而它却是衡量一个城市幸福指数的重要场所。

作为一个做生活方式的品牌，对《城市画报》的喜爱由来已久。《城画》主编黎文是近期认识的朋友，而他的卷首语我早已是每期必读。他曾写过一篇《与天真的距离》，其中谈到：“也有不少读者批评我们，你们总是在制造一些生活的幻象，真正的生活哪有那么理想化？是吗？也许是的。大多数人的朝九晚五柴米油盐，都像是大批量生产的商品那样被标准化了，当某个人想要摆脱这样的被定制的命运时，总会遇上大规模的反对声浪：

‘大家都是这样子的，凭什么你就要独具一格？’”

引用了这么多，其实我想说的是：回到天真、回到童年、回到最初简单的快乐，是这个时代所稀缺的东西，我们必须小心培育、呵护。这个世界已很复杂，我们需要让自己变得简单。初刻正是为了还原这种单纯的快乐而诞生，就像此刻饥肠辘辘的我所感受的幸福是：手边恰好有一桶烧烤味花生，以及一杯刚沏好的茉莉味红茶。

2011 年 7 月 4 日

5 走路，旅行

1

最近偏爱旅行类的随笔，或与自己不能远行有关，而心关不住。

在初刻上卖书是我的想法：现实生活毕竟不是戏剧，平淡无奇的时光为大多数，而那些传奇人生是我等俗辈所无从经历的，阅读就是在他人世界中寻求精神冒险的最简单办法。

2

2009 年初，我和她去意大利，这是我的第一次海外自助行。自助尽管衣食住行都要自己张罗，亦有很多自由行走的乐趣：可以不必被导游的催促打断心情，也可以随意步入游客罕至的街巷看寻常生活；可以在喜爱的景致前逗留半晌直至暮色降临，也可以邂逅一个偏僻的菜市场，吃当地人最喜欢的 Pizza，或是到街边小店来杯纯正咖啡或冰激凌。

意大利之行印象最深刻的不是威尼斯，也不是罗马，而是锡耶纳。从细雨霏霏的佛罗伦萨车行一个多小时，即可抵达滴雨未落的小城锡耶纳（Siena）。它是与佛罗伦萨齐名的托斯卡纳的古都，在三座小山的交汇处。杉林与葡萄园围着的这座城镇有 1000 年的历史、5000 多居民，至今还保存着中世纪的风貌。绘画颜料中的锡耶纳色（浓黄色）就是这个城镇的颜色。

锡耶纳城市很小，除了几条屈指可数的商业主道之外，均是寂静到安谧的老城小巷。漫游在历史的静谧之中，第一次有了我希望在这个地方定居的念头。然而，终究不能。

3

遗憾的是，我们前往的冬季并非托斯卡纳最美的季节，回到北京我买来美国作家梅斯《托斯卡纳艳阳下》，聊以慰藉我的失落。

“在美国的繁重工作，不幸的婚姻，让我渴望重新找回自我。于是，我跑到了意大利，跑到了托斯卡纳，找到了让我内心欢愉的家——巴摩梭罗：每天早上被杜鹃叫醒，沿着梯田散步，在葡萄园中歌唱、背诗，随手采摘垂下的李子，品着温和的葡萄酒，尝着带点辣味的绿色橄榄油配面包看书，写作……生活是如此美好。”

好吧，只是想想，这生活已令人无限向往。有朝一日，我会再去托斯卡纳，无论艳阳下，还是暴雨中。

4

舒国治是一个台湾人，他的生活为很多人“虽不能至，心向往之”。

他不做朝九晚五的工作，以写字为生，大部分时间都在过生活。有人称他为“城市的晃游者”，有人说他是在“优雅地浪游”。他依着自己的节奏，始终自在闲适地喝茶、吃饭、睡觉、走路。

他说：“当你什么工作皆不想做，或人生每一桩事皆有极大的不情愿。在这时刻，你最好去流浪。去千山万水地熬时度日，耗空你的身心，粗砺你的知觉，直到你能自发地甘愿地回抵原先的枯燥岗位做你身前之事。”古朴雅致的文字，伴以了无牵挂的游走心情，当真是无数人艳羡的理想生活。

《理想的下午》是他的代表作，和《托斯卡纳艳阳下》一起，是初刻最受读者欢迎的图书：我们缺少探险世界的勇气，却不能让向往外面世界的心情也枯萎。

5

“你是否拼命追赶生活而不敢停下休息。你是否跻身于这喧嚣都市而倍感压抑。骑行就是一次自由的短暂飞行。”这是一个活动海报的文案，“两个青海——骑行在 3197 之上”。组织活动的是 3G 门户 CEO 张向东，我的校友，他喜欢音乐，喜欢旅行，是这个 IT 圈中做文艺的青年。

就在这个七月，黎文、张向东、张鹏、张颖们，去了青海。他们说：“从来都有两个青海湖，一个是亚洲最美丽的内陆湖，一个是骑行后留在记忆里的青海湖。”

6

除了羡慕，还要有行动。我的决定是：无论、怎样忙碌，下半年我一定要去鼓浪屿，过一段岛民生活，于我，这是最现实可行的计划。

其实，我并非要鼓动你背起行囊去流浪，但，一定给自己于旅途中阅读世界的机会，在老去之前。

2011 年 7 月 18 日

6 慢一点，发现日常生活之美

1

当微博成为生活的一部分，每天都会徜徉其中甚久，以至于会时常自责是否因此浪费了好时光。最近一周的微博热点只有一个，高铁事故，令人忧伤。大家不再谈论风花雪月，而是为这个国家忧心忡忡，每个人都有自己的心病。

2

我生病了，感冒，并未卧床不起。

初刻的快速发展不能脱离轨道，我成了那个牵住缰绳的人。我们不断告诫自己，慢一点，慢慢来。很多东西并不能一蹴而就，就像感冒的痊愈吃药需要两周，不吃药需要十四天。一切都会慢慢好起来，只要有时间这个家伙在。

3

“市场的不断扩张，商品的不停量产，其实都是违反人性的原有节奏和简单需求的，激发的不是我们更美好的未来，而是更贪婪的欲望。长期地违反人性，大家都会有病。当我们‘进步’太快的时候，只是让少数人得到财富，让多数人得到心理疾病罢了。”朱德庸在《大家都有病》的前言中如是说。

“这是一个每个人都在跑的时代，但是我坚持用自己的步调慢慢走，因为我觉得大家其实都太快了。”这还是朱德庸说的话。他希望我们用自己的方式，在这个浮躁时代慢慢走。尽管初刻倡导慢生活，但我更深知这状态是我等俗人难以企及的，或正因如此，对慢生活状态的向往，才显得弥足珍贵。

4

被时代大潮裹挟向前，慢，常是一种幻象。

初刻只是几个月的孩子，我们希望他可以成长得不用那么着急，从躺到坐，再到爬，需要过程。修炼内功、梳理流程、让一切有条不紊，这是初刻在站立行走之前所必须做的功课。

无论快慢，一路好风景，都要用心观赏。很多人总期待快速奔跑到终点，在功成名就那一天去周游世界，殊不知，奋斗哪有终极目标：每个阶段自有其新的目标和苦恼，于是，发现当下、日常生活之美，才是你我最该拥有的心态，一如初刻带给你的美好。

2011-7-29

7　步步惊心的斯诺人生

忙里偷闲，地铁读书。推荐斯诺《西行漫记》。

初识这个美国记者，还是刚上北大时，未名湖南岸有座斯诺墓，丛林之中，依山傍水。

能将一部纪实作品写得跌宕起伏，得益于斯诺的好文笔和对细节的捕捉记录，也与那个纷争时代的嘈杂有关。老外视角本身就能带来陌生感，何况那些细节场景很有趣。

“用飞机来对付周围的红军也证明是不起作用的。红军把机关枪架在山顶——因为他们没有高射炮——结果很有效，以致南京的飞行员来给城里空投供应时，不得不飞得极高。事实上，大多数的供应品都落在红军手里，他们就在延安城外开了一个市场，将食物卖回给城里被困的居民。连张学良自己的外国驾驶员，因怕机关枪的高射，也有点胆怯起来，有一个美国人竟因此而辞职。后来我在西安府看见少帅的漂亮的波音式私人座机满身都是弹孔，我对那飞行员深表同情。”

斯诺的乐观心态时有表露。**“不到一个小时，他们端来了一大盘炒鸡蛋，还有蒸卷、小米饭、一些白菜和少量烤猪肉。我的主人为饭菜简单而表示歉意；我则为我的食量不同寻常而表示歉意。其实后面这一点完全没有必要，因为我必须飞快运用我的一双筷子，才能赶上贫民会的那些好汉呢。”**

台湾文化与政治评论人张铁志说，阅读是一个人对世界的好奇心。与此一脉相承的另一句话是说旅行：“世界是一本书，不旅行的人只看到其中的一页。”无论是读万卷书还是行万里路，只要我们对生活充满热情，就充满无限可能；最可怕的是心如潭水般波澜不惊。

当一对北京老夫妇在退休后卖掉房子去周游世界，当年轻人开始了解“间隔年 GapYear”让自己在漫长人生之旅中偶尔退耕还田，当旅行类图书占据各大畅销书榜……人们开始想念他乡的风景，开始寻求冒险探索的刺激，这个时代开始蠢蠢欲动。

回到斯诺，他访问陕甘宁边区是在 1936 年，当时 31 岁，是第一个采访红区的西方记者，穿梭于国共白红领地之间，体验着像电影般精彩的剧情，享受着游戏过关般的步步惊心。好在我们的旅行并无斯诺设身处地的危机四伏，而很多人也比斯诺年轻，有大把时间可以挥霍。

如果，不能出门远行，那就多读书吧：于他人文字间游走，别是另一种阅历的丰富之途。

2011-9-26

8 用什么姿态做一家公司

编辑希望我写写创业过程中遇到的管理问题或心得感想，我并未欣然接受，但也算答应下来。尽管我知道很多内部事情其实不便对外讲述，而我相信创业者的困惑会有共性，彼此互助是一种美德。你看完我遇到的问题也许会赫然欣慰：原来你小子也有这么多困难。谁说不是，艰难困苦总是难免的，而以什么姿态去做一家公司却有不同。

无论再怎样忙碌，每周一晚上 7 点的初刻管理例会时间总是雷打不动。创业公司总会有各种问题，而有效沟通几乎是最重要的解决方式。具体问题同事们都会逐一提出，共寻解决方案，不需要我啰唆。而一般在例会最后我会啰唆几句“宏观”问题，也是我在管理中的思考。

微博是信息发布工具，同时因很多公司同事关注了我，微博也就成了“训话”阵地。“很多人对公司有好建议、好想法，却只会私下跟同事讲，不敢说给老板听，尤其对公司的意见更加不敢提。事实是，无论老板怎样管理风格，他都希望把公司做好，所有有助于公司进步的想法都希望听到，即便忠言逆耳。老板与员工之间信息不对等，下情无法上传，对个人和公司都是伤害。

敢于直面老板者，晋升最快。”这是源于一个同事跟我的私下交流，在无意中他说出了一些对公司的看法和建议，尽管有些比较尖锐，但我会采纳：每个人都希望这家公司欣欣向荣。

勇于自告奋勇者在创业公司必然受到青睐：创业公司往往缺少能主动操盘大事的人，只要有能力，必然有机会；躲在角落里只知道怨天尤人者，必然心态消极，也会影响同事工作情绪，是创业公司最不希望看到的破坏者。马云说，我最不喜欢天天骂公司，却赖在公司不走的人。心态的积极与否，决定了一个人能够走到的高度和速度。

例会我提到的第二个问题是如何提高管理效率，包括如何提高下属工作效率。作为创业初期公司人性化管理是合理选择，然而在宽松氛围背后可能会有潜藏效率问题。比如凡客、京东在上班时间禁用MSN、QQ等聊天工具，貌似严厉，实际上对于提高工作效率大有裨益，因为每个上班族都很清楚自己花在聊天、微博上的时间有多少；再比如加班问题，若是合理加班员工也都能理解，而若是因为部门负责人管理问题导致了无意义加班过多，则一定会带来员工甚至其家属的反感。高效率工作，是近期要解决的重点问题之一。

创业公司像一艘大船，前方是临近冰山抑或风浪来袭，作为舵手的老板心里最清楚。因此，航向随时都可能发生变化，目的只为所有人的安全。很多时候，并不一定有时间和每个人都说清楚航向改变的原因是什么。

“曾经不理解老板变化无常，定下来的事怎么说变就变；等你自己做老板会发现：局势总在变化，必须随时做出调整，以应对来袭的风浪，确保航行安全。若你在创业公司，更要深刻理解这一点，理解变化背后的缘由。自此，我也深刻领会了马云的话：‘真正的高手还在于制造变化，在变化来临之前变化自己。’”

跟管理层要深度沟通我们可能面临的环境与变化，并与大家研究随局势变化，达成共识。只有管理层明白了变化背后的逻辑，才可能更好地传递给员工，从而使公司在变化中不断脱胎换骨。尽管变化可能带来痛苦，而有些苦难和折磨则必须承担，这是创业的宿命。

2011-9-22

9 回到本质，回到常识

当要写这篇专栏时，我又陷入了无语：电商运营的逻辑如此简单，以至于我不知道有什么秘密可以分享。匆忙中，我只好以最近在读的书做开场，以多点思考时间、定定神。

几天前，一个想做保健品 B2C 的朋友问我，应该如何创新可以成功。我想了很多营销招数给他，但仔细琢磨却发现都是花拳绣腿、锦上添花，却并未涉及根本。忽然觉得电商本无秘诀，无非是让商业回到本质：讲诚信、品质好、服务优，诸如此类。

就保健品而言，无非是真正有效果的产品配方、合理的价格、诚信的服务，而此外诸如根据体质、地域做咨询推荐等只是锦上添花，而无法成为核心——尽管那些核心价值之外的理念包装、视觉呈现、营销推广依然重要。

初刻，从诞生之初就定位于慢生活、发现日常生活之美，从文化格调角度突出品牌的差异化——对于服装，其精神内涵即是品牌的第一核心要义，因其灵魂不同才不会让衣服仅仅是面料和工艺的合体，而成为代表个人社会身份的品牌；其次，设计与质量，是服装品牌另一个同等重要的本质。

对于网购服装品牌，大多数还停留在对后者的理解上。特别是 B2C 领域，一切都在野蛮生长、粗放发展，很少有人顾及消费者对一个品牌的精神需求。

因此，若是希望做一个长久品牌出来，用心将本质环节做到完美是关键，好比一个企业最终的本质是赚钱。捷径会有，比如资本驱动，比如运气好，但这些可遇不可求之物会面临不确定性风险：做企业玩的是必然，不是赌偶然。

纸上谈兵，人人皆为智者；实操上阵，处处都是血泪。创业至今，用人方面苦恼不断。随时间推移，我的识人角度也在发生变化：从对专业能力的关注，到对基本面的看重，此即回到职场人的本质。我看基本面主要两点：学习能力、执行力。前者具备，互联网瞬息万变也能跟上步伐，没有经验可于实践中快速吸取，跟上创业公司步伐，一起成长；后者具备，所有的想法可以变成现实，而非夸夸其谈无法落地，在不断尝试与纠偏中找到最恰当的前进路。

世界浮躁，我们总在寻找一夜成名的秘籍，却忽略了本质与常识。就像很多传统企业在面对电商大潮时，总在参加各种论坛大会、培训班，见各种行业达人，试图论证清楚所有可能的方向和细节，迟迟不去动手。比如我认识的一个工厂老板，在做 B2C、淘宝还是给平台分销的岔路选，以及做一个品牌还是多品牌上，花了一年时间还没下定决心。而有人在“实践出真知”这条常识之路的探索上，已然找到了方向。

在有人问我品牌如何打造时，我都会抛出那七个密码（创业历史、信念、徽记象征、仪式、对立阵营、神奇术语、领导者），或许有人会认为没新意。事实上，若有心在任何一个密码上做足够多的努力，都有机会成就一个品牌——品牌打造本身就是靠打败时间沉淀出来的，从来就没有新意可言。

这世界并非江湖，本无传世秘籍令人刀枪不入或一日千里，伟大企业都是在恪守常识基础上熬出来的。用初刻的理念讲，便是：回到基本，回到最初。

2011-10-19

10 秋天读什么

1

请宽恕我的懒惰，忙碌不应该是我没有更新周记的借口，初刻是慢生活。

2

手机阅读已成习惯：即便读《乔布斯传》，也是 iPhone 上的唐茶版。

一早在路上，读韩寒博客，一篇文章还能有百万点击的，放眼望去，只有韩寒。

其最新博文《这事儿都过气了》，结尾说：

“看到了我朋友在写一个多礼拜前发生的一件悲剧，

他说他认真想了七八天，翻阅了一些资料，觉得也许是这样的。

他分析得很有道理，我深表赞同，平时都有很多人转发他，

结果那条才几十个人转发，评论的第一页有一条就是：怎么现在还有人说这个啊，这事儿都过气了。”

是啊，在信息焦虑的年代，我们是如此匆忙地就快速遗忘了太多事情。

远离微博的碎片化生活，韩寒选择逃离微博是对的。

尽管他依然偶尔潜水，至少可以不必为了粉丝数、转发数而虚荣或伤感：每个人在互联网上都是群居动物，害怕孤单。

3

初刻图书馆，我希望有一天我会开这样一家店。

有好书、咖啡和朋友，最好能开在面朝大海的地方；抑或是高山之巅，看日出日落、云卷云舒。

如果说读《乔布斯传》是为了解一个商业奇才的历史，那么读史景迁、舒国治则是为了内心平静。

买书就是买作者，这是我一贯理念：好作者会像鸟儿爱惜羽毛一样爱惜自己的文字。

舒国治《理想的下午》早已买过，其《台北小吃札记》原本想买一直没下单，恰好看到同事在初刻也上架了这本，果断收入囊中。

尽管此刻桌上午餐是同事刚刚捎回来的 KFC 奥尔良套餐，我依然会想念那些美食，吃过或未曾品尝的。

舒国治会用闲散冲淡的文笔，告诉你宝岛美食的味道。

4

汉学虽早已成为显学，而像史景迁一样在内地有大量拥趸的汉学家并不多。

数月前刚刚读完老先生写张岱的《前朝梦忆》，今天又看到理想国书系继续出版了写小人物命运的《王氏之死》。

《王氏之死》篇幅不大，再现的是清初山东剡城、淄川农村人民的贫苦生活。

主角之一王氏不堪生活的重压，与人私奔，最后却惨死在丈夫手下。

我对文笔好的作家格外青睐，比如冯唐、许知远、慕容雪村，史景迁的书同样如此。

5

高晓松于 8 日凌晨零时释放，他在看守所内的生活随之曝光。

有人归纳了他服刑期间的五件事：

听雨声创作《大武生》主题曲《如梦令》；

翻译马尔克斯的《昔年种柳》；

写诗集《纪传体》；

看《大英百科全书》；

点评《达人秀》影响比赛结果。

其中《昔年种柳》网友评价颇高，大家一致期待高将剩余四章继续翻译完。

6

马尔克斯自不必说，《百年孤独》是其巅峰之作。

《昔年种柳》是另一部小说的名字，高晓松的翻译很京腔，很酷。

“日子翻回我九张儿那年，那时我打算送给自己一份生日好礼——找个雏儿，过个夜，撒点野。

我想起了卡巴卡斯同志，一个有了好果儿就立马发给熟客的地下老鸨。

我之前从没中过伊的淫招儿，但伊也从没相信我是个脱离了低级趣味的清教徒。

伊发了一串果儿，可惜都被人用过。我严词拒绝，坚持必须是雏儿，而且必须当晚就用！

伊不为所动：大知识分子自然什么都清楚，但隔行如隔山，

告诉你，这世道就剩下处女座的人还敢自称处女了，比如八月底生人的你。你得给我时间！”

7

秋之色彩绚烂，上帝用亿万年时光流逝改造一切。

与之相比，我们所经历的百年不过是弹指一挥，渺小如尘埃。

蝼蚁亦有其生活，并非每个人都能像乔布斯一样改变时代。

行万里路是最美的探险，却不现实；读万卷书，或是我等俗辈力可能及。

读点什么吧，点染这平淡生活，在萧瑟冬天来临之前。

这里有初刻图书馆，明天我们还会推荐更多好书。

有个朋友说：在没时间读书的日子里，买书也是一种自我救赎。

8

我仍然有一个梦想：开一家书店。

2011–11–17

11 慢生活的真相

1

并非一夜之间，却也并不太久：慢生活，成了很多品牌的口号，特别是在电商领域。

对于这个词汇的普及，初刻或是较早一个推动者，曾触动很多人内心，于是也就有了许多跟进者。而今，一旦被广泛使用或模仿，任何东西都会变得再无稀有时的珍贵。

我们需要重新思考初刻是什么：原创慢生活品牌，这个定位断然不会丢掉，但我们需要赋予初刻更多内涵，与时俱进的创意；初刻是文艺，是人文精神在品牌与服装的植入。嗯，太宽泛了，要具体化，这是接下来我们面临的挑战。

做一个服装品牌的真相是，我们得先把衣服做好，明年春夏大家会看到不同。

现实中的你越是忙碌，慢生活的童话意义就会更加凸显。尚对某种生活有所憧憬，是治疗这个暴躁时代病的一副麻醉剂，剂量温和，抚慰内心，只管调理、不管治病。这就是慢生活的真相。

2

近日更喜读历史书：眼前的任何喜怒哀乐，将其置身于历史长河之中观照时，都显得渺小而微不足道。

随着阅读的深入，曾经关于历史的常识和记忆，在不同讲述者的文字里，正在一点点瓦解。或许，每个人对过往的解读都是罗生门式叙述，历史的还原并无可能，唯有在重构中更接近真实。真相总是残忍的，那些发现表象背后的故事，常常刀光剑影，至贱无敌。成王败寇的逻辑不变，历史总会重演。

很多人接受不了真相。比如王石说“内地城市的人现在已经没有资格住大房子了”，招来骂声一片，而人多资源少是一个不争的事实。比如说平型关大捷，近年争议颇多，从击毙日军数量这个战果看，各种说法不一，从60人、几百人到上千人不等；颠覆一次战役的伟大，是很多人不愿接受的真相。

我开始很纠结一件事：该不该给孩子读那些所谓“真相”之书？在他们心灵尚且稚嫩的时候，是呈现一个单纯美丽的童话，还是过早地告知世界之复杂？

我没有答案。

3

碎片，一切都在破碎，我们变得愈发没有耐心做任何事，短平快是主旋律。

微博，将注意力打散，我们变得愈发无法集中精力去读一本书，甚至一篇文章。走路、坐车、如厕、工作间隙、开会、餐桌上、睡觉前，甚至开车时，无数人拿着手机刷微博，如此就拥有充实的假象，却由此带来更多虚无。

有朋友在新西兰，最近几天没发微博，我问怎么回事。他说那里上网无须翻墙，最近在看 YouTube，上面有很多很棒的纪录片，能够完整地了解一段历史，或是看一个动人的故事。在新西兰这个田园国度，这种慢生活娱乐或是一种自然而然的方式，生活于中国大都市中的我们，有多少人有这样完整的独立空间？

读书这件事，常与物理空间无关，是心魔在作祟。于我而言，坐地铁成了最佳读书时光。一个多小时的路程，可以阅读很多东西。也许，到了与社会化媒体保持距离的时候，尽管因工作关系尚且无法离开。

让破碎的时光，还原如初，这是一种艰难的选择。

4

如今，我们非常依赖某种载体去寻找美，比如到塞班岛去面朝大海、凭借跑步机去锻炼身体。外物之力固然重要，终归要回到内心：人生万物总有很多美妙，心慢下来时，才会触摸到；而飞奔在路上，只有风声。

设若你有如上体会，说明人生已老。当垂暮夕阳、儿孙满堂之时，自会有真正的慢生活，而那时你会想念今天忙碌到悲催的自己，这也是慢生活的真相。

2011-12-9

12　当世界年纪还小的时候

1

昨天和一个记者朋友聊天，问到我最近读什么，竟不知从何说起。我最近读的书实在有点杂：床头放着《四大特务档案》、《托斯卡纳的一年》，书包里背着《我读3》、《创业36条军规》、《毛泽东选集》（第一卷），在车里听王刚播讲《红顶商人胡雪岩》，今天到货的是在卓越购买的《中国食料史》、《Nothingtoenvy》（台版译为《我们最幸福——朝鲜人民的真实生活》）。

读书于我而言是一件很随性的事，是忙碌生活之余的休憩。比如忽然喜欢历史和人物传记，就开始四处买书，同时阅读很多本，互相并不干扰。关于“买书如山倒，读书如抽丝”这件事，曾有人说：在没时间读书的日子里，买书也是一种自我救赎。我深以为然，正中心扉。于是，每一两周必然要买几本，聊做安慰。

2

初刻即将一周年，过去的日子太多波澜，不忍回首。而所谓成熟，或许就是这诸多跋涉之后的淡定。在成长的路上，时间最是不可逾越之物，总要走过方知在路上的艰辛。昨日开股东会，我用一个词总结了2011：蹒跚起步。

已能横冲直撞的儿子即将一岁半，每天晚上我下班时他已在梦乡，唯有清晨起来可以陪他玩耍片刻。所谓欣欣向荣，就是我在看到儿子天真笑靥时油然而生的感受。与时间的流逝一样，年龄对每个人的雕刻无法抵挡，无论是天真无邪、青春逼人，抑或是夕阳无限、老态龙钟，都必须面对。因此，我格外珍惜儿子这段小小年纪的纯真时光。

3

“所谓父女母子一场，只不过意味着，你和他的缘分就是今生今世不断地在目送他的背影渐行渐远。你站立在小路的这一端，看着他逐渐消失在小路转弯的地方，而且，他用背影默默告诉你：不必追。”（龙应台《目送》）

虽读起来伤感，更加让父母珍惜孩子的童年，这是孩子最需要呵护与关爱的时段。

4

“洋葱、萝卜和番茄不相信，世界上有南瓜这个东西，它们认为那只是空想，南瓜默默不说话，它只是继续成长。”《当世界年纪还小的时候》是一部儿童读物，插画很可爱，而我更喜欢这书的名字，一如我对初刻的喜爱。

当一切都还小的时候，是每个人最单纯的时光。已过而立之年的我，却再也找不回曾经懵懂的快乐，而只有在读书时，还能沉浸在美妙文字中宛若重回童年，闯进一个童话世界般充满好奇与惊喜。

初刻也在营造童话，一个慢生活的幻境：现实已然排山倒海般忙碌到焦虑，何不给自己营造一个平行的私人世界，哪怕这世界需要凭借想象建造。

5

根据平行宇宙理论：在某个宇宙中，就存在着无数个星系，几乎和我们的宇宙完全一模一样，看上去就像是我们自己一样，在那个宇宙中，也存在着你和你的亲人，还有同样的生活方式。更重要的是，此时此刻，他和你一样，也正在阅读这篇文章的这一行。

这事听上去很神奇，尚未得到科学证明。而想象一下这神奇场景，已是美妙，真伪只在其次。就像在电影《美丽心灵》中，那个患上精神分裂症的数学天才约翰·纳什，他所幻想的世界同样令很多人着迷。

6

周末看电影《末日危途》（The Road），一部被忽略的电影。

末日浩劫，世界恍如巨大废墟，双眼所及之处尽是荒凉与灰暗。父亲和儿子、进行着漫无止境的旅程，寻找着更为温暖的避难场所。父亲不断回忆着妻子和他们过去美好的时光，而如今美好不在，父子俩的明天更不知将在何方……

这部电影并未留下一个光明的尾巴，而是一望无际的的苍凉，未来看不到希望（喜欢看情节电影者大可略过此片）。好在，2012 的末日尚未来到，我们还可以将荒原想象成值得期待的胜景。

于是，我们还要继续做关于天真的事：初刻，慢生活，带你发现日常生活之美。

2012-3-6

13 我们终于可以老得谈谈青春

1

“路，走了 44 年，方向却不止一边。行装，偏爱黑色，内心，却仍是此间少年。护照，四十八页，但每个终点都值得赞颂千篇。旅程，左右万里，时差却最多一天。世事，上下千年，却偏要说出瞬间。2013，世界依旧很大，大到可以晓说。”

生于 1969 年的高晓松，仿佛忽然之间，由年少轻狂、恃才傲物的浪子，变成了回头是岸、学识渊博的智者——这是我听《晓说》的第一感受。

读高晓松《如丧》，序言末段说："迄今为止，我把所有喜欢做的事情都做了，并且除了恋爱和旅行，都已换成了钱，虽不多，够生活。所有人都老了，再没有人死于心碎。我数着日子和钱，等着永逝降临。"

2

我们终于可以老得聊聊青春。

高晓松用"如丧考妣"之痛来定义青春逝去之猝不及防恰似"如丧"："因为大多数人痛丧考妣时已是成熟坚硬做好准备的中年，而青春之丧，来于你无欲之韶华，逝于你无望之山冈，昨日已糜，前路迢迢，一曲未终已被弃于四季，一梦未醒已委身于尘土——毫无防备。"

这个满口京腔的44岁音乐人，人到中年所经历的过往，令很多人艳羡不已：有青春的放纵、有流浪的不羁、读四中清华、玩摇滚组乐队、25岁成名于民谣、《同桌的你》家喻户晓、有文艺女青年铁粉、娶了小19岁的美妻、生了前世情人般的漂亮女儿、在美帝逃避帝都的污染、出了书、开了演唱会、拍过电影、住过半年看守所、正用京腔翻译马尔克斯《昔年种柳》……

3

我的青春实在太无趣，以至于我只能从高晓松的文字中重构过去，去想象青春本该有的模样。看完高晓松往事，我一度怀疑自己是否曾经有过青春，抑或是幻想时光倒流的话该怎样挥霍年轻：我的青春是被精心捧着过来的，如一盏微妙的瓷器，不曾跌宕摔打。

总得说说自己。

1991年，中学生涯开始，读书、打台球、玩儿电脑游戏、看宫泽理惠，偶尔与同学打赌去搭讪女生，打过几场架，当过几任班长，高中没谈恋爱却也有人暗恋，没有大事迹。

1997 年，来到北京，在名叫燕园的地方读书、恋爱、上课、自习，偶尔打牌喝酒，常常通宵玩电脑，办协会、加入团委，投稿赚钱、当业余记者，倒卖考研资料，走遍北京的博物馆，研一修完全部学分就去打工上班；没去过停满豪车的二体舞厅，没在静园草坪谈吉他给一个女生听，没有彻夜迷醉不归，没有另类的着装。不放纵、不出格，按部就班，读书、听讲座、忧国忧民，充满危机感，不断努力学习。

多么普通的青春期，与很多人千篇一律。

或许，人生最伤感的是：在你还没来得及挥霍时，光阴已白驹过隙般一骑绝尘，不可追。因此，抓住当下的每一点美好，是多么重要，重要到你不必在未来懊恼自己的曾经。

4

我们终于可以老得谈谈未来。

好在，我们还没老到谈未来无意义，还能有所憧憬。我写过两则白日梦微博，殊途同归地期待一种生活，一种可追随内心、古典田园般的理想生活。

“多年以后，你会有一家开在深林湖畔的书店。苔痕上阶，鲜花盛开，孩子们在秋千上玩耍，你朝着远山发呆半晌。有旅人走来，清茶墨香，诉说一路传奇与城市忧伤。斜阳一抹，斑驳横陈，女人忙碌于主楼，炊烟涂抹上弯月。陈酿微醺，红烛残卷，与张岱讲微博涂炭、聊明末过往。一夜梦醒，落地成尘。”

“许多年以后，你会有一所房子，面朝大海，春暖花开。晨起，日出，妻儿玩沙戏水，追逐拾贝，有海鸥低飞耳语。垂钓浩瀚，深潜入水，对话神奇世界。午后温暖，读书，神游，仰卧细沙，小憩片刻。暮色，一页扁舟，数柄残烛，三五好友，对酒放歌，今夕何夕。”

怀旧过去与憧憬未来，是治疗当下苦痛的良药，凭借回忆和想象即可完成，省时不费力。而现实，却常无药可医。

5

2004 年 5 月 10 日，在踏入职场的那一刻，我的青春期宣告结束。从此，努力成为一个有价值的人。一路奔波，不敢停留片刻。即便忧伤，依然马不停蹄。

今天也会成为历史。无论我们如何珍惜当下，都必然是“身在此山中，云深不知处”。而唯有时光飞逝之后的回溯，才能发觉曾经的珍贵——这是宿命，无处可逃。因此，青春是用来怀念的。

2012-4-16

14　你能 10 分钟背诵这首诗么

1

小学和中学，常被要求背诵课文，彼时甚觉枯燥，现在想却大有裨益。那些还能脱口而出的诗词，基本都是中学时代所积累的。甚而自然科学知识的积蓄亦是如此，比如这首“风级歌”。

0 级烟柱直冲天，
1 级青烟随风偏，
2 级风来吹脸面，

3 级叶动红旗展，
4 级风吹飞纸片，
5 级带叶小树摇，
6 级举伞步行艰，
7 级迎风走不便，
8 级风吹树枝断，
9 级屋顶飞瓦片，
10 级拔树又倒屋，
11、12 级陆上很少见。

2

大学之后，天性释放，没了必须要上的课，也终不必再死记硬背那些诗词歌赋，于是记忆功能逐渐退化。阅读还在继续，至少聊以慰藉虚空，却常常无法准确记下那曾经击中你脆弱内心的经典章句，只可说出歌词大意，或百度一下。在某些关键时刻，不能即刻用文学来升华表达，偶尔会觉得懊恼。

通过背诵增强记忆力而变聪明，这在全世界都能找到各种案例支撑。当然也有“非诚勿扰”博士女嘉宾 12 秒内背完圆周率 100 位数字，这并不能说明智商高，因为这节目的智商原本不高。

3

读朦胧诗，自然关注北大诗人，比如戈麦、海子、骆一禾。

2001 年 9 月 24 日，戈麦逝世 10 周年（24 岁自沉于北京西郊万泉河），五四文学社在北大三教 105 举办了一次纪念活动，西渡等生前好友参加，很多人朗诵。

期间，一名站在讲台旁仰望天花板的男生走上台，拿起板擦，擦掉了黑板上“纪念诗人戈麦”中的“戈麦”两个字，期间他在说什么我无法听清。“纪念诗人”，在诗人缺席的年代，的确需要纪念。然后，他又擦掉了“人”，黑板上赫然留下了“纪念诗”。

这颇像行为艺术，很酷。

4

但我要说的，是戈麦的一首诗:《当我老了》。一个男生和一个女生共同朗诵，青春逼人，抑扬顿挫，当时觉得很感动，却没能背下那画面感很强的文字。

当再度翻阅到这首诗，莫名冲动地想要把它背下来，它比叶芝的《当你老了》更能打动我。断断续续，用了将近半个小时。专注一些，或许10分钟就可以，你要不要试试。

人生而立之后，你会领悟这首诗更多的意义。

《当我老了》

当我老了　在一块高大的岩石下
最后看一眼房屋后海上的黄昏
请让我望一望日出前的树林
当我老了　再直不起腰身

在我的身旁　一只衰老的知更鸟
一株白杨正在成长
我座下的仍是那把年轻时代的椅子
当我老了　再也直不起腰身

许多枫叶在我的脚下安睡
枫叶下面是秋天的泥土
这种气味一直伴随着我
我诞生在秋天　从未走进过乐园

一只老马在草地上安睡　一只老马
它走遍了中国西部的草原
我不是那匹好马　一生中我多次回头
想看看自己　看看自己留下的黄沙

我一直未流露内心深处的恐惧
关于生命　关于博爱
我至今仍然披挂着破旧的僧衣
当我老了　窗前的的河水平流

这是哪一座人家的少年
一个少年手执书本　面色红润
你看你　多像我　脸上没有皱纹
但我老了　再也直不起腰身

我的一生被诗歌蒙蔽
我制造了这么多的情侣　这么多的鬼魂
你看这天空　多像一个盖子
当我老了　再也见不到黄昏

当我老了　就要告别全部的欢乐
还记得我吗　早遥远的法兰西

在波涛滚滚的太平洋彼岸
我狱中的友人和禁中的情人

2012-5-18

15 忽然大雨

1

“同学，等等我，我有伞，咱们俩一起走。”呼喊声从大雨中穿越而来。

这是我小学作文的经典句子，写好人好事类命题时常会用到，至今倒背如流，就像我小时候在村里墙上看到的一句话：“西往此由店旅”。

学雷锋做好事，扶老太太过马路，迎合老师的喜好或社会普泛价值观，是那时写作的一个特点。语文老师在课堂上朗读你作文的自豪感，大于一切荣誉。积极乐观，一切都欣欣向荣，却往往少了真情实感。

可是，我并不因此而悲伤。所谓年少无知，彼时我对花花世界的理解原本懵懂，生活得无忧无虑，天天都是“无知的乐观”。

2

高一时，父亲带我到中关村攒了一台 386，很贵很贵。计算机的世界，阔大而奇妙。看了《电脑报》广告，我从中关村邮寄回很多盗版软件和游戏。还记得当时玩的第一个游戏是《战斧》，仿佛自己是一个除暴安良的侠客，且有无数条命可以挥霍。

虚拟世界的精彩，令人欲罢不能。为通关《仙剑奇侠传》，我整整一个暑假没出门，除吃饭才会从自己小屋出来进入现实。即便在游戏中重复的地雷阵，我也乐此不疲，仿佛每天就是为了浪费时间而活。

游戏中那个爱恨情仇的世界，是从未想象、更未体验过的，就像某个午后Y同学神秘带来的几十张宫泽理惠。那3张5寸软盘所呈现的世界，无比新鲜而令人冲动。

大学，单机进入了互联网，一个斑斓繁复的世界次第呈现：知道的越来越多，不知道的也越来越多。随之而来的，是对这个世界的看法与态度越来越复杂，非以往是非二分法所能轻易判断的，而是愈发纠结于很多事情并无对错之分。

3

忽然大雨我们有缘相遇
你也在这里被雨淋湿
小小的屋檐就这样变成你我的伞
萍水相逢我们还很陌生
你说人和人有一种缘份
很像晚风轻轻吹拂街上人们面容
那么轻松
你让我相信有命中注定

美好缘分的邂逅，怦然心动的情感。庾澄庆这段歌词的画面感很强，我第一次听到时对大雨忽然有了好感，而每个听众也都会在脑海中导演属于自己的MV，关于爱情，关于美好。然而，现实终究不是想象。

2012 年 7 月 21 日晚 8 点，北京，广渠门，一个女人，拎着锤子，在瓢泼大雨中夺路狂奔，她要去救自己的丈夫，一个回家路上的上班族，一个三岁孩子的父亲……

之后的故事，大家都知道了，上微博的人会知道得更多。

即使不曾亲历现场，你也想象出那样的场景：暴雨之中，大水漫过的汽车之内，一个中年男人，用尽各种办法无从逃出，给妻子拨通电话求救；强烈求生欲望驱使，他以头颅撞击车窗，在最后一次与爱人的通话中，他无助地哭，却无力抵抗大水的无情；妻子求助无门，冒雨狂奔而来，仍然无人施救，于是用喇叭呼喊丈夫的名字，希望他能坚持得更久；与亲人近在咫尺，却只能生离死别，而三岁的孩子还在等待他即将下班的爸爸……

大雨之后，官方的种种，我们看到了很多。关于某些机构或人的无情、关于灾难真相的还原，等等，一切都还在发帖与删帖的较量中缓慢逼近真相。隐瞒与欺骗，摆拍与推卸，望京车队们的助人为乐，无法掩盖更深刻的“知情的悲观”。

4

在一篇名为《创业公司是如何被不断地新 idea 所摧毁？》的文章中，Yipit 的创始人 Vinicius Vacanti 提到了“知情的悲观”，说的是创业起伏，同样可以描述我们认知网络世界的过程。

在前互联网时代，我们所拥有的是“无知的乐观”（Uninformed Optimism），信息不对称，只能井底观天，自得其乐；到了网络时代，我们了解的真相越来越多，于是陷入了“知情的悲观”（Informed Pessimism）；在微博时代，汹涌的民意第一次如此直接地呈现给管理者。尽管他们惊慌失措，不知如何应对，只能简单粗暴地禁言，就长远还存在的希望而言，姑且将此阶段算作是“存在意义的危机”（Crisis of Meaning）；接下来是顽强地度过危机进入“有知的乐观”（Informed Optimism），抑或是沿原路径狂奔而下直至烟消云散，只有未来能够回答。

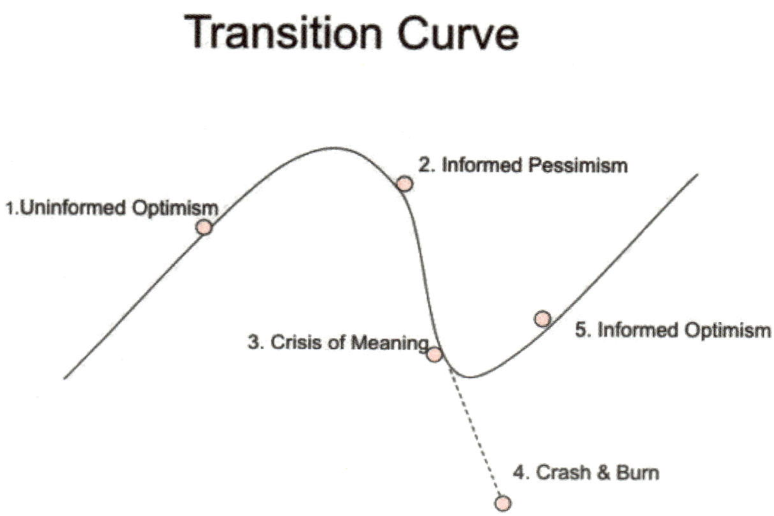

我们无从选择抵达彼岸的路径，却能努力改变航线，即使力量微弱，亦可成为燎原之火。

5

大雨过后，必是遗忘。

时间是最好的武器，足以斩断你的所有情绪，让一切归于太平。

这一次，我没能告诉你如何发现日常生活之美，而只截取了这城市的荒凉。或许，于人生幸福而言，我们若能永久停留在“无知的乐观”阶段会更好，就像一个三岁孩子懵懂无知的单纯和快乐。

在若干年之后，这个 3 岁的孩子依然会听说父亲的故事。那时，他会恨这个城市吗?

2012–8–6

16 此病，无药可医

1

转眼九月，北京的秋天来得格外早，清晨已是微凉。

我试图回忆去年的这个时间，在做什么。我看到了文字记载，却不能讲：人的一生总会有隐秘角落，连自己都不忍频频回首，遑论触碰。何况，还远未到靠讲述往事来度日的光景，前方很多未知引人向往。

有人会有资格总结过往，比如王石，比如冯仑。冯仑在《理想丰满》中说："有理想的人会将自己的生命简化。我们是追求理想、顺便赚钱，而不是追求金钱、顺便谈谈理想；理想在钱前边。"我自然相信这是人生阅历的总结，不掺半点虚情。

而事实上，人生在不同阶段，会对同样事情有不同解读，难以用理性和客观去判断，就像让正身处困境中人去理解"苦难是最好的学校"这件事，常常无济于事。

总结一下本段的中心思想：阅历，需要时光与事件的积累，经历了才会称为阅历，时间面前，没有捷径；"我走过的桥比你走过的路还多"、"我吃的盐比你吃的饭还多”，这两件事大部分时候是对的。因此，每个人都需要数十年晨昏，去体悟生命旅途的艰险与精彩。

很多成长，不打败时间，无法加速；很多心病，时光之外，无药可医。

2

在这个九月的阴郁的下午
我想要离开这浮躁的城市
我决定去海边看一看落日
让秋日的海风使我清醒
我想到昨天风吹动的夜晚
坐在我身边我所有的朋友
岁月让我们已变得沉默
没有人再会谈论明天

对许巍的喜爱，是很多70后老男人的共性。不仅仅是他见证了你的青春年代，更是因为那歌声中的忧伤，既能引发共鸣，又不至于令人悲观：结尾总会有光明的尾巴，比如这首《九月》的结尾，**“有一些希望和理想 / 总在心里是最美的旋律 / 到如今它再一次响起 / 又飘荡着在我心里”**。

这里是九月，若在儿时的农村，村外的田头必是金色麦浪起伏跌宕，一望无际。而今的城市，只有车流声在窗外的三环路上，翻滚而来又去。你完全可以将之想象成暴雨砸入麦田的回响，有守望者在雨中伫立或奔跑，这只能说明你发现日常之美的能力，强大得无与伦比。

或许，更让人惊心的问题是：你今年的收成如何？

答案藏在内心，不必告诉别人，只说给另一个自己：个体内心的权衡，大于任何外在，一如幸福之感受只是主观。

读《爸爸爱喜禾》，讲一个自闭症孩子。他用莫名的未知构建了强大小宇宙，如金钟罩，百毒不侵、闲人勿入。在现实之外，用虚拟的想象建造另一个世界，是纳什等天才们的专利。这病，虽无药可医，却病得美妙。

3

“一切坚固的东西都烟消云散了。”

这话竟然出自马克思，被传统教育洗礼了若干年之后，我们常会认为那个伟大的理论家应是高大全般的严肃，不应该这么萌或朦胧。

“一切成片的时光都支离破碎了”。

这话是我刚刚演绎的，有感于微博时代注意力的分散，以及由此导致的耐心丢失。值得庆幸的是，我并未在这样的年代出生，否则这无穷的诱惑，一定会将属于我的童年快乐时光，切割得七零八落，以至于痛苦和欢乐的转换会无比快捷，无缝切换，无从深刻体会某种情绪的慢慢延宕。

好在，我曾有 20 年的时间不曾触及互联网，算是慢时光。

迄今为止，网络碎片化之毒，无药可医。

4

小平说，让一部分人先富起来；马云说，让诚信的人先富起来。于是，几乎每个人，都在夺路狂奔，不忍他人为先，我们都不希望为世俗定义的好生活被别人过了、而自己只是旁观。

对于人生诸事的判断，有的关乎外在标准，有的只在内心权衡。

杭州出差，在朋友公司参观，有人擦肩而过，恍惚很熟悉的侧影，于是叫住，果然是 2006 年老同事。一袭棉麻打扮，俨然道骨仙风。闲聊片刻，知其虽未皈依佛门，亦是虔诚居士，隐于闹市，起居有常，疏于联络，简单从容，别是一种清净生活。

很多事，并无是非判断，遵循内心才是根本，开复老师说：Followyourheart. 只是凡俗如我，已被人间烟火扰乱六根，只能奔着功利之路继续前行，偶尔驻足已是满足。我们四处倡导的慢生活，正是自己追赶不上的，而越是如此，就越发不能阻挡内心对慢生活的渴望，渴望越强烈，离慢生活就越发遥远：真是悖论一则。

欲望这病，无药可医。

5

“53 年后，FlorentinoAriza 轻吻她唇，温柔地爬上她的身体，就好像面前摆放的是一尊瓷器。他说：‘Fermina，我为你保留了处子之身。’”

终于说到这本书，马尔克斯，《霍乱时期的爱情》，这也是一部电影。

一段持续了 53 年的爱情，其过程并不复杂，和很多身不由己的爱情故事一样。而阅读这本 400 页小说的过程，却是需要耐心的：马尔克斯并不是一个炫耀讲故事技巧的人。在 28 文字中逐字前进，你要慢慢走，仿佛在亲历一场 53 年的爱情煎熬。因此，这故事并不适合急于寻找结局者阅读。

你要相信，这世界会有沉浸痛苦并享受其间的人，比如金岳霖对林徽因的终生未娶的爱：“一身诗意千寻瀑，万古人间四月天”。任由时光蹉跎，这过程本身无比迷人，于他们，时间就是用来浪费的。

爱情的日常化，必然不总是心潮澎湃的剧情。FlorentinoAriza 和金岳霖各自等待 50 年，在他们内心永恒追寻的，或许只是“人生若只如初见”的美好定格，抑或是追寻屌丝逆袭的瞬间快感。

霍乱是病，彼时无药可医；爱情是病，至今无药可医。

2012-9-10

17 写字是件奢侈的事

1

做初刻时，每周都被同事逼着写专栏，虽然不情愿，回头看却是难得的历史记录。很多苦痛，最终会成为最美的记忆，只是当时已惘然。

不写字很多天，读书亦成为碎片时间的无聊消遣，喜欢同时读多本书，比如此刻是《三体》、《边城浪子》、《活着活着就老了》、《查泰来夫人的情人》。

这是病，患了多年的病，阅读焦虑症。用Kindle下载电子书、到豆瓣看书评、到当当买书，都是缓解此种焦虑的良方，反之也会加重焦虑，这是悖论一种，无药可医。

2

很多人还在问初刻。她曾是一个好看的孩子，在内心尚未强大之前，我为她设计了另外一条路。没有对错，只有因缘际会。那些幸福和有些痛，总会在沉静很久之后，愈发强烈。而在当时，只是期待时光快速流逝，人生快进。理想与现实的搏斗，在人生每个阶段都可能出现，表征不同而已。

世界是我的想象。有些场景，身处其中像做梦，而梦中的回味却异常逼真。

虚实交错，有经历的人才会懂。

3

生来孤独。

相互理解总是祝愿，冯唐的文字只有艳羡。企业孤独，大众的理解无论如何断章取义，都可被看作民主的力量。个体孤独，无论生活多喧闹、群体多欢乐，总有很多瞬间怅然若失，仿佛顿悟一般迅速切换了心灵频段，不懂的人不会懂。

4

买书是自我救赎，阅读更是，而写字则是奢侈地自我拯救。

即便相信生来彷徨，仍要重建目标感，从此刻已然开始。

人生过半，所剩不多，不留遗憾。

2013–10–25

后记 知易行难或不会前戏

所谓知易行难，创业是这样，写书也是。做初刻时就想写本电商书，一拖拉就到了现在，幸好写作并非职业，无须对谁负责，也就没什么压力，有空则写几百字，没时间则搁置数周一字不动。

写到半途，常由衷钦佩那些几十万字的财经书，即便是攒资料也需要耗费无数心力呀。何况，写作永远是遗憾的艺术，每次看书稿都觉得还有太多需要完善的地方，不忍出版。时过境迁，电商格局都有了定论，写字也该暂告一个段落了。一个处女座的完美主义，谁都不能满足。

喜欢读书，总会挑战那些文笔或结构不佳的作品，特别是经管书，数百页篇幅大部分在讲一种趋势的必要性，而讲到如何做的操作层面即浅尝敷衍。比如《黑天鹅》，讲一切都是不确定的，归纳不可靠，未来不可测，那怎么办呢？没有答案。好吧，是我偏见了。

在写这本书的时候，我放弃了那些可能的纵横捭阖、举例说明，而是尽可能地少一些口若悬河（我也有过几十页 PPT 讲 7 个小时的汗颜往事），尽可能减少对必要性和过程的论证，而是直接给出做法和结论。

这显然是一种很粗暴的方式，而我已经不会与文字做漫长的前戏。在时间与文字都被打成碎片的时代，这可能也影响了自己的习惯，没有耐心阅读长篇大论，写作也更擅长在 140 字内说明问题。更糟糕的是，与熟悉的朋友聊天我经常打断他们：别这么多铺垫，说你的问题或结论。我们开始变得焦虑和快节奏，一切都希望快速抵达，直捣黄龙。

上一本书《梦想金山》35 万字，前 2/3 的篇幅是我写的，其余是两个兄弟魏雪峰、刘峰的辛苦。这本书在写了 10 万字以后，编辑问我还能写多少，我说能吐的干货差不多了，再写只能兑水了，于是收笔。张向东《短暂飞行》我读得很酣畅，尽管只有6万字，何必为难自己和读者的时间与心情呢，不计较短长，尽兴则已。

张向东上《波士堂》，袁鸣问对他在路上影响最大的事，他说在法国的一天遭遇了骑行路上所有倒霉的事，下雨天、迷路、车链断了，丧气到抓狂，结果碰到一个叼着烟斗、带着猎犬转悠的老猎人。张向东很诧异，老猎人反问：晴天是好天气，雨天就不是吗？

所以，35万字是一本好书，6万字就不是么？旅行的意义在于精彩与否，不在路程短长，写作与阅读同样如此，快感最重要。

又到了致谢环节。感谢妻子和家人，没有你们无私的支持，我不会无后顾之忧的全身心工作，更不可能会有私人时间写字；感谢雷军和陈年，我两任老板带给我职业生涯的意义，无以言表；感谢初刻的股东和小伙伴们，有负重托，我欠你们一个好项目；感谢给我关心和爱的人，人生的意义因此更加立体充盈；感谢所有给我磨砺的人，你们让我加速超越了自己的局限。感谢昨天，我爱理想和未来。

2015年4月16日于北京